商品信息采编

主　编　干冀春　周智敏

北京理工大学出版社
BEIJING INSTITUTE OF TECHNOLOGY PRESS

图书在版编目（CIP）数据

商品信息采编／干冀春，周智敏主编. -- 北京：
北京理工大学出版社，2025.2.
ISBN 978 - 7 - 5763 - 5085 - 2

Ⅰ. F713.365

中国国家版本馆 CIP 数据核字第 2025UJ6615 号

责任编辑：陈莉华　　　文案编辑：李海燕
责任校对：周瑞红　　　责任印制：施胜娟

出版发行 /	北京理工大学出版社有限责任公司
社　　址 /	北京市丰台区四合庄路 6 号
邮　　编 /	100070
电　　话 /	（010）68914026（教材售后服务热线）
	（010）63726648（课件资源服务热线）
网　　址 /	http://www.bitpress.com.cn

版 印 次 /	2025 年 2 月第 1 版第 1 次印刷
印　　刷 /	唐山富达印务有限公司
开　　本 /	787 mm×1092 mm　1/16
印　　张 /	17.25
字　　数 /	445 千字
定　　价 /	99.80 元

前　言

党的二十大报告强调"加快发展数字经济，促进数字经济和实体经济深度融合"。商品信息采编作为电子商务中的关键环节，旨在通过数字化手段准确、清晰地描述和传递商品信息，提升产品吸引力和销售转化率。

本书以应用性和实用性为原则，构建了三个核心模块：商品拍摄、图片处理和视觉设计。每个模块围绕具体的工作任务展开，采用实战教学模式，涵盖学习目标、任务描述、任务分析、任务准备、任务实施、任务评价、任务拓展、知识链接、项目知识检测及素养园地等环节。各模块具体内容包括：

- 商品拍摄：使用专业摄影技术介绍高质量商品拍摄的方法，确保捕捉商品的全貌与细节。
- 图片处理：指导读者熟练运用设计与处理软件，对采集的图片进行美化和优化。
- 视觉设计：传授网店视觉布局的设计技巧，制作符合网店需求的店铺图片，提高店铺的专业形象。

通过系统的学习和实践，本书旨在帮助读者掌握拍摄高质量商品图片的方法，能够独立完成从图片采集到最终视觉呈现的全过程，进而有效提升网店的浏览量、访问量和销售业绩。

本书的编写人员来自河北化工医药职业技术学院、河北商贸学校以及厦门网中网软件有限公司。由干冀春、周智敏担任主编，肖静、于玉环、张楠、支旭慧担任副主编，肖明荣担任主审。全书由干冀春、周智敏负责拟定思路与框架，并负责统稿和修改。具体编写情况如下：干冀春负责模块一中的项目一的编写；周智敏负责模块一中的项目二、项目三，模块二中的项目三、项目四、项目六，以及模块三中的项目一、项目三的编写；肖静负责模块三中的项目六的编写；于玉环负责模块二中的项目五，模块三中的项目五的编写；张楠负责模块二中的项目二，模块三中的项目四的编写；支旭慧负责模块二中的项目一，模块三中的项目二的编写。

本书主要特色与创新：

1. 对标标准。本书对接高等职业学校电子商务专业教学标准和人才培养方案要求，同时遵循企业岗位的职业规范。本书内容的开发既符合职业岗位的任职需求，又紧跟行业最新趋势，确保学习材料的专业性和时效性。

2. 产教融合。由中高职一线资深教师与行业企业专家共同合作开发，将企业的实际需求融入本书内容及相关资源中，实现了理论与实践的无缝对接，为读者提供了贴近真实工作环境的学习体验。

3. 任务驱动。依托企业岗位的真实工作流程，采用项目化编写方式，将实际工作项目转化为学习项目和任务，以典型工作任务驱动读者对知识和技能的学习，实现"做中学"的教学理念，帮助读者更好地掌握职业技能。

4. 技术引领。引入 AI 人工智能新技术，通过即梦 AI、美图工作室、通义万相等先进的人工智能工具来生成电商图片，使读者在完成拓展任务的过程中，亲身体验并掌握这些前沿技术的应用。激发学习兴趣的同时助力读者更好地理解和运用现代信息技术，为职业发展奠定坚实的基础。

5. 思政育人。本书在视觉设计模块中特别融入了农产品网店图片设计的工作任务，响应国家乡村振兴战略，结合传统节日及中国特色商品进行页面设计，并在"素养园地"等环节中有机融入课程思政，增强读者爱国情怀和民族文化自信，提升其道德修养、职业素养和美学涵养，实现知识、能力和素养三位一体的育人目标。

6. 资源丰富。提供丰富的配套资源，包括书中所有案例的素材文件和效果文件，以及 PPT、教案、题库、课程标准等教学资源，全面支持教学活动的开展，满足不同层次的学习需求。

本书结构清晰，内容丰富，层次分明，深入浅出，图文并茂，紧密围绕工作实际需求展开，突出以读者为中心的教学理念，既适合作为高等职业院校电子商务相关专业的教学用书，也为从事相关工作的人员提供了宝贵的参考资源。

由于编者水平有限，书中难免存在不足之处，恳请各位专家、读者批评指正，我们深表感激。如需获取更多配套资源或有任何建议，请联系主编周智敏老师（邮箱：39658886@qq.com）。

编　者

目 录
Contents

模块一　商品拍摄基础篇

项目一　熟悉拍摄要求与流程

【项目情境】

　　随着电商行业的快速发展，各大电商平台对商品展示的要求越来越高。为了保证商品在平台上的展示效果能够吸引消费者、提高购买转化率，某公司决定启动一个商品拍摄与展示优化项目。该项目旨在通过规范商品拍摄流程来提高拍摄质量，解决目前商品图片展示中存在的种种问题，从而为消费者提供更加真实、清晰、诱人的商品视觉效果。

　　通过这个项目的实施，公司期望能够提升团队成员的拍摄技能，为平台上的商品提供更加专业、高质量的展示效果，从而增强消费者的购物体验，提高平台的整体竞争力。

任务一　了解拍摄基本要求

【学习目标】

知识目标：

1. 理解商品拍摄的重要性。
2. 掌握商品拍摄的总体要求。
3. 掌握商品拍摄的基本原则。

技能目标：

1. 能够应用商品拍摄的基本原则和技术拍摄商品图片。
2. 能够运用适当的摄影技巧提升商品照片的质量。
3. 具备评估商品图片质量的能力。

素质目标：

1. 培养良好的职业道德，遵守相关法律法规。
2. 增强团队协作精神，提高工作效率。
3. 提高审美水平与创意表达能力。

【任务描述】

电子商务的蓬勃发展，改变了人们传统的消费习惯，使人们实现了便捷、轻松的网上购物。

一般来说，网上购物都是通过网店商品照片直观地反映商品实物，吸引消费者的目光，最终实现成交。网店商品照片就仿佛是一位不会说话的导购员，它以无声的方式推销商品、与消费者交流，并最终实现购买。由此可见，网店商品摄影的重要性非同一般。本任务旨在帮助读者深入了解商品拍摄的意义和基本要求，为他们后续进行实际的商品拍摄奠定坚实的理论基础。

【任务分析】

读者通过深入了解商品拍摄的意义和基本要求，不仅可以提升个人在商品拍摄领域的专业素养和技能水平，确保商品照片满足专业标准，还可以为企业和品牌创造更大的商业价值。同时，也有助于推动商品拍摄行业的规范化和专业化发展。

【任务准备】

收集主流电商平台的商品图片，以便进行分析和比较。

【任务实施】

步骤1：了解商品拍摄的意义

商品拍摄在电商营销乃至整个零售行业中具有至关重要的意义，它既是商品信息的有效传播工具，又是驱动销售、塑造品牌、建立消费者信任的关键手段。商品拍摄的意义主要体现在以下几个方面：

1. 传递直观商品信息

商品拍摄通过高质量的图像能清晰地展示商品的外形、颜色、材质、纹理、细节等关键属性，使消费者能够准确无误地了解商品的真实面貌，无须实际接触就能获得关于商品规格、设计、功能等方面的详细信息，如图1-1-1和图1-1-2所示。

2. 影响客户购买决策

视觉效果是影响消费者购买决策的重要因素。专业且吸引人的商品图片能有效激发消费者的兴趣，引发购买欲望。高质量图片能够突出商品的优点，弱化或规避潜在的不足，引导消费者形成积极的产品印象，反之，低质量图片可能降低消费者的信任度，导致他们转向其他竞品，如图1-1-3和图1-1-4所示。

图1-1-1　流油的咸鸭蛋　　　　图1-1-2　马面裙细节展示

图1-1-3
高质量图片

图1-1-4
低质量图片

3. 提高商品销量

优质的商品拍摄有助于提升商品页面的点击率和转化率，进而增加销售额。美观、信息丰富的图片不仅吸引用户点击进入详情页，还能在浏览过程中持续吸引用户的注意力，促使他们完成购买行为。在电商平台中，商品图片往往是促成交易的第一步，图片的拍摄质量直接影响商品的整体销售表现。

4. 提升品牌竞争力

统一且专业的商品拍摄风格有助于塑造品牌形象，传达品牌价值。一致的视觉语言可以增强品牌的辨识度，提升消费者对品牌的认知和认同感。高质量的商品图片展示不仅是对单个商品的营销，也是对整个品牌形象的维护和提升，有助于品牌在激烈的市场竞争中脱颖而出，如图 1-1-5 所示。

图 1-1-5 统一拍摄风格图片

5. 满足消费者期待与建立信任

在线上购物环境中，消费者依赖商品图片来判断产品质量、尺寸比例和使用场景等。准确、真实的商品呈现有助于减少消费者对购买结果的不确定性，降低退货率，提升购物满意度。同时，诚信、透明的商品展示有助于建立消费者对商家的信任，培养长期忠诚的客户关系。

6. 适应电商发展趋势与平台要求

随着电商行业的发展，消费者对购物体验的要求越来越高，电商平台也不断更新规则和标准，强调商品展示的专业性与合规性。高质量的商品拍摄不仅能顺应这一趋势，满足消费者日益增长的视觉需求，也能确保商家符合平台规定，避免因图片质量问题导致的违规处罚或流量限制。

步骤2：了解商品拍摄的总体要求

商品拍摄的总体要求是将商品的形、色、质充分表现出来，而不夸张。

1. 形（形态）

商品的形的要求体现在外观轮廓、比例关系、立体感等几个方面。

（1）外观轮廓：商品的"形"首先指的是其外观轮廓，即商品的整体形状和大小。在拍摄时，需要确保商品的整体形态被完整地捕捉下来，没有因为拍摄角度或构图而产生畸变或截断。

（2）比例关系：除了整体形状，商品的各个部分之间的比例关系也是"形"的重要特点。比如，一个瓶子的瓶身和瓶盖的比例，一件家具的腿和面的比例等。这些比例关系在拍摄时需要得到准确的再现。

（3）立体感：商品的"形"还包括其立体感，即商品在三维空间中的存在形态。通过光影和透视等拍摄技巧，可以突出商品的立体感，使其看起来更加真实和立体。

2. 色（色彩）

商品的色的要求体现在颜色准确性、色彩搭配、色彩表现力等几个方面。

（1）颜色准确性：商品的"色"首先要求颜色的准确性。拍摄时需要确保商品的颜色被真实、准确地记录下来，没有因为光线、白平衡等拍摄条件而产生色偏或色差。

（2）色彩搭配：除了单个商品的颜色，多个商品或商品与背景之间的色彩搭配也是"色"的重要特点。合理的色彩搭配可以增强商品的视觉效果，提升消费者的购买欲望。

（3）色彩表现力：色彩的表现力也是商品拍摄中需要考虑的因素。通过色彩的运用和搭配，可以表现出商品的特性、风格或情感等，从而增强商品的吸引力和感染力。

3．质（质地）

商品的质的要求体现在材料质感、细节表现、光影效果等几个方面。

（1）材料质感：商品的"质"首先指的是其材料的质感，即商品表面所呈现的感觉，比如，金属的光滑感、木材的粗糙感、织物的柔软感等。这些质感在拍摄时需要得到准确的再现。

（2）细节表现：除了整体质感，商品的细节表现也是"质"的重要特点。通过拍摄商品的纹理、接缝、刻字等细节部分，可以让消费者更加深入地了解商品的品质和工艺。

（3）光影效果：光影效果对于表现商品的"质"也至关重要。通过合理的布光和光影塑造，可以突出商品的质感和立体感，使其看起来更加真实和吸引人。

"形、色、质"不仅是商品拍摄中需要关注的重要方面，也是表现商品特点和提升拍摄效果的关键因素。在拍摄过程中，拍摄者需要充分了解商品的特点和需求，运用合适的拍摄技巧和手段来准确地再现商品的"形、色、质"，从而创作出高质量的商品图片。

步骤3：了解商品拍摄的基本原则

为了保证还原出商品的"形、色、质"，在拍摄中需要遵守以下几个商品拍摄的基本原则：

1．真实性原则

确保所拍摄的商品与实际商品完全一致，不夸大其词，不误导消费者，这是建立消费者信任和品牌信誉的基础。

2．清晰性原则

商品图片必须清晰明了，能够准确展示商品的细节和特征。摄影师需要使用高分辨率的设备和适当的拍摄技巧，确保图片的清晰度和细节表现。

3．美观性原则

商品图片应该具有吸引力，能够激发消费者的购买欲望。摄影师需要运用色彩、构图、光线等摄影元素，营造出美观、吸引人的视觉效果。

4．突出性原则

在拍摄过程中，要突出商品的主要特点和卖点，让消费者能够迅速了解商品的优势，这可以通过特写镜头、对比拍摄等手法来实现。

5．完整性原则

确保商品在图片中完整展示，不出现部分遮挡或缺失的情况。同时，要注意拍摄角度和视图的选择，以便消费者能够全面了解商品的外观和功能。

6．一致性原则

对于同一款商品，要保持拍摄风格、角度、光线等条件的一致性，以便在后续的图片处理和展示中保持统一性和连贯性。

【任务评价】

序号	维度	要求	分值	得分
1	商品拍摄的意义	理解拍摄在电商中的作用，举例说明对消费者决策的影响	30	
2	总体要求	展现商品的形态、色彩与质地	30	
3	基本原则	遵守真实性、清晰性等原则，在拍摄中体现各项原则，拍摄图片符合各项原则	40	
		合计	100	

【任务拓展】

扫描二维码完成拓展任务：助力乡村振兴——农产品图片拍摄策划

助力乡村振兴，农产品
图片拍摄策划

任务二　识别拍摄常见问题

【学习目标】

知识目标：

1. 了解商品拍摄中的常见问题。

2. 掌握商品拍摄常见问题的解决方法。

技能目标：

1. 能够识别商品拍摄中的图片问题。

2. 能够根据商品拍摄中出现的问题给出解决方案。

素质目标：

1. 培养良好的审美眼光和艺术感觉。

2. 养成持续学习和自我提升的习惯。

3. 提高解决问题的效率和创新能力。

【任务描述】

在实际拍摄过程中，往往会出现一系列影响图片品质及消费者购物体验的问题。识别商品拍摄中的常见问题是一项非常重要的任务，它要求摄影师具备扎实的拍摄基础、敏锐的观察力和丰富的实战经验。

【任务分析】

本任务旨在帮助摄影师识别和了解这些常见问题，并能提供相应的解决方案，以提升商品图片的质量和吸引力。

【任务准备】

收集商品图片案例以便对比和分析。

【任务实施】

解锁商品拍摄技巧，
告别常见拍摄误区

步骤1：识别商品拍摄中的常见问题

1. **光线问题导致的曝光不准确**

照片过曝（曝光过度）或欠曝（曝光不足），导致商品细节丢失、色彩平淡或暗部细节不清，如图1-1-6和图1-1-7所示。

2. **构图与布局**

（1）背景杂乱：背景选择不当，存在过多干扰元素，分散了消费者对商品主体的注意力，如图1-1-8所示。

（2）视角单一：仅使用单一的拍摄角度，未能充分展示商品的立体感、功能特点或使用方式，如图1-1-9所示。

图 1 - 1 - 6　不同光线下的人像拍摄对比图

图 1 - 1 - 7　不同光线下的商品拍摄对比图

图 1 - 1 - 8　杂乱背景下的商品图

图 1 - 1 - 9　拍摄角度单一的钱包

（3）比例失调：商品在画面中的大小、位置不合适，可能显得过大或过小，缺乏视觉平衡，如图 1 - 1 - 10 和图 1 - 1 - 11 所示。

图 1 - 1 - 10　耳钉拍摄过大

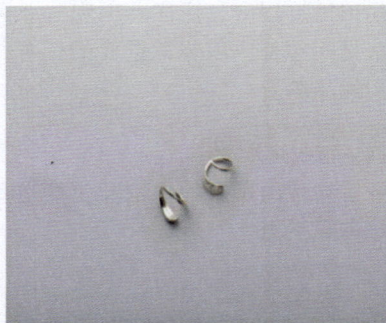

图 1 - 1 - 11　耳钉拍摄过小

3. 对焦不准导致的画面模糊

由于拍摄时对焦不准导致商品主体部分模糊，焦点落在背景或其他无关区域，影响商品细节的清晰呈现，如图 1 - 1 - 12 所示。

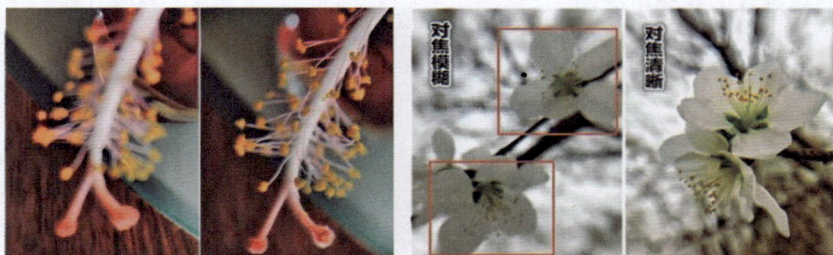

图 1 - 1 - 12　对焦不准导致图片模糊

4. 色彩管理

（1）色彩偏差：白平衡设置不准确，导致商品颜色偏离实际，或者后期调色过度，失去商品本来的色彩质感，如图1-1-13所示。

（2）色彩对比不足：商品与背景颜色相近，缺乏足够的对比度，使商品轮廓不鲜明，难以凸显，如图1-1-14和图1-1-15所示。

图1-1-13 商品偏色图

图1-1-14 商品与
背景有对比

图1-1-15 商品与
背景对比不足

5. 细节与质感表现

（1）关键细节缺失：未能充分展示商品特征、标签信息或独特卖点，消费者难以全面了解商品。

（2）质感表现不佳：未能准确捕捉和传达商品材质的光泽、纹理、透明度等特性，影响商品吸引力，如图1-1-16所示。

6. 一致性与规范性

（1）风格不统一：同一店铺或同一商品系列的照片在色调、构图、背景等方面缺乏一致性，影响品牌形象，如图1-1-17所示。

图1-1-16 商品模糊缺乏质感

图1-1-17 商品拍摄风格不一

（2）不符合平台规定：图片尺寸、格式、内容等不符合电商平台的要求，可能导致图片无法正常显示或违规。

步骤2：常见问题的解决措施

针对商品拍摄中的常见问题，可采取以下相应的解决措施：

1. 针对光线导致的曝光不准确的问题

可以使用测光表或相机内置测光功能进行精准曝光控制；合理运用曝光补偿调整，确保亮部与暗部细节均得到良好展现；利用反光板、柔光布等辅助工具改善光线分布，避免过强对比。

2. 构图与视角

1）针对背景杂乱的问题

选择简洁、纯色或渐变背景，或搭建专业摄影棚，减少干扰元素。另外可以运用景深控制（大光圈或长焦距）虚化背景，突出商品主体，如图1-1-18所示。

图1-1-18　虚化背景的商品拍摄

2）针对视角单一的问题

拍摄时尝试多种角度（正面、侧面、俯视、仰视、局部特写等），全方位展示商品，并结合使用道具或模特，模拟实际应用场景，增加视觉趣味性和购买引导。

3）针对比例与布局不合理的问题

遵循科学的构图原则，合理安排商品在画面中的位置与大小，并保持适当留白，增强画面呼吸感，引导观者视线聚焦于商品。

3. 针对对焦不准的问题

首先需要检查相机/镜头清洁状况，避免因污渍、灰尘导致的成像模糊。其次可以使用手动对焦或单点自动对焦，确保焦点落在商品最重要或最吸引人的部位，如图1-1-19所示。

图1-1-19　使用手动对焦模式拍摄商品图

4. 色彩管理

1）针对色彩偏差与白平衡错误的问题

在拍摄现场设置自定义白平衡，或使用灰卡、白平衡卡校准，如图1-1-20所示。在拍摄后期也可以利用软件精细调整色彩，确保商品颜色与实物接近。

2）针对色彩对比不足的问题

选择与商品颜色对比鲜明的背景，增强视觉冲击力；适当增加饱和度或对比度，但避免过度处理导致失真，如图1-1-21所示。

图1-1-20　使用手动对焦模式拍摄商品图

图1-1-21　商品与背景对比鲜明

5. 细节与质感呈现

1）针对关键细节遗漏的问题

制定详细的拍摄清单，确保涵盖所有重要特征、标签、配件等。可以使用微距或特写镜头拍摄细节部分，必要时进行局部打光。

2）针对质感表现不佳的问题

根据商品材质特点调整光线角度、强度和质感，如使用侧光凸显金属光泽，柔光表现细腻织物。在后期处理时强化材质纹理，但保持自然，避免过度锐化。

6. 规范与一致性

1）针对风格不统一的问题

制定拍摄指南，包括色调、构图、道具、背景等元素的一致标准。保持后期处理风格统一，使用预设或模板确保色调、对比度等的一致性。

2）针对不符合平台规范的问题

需要在拍摄前详细了解各电商平台的图片规格、比例、大小、内容限制等要求，并使用专业的图像编辑软件裁剪、压缩图片，确保符合上传标准。

【任务评价】

序号	维度	要求	分值	得分
1	光线问题	曝光准确，无过曝或欠曝现象；使用辅助工具改善光线分布	20	
2	构图与布局	背景简洁，无干扰元素；多角度展示商品，体现立体感；商品在画面中比例协调，布局合理	20	
3	对焦	主体清晰，无模糊现象；使用手动对焦或单点自动对焦技巧	20	
4	色彩管理	白平衡准确，色彩真实还原；色彩对比度高，商品轮廓分明	15	
5	细节与质感	关键细节展示充分；质感表现自然，无过度锐化	15	
6	一致性与规范	风格统一，符合品牌形象；图片符合电商平台要求	10	
		合计	100	

【任务拓展】

扫描二维码完成拓展任务：审查拍摄的农产品商品图片问题

审查拍摄的农产品
商品图片问题

任务三 熟悉商品拍摄流程

【学习目标】

知识目标：

1. 熟悉商品拍摄的流程。

2. 掌握商品拍摄规划表的编制方法。

3. 了解不同类型商品的拍摄特点。

技能目标：

1. 能够制订商品拍摄规划表。

2. 能够在实践中按拍摄流程进行拍摄。

3. 能够灵活应对拍摄现场的变化。

素质目标：

1. 树立高度的责任意识。

2. 提升创新思维和解决问题的能力。

3. 弘扬中华优秀传统文化，增强民族自信和自豪感。

【任务描述】

本任务旨在让读者熟悉并掌握商品拍摄的全流程，包括拍摄前的准备工作、拍摄过程中的技巧运用以及拍摄后的图片处理等环节。通过本任务，读者应能够独立完成商品拍摄任务，确保拍摄的图片真实、准确地展示商品特性，并符合商业宣传和推广的需求。

【任务分析】

商品拍摄流程涉及多个环节和要素，需要综合考虑商品特性、市场需求、拍摄环境和设备条件等因素。

【任务准备】

收集商品详细资料，研究市场拍摄风格，清点测试摄影器材，布置拍摄场地。

【任务实施】

步骤1：拍摄前期准备

1. 了解与分析商品

仔细观察商品的材质、工艺、色彩及包装，分析其形式特点，为拍摄时的构图和光线选择提供依据。通过阅读说明书或相关资料，熟悉商品的功能、特性及使用方法，确保拍摄时能准确展现商品的特点和优势。

2. 确定拍摄风格

根据商品特性和目标受众，参考同类商品的拍摄风格，确定本次商品拍摄的整体风格，如简约、时尚、复古等。

3. 制订拍摄方案

首先根据商品的类型、材质、颜色等进行分类，如服装可按款式和材质分类，静物可按功能和材质分类。其次合理规划拍摄顺序，建议先易后难，先从简单、易于表现的商品开始拍摄。同时制定详细的拍摄步骤，包括多角度拍摄、细节特写、包装展示等，确保每个商品都能得到全面、准确的展现。

4. 准备摄影器材

根据拍摄需求准备相应的摄影器材，如相机、镜头、灯光、三脚架等，并检查器材的状态和性能，确保拍摄顺利进行。

5. 制订拍摄规划表

制订拍摄规划表，明确每个商品的拍摄时间、拍摄地点、拍摄人员等，确保整个拍摄过程有条不紊。表1-1-1所示为小清新女装连衣裙拍摄规划表。

表1-1-1　小清新女装连衣裙拍摄规划表

产品名称	小清新女装连衣裙	交稿时间	拍摄完成后3天内	拍摄时间	预定拍摄日期：2024年4月22日
拍摄图片要求					
图片要清晰，曝光正确，无色差。 商品要有正面图、背面图以及模特穿拍的图片。 细节展示包括以下3项： 1. 款式细节：领口、袖口、下摆开口、吊牌、花色。 2. 做工细节：微距拍摄走线。 3. 材质细节：微距拍摄面料、刺绣。					

续表

项目	拍摄部位	拍摄环境	拍摄角度	张数
整体大图	正面图、背面图、侧面图	静物台	俯拍	6
模特图	模特穿着在不同场景中拍摄	摄影棚、街拍	平拍	4
款式颜色	不同颜色的展示	静物台	俯拍	2
细节特写	领口、袖口、下摆开口、吊牌、花色、走线、面料	静物台	俯拍	7
包装图	无	—	—	—

步骤2：拍摄过程安排

1. 布光与构图

根据商品的特性和拍摄风格，选择合适的布光方式，如顺光、侧光、逆光等，以突出商品的立体感和质感。运用摄影构图原则，如三分法、对角线构图等，使画面更加美观和平衡。同时，注意商品与背景的搭配和道具的使用，营造出符合商品特性的拍摄氛围。

2. 拍摄执行

按照拍摄规划表进行拍摄，注意拍摄过程中的稳定性和清晰度。根据拍摄步骤对商品进行多角度、全方位的拍摄，确保每个商品都能得到全面、准确的展现。

步骤3：拍摄后期处理

1. 图片筛选与修复

将拍摄的图片导入计算机，根据客户需求进行筛选。使用图像处理软件对图片进行修复和调整，如去除污点、调整色彩平衡、提高清晰度等。

2. 图片美化与增强

根据拍摄风格和客户需求，对图片进行美化和增强处理，如添加滤镜、调整饱和度、增强对比度等，使图片更加美观和吸引人。

3. 水印添加与保护

为图片添加水印，防止被盗用。同时，注意保护图片的版权和隐私，避免不必要的纠纷。

4. 客户审核与反馈

向客户提交处理后的图片样片，根据客户的反馈进行调整和完善，确保最终的图片符合客户的要求和期望。

5. 成果交付与总结

将最终的图片通过邮件、刻盘邮寄等方式交付给客户。对整个拍摄流程进行总结和反思，积累经验和教训，为以后的拍摄提供参考和借鉴。

【任务评价】

序号	维度	要求	分值	得分
1	前期准备	充分了解商品特性，明确拍摄风格，合理制订拍摄方案，全面准备器材	30	
2	拍摄执行	正确应用布光与构图技术，按照规划表进行拍摄，拍摄质量高	50	
3	后期处理	根据拍摄效果及时调整，精心筛选图片	20	
		合计	100	

【任务拓展】

扫描二维码完成拓展任务：系列茶具拍摄流程书撰写任务

【项目知识检测】

【单选题】

1. 商品拍摄的意义主要体现在（　　　）。

A. 提高商品价格　　　　B. 增加销售量　　　　C. 减少库存　　　　D. 降低生产成本

2. 在商品拍摄中，特写的目的是展示商品的（　　　）。

A. 整体外观　　　　B. 细节特征　　　　C. 使用场景　　　　D. 包装信息

3. 以下哪项不是商品拍摄中常见的问题？（　　　）

A. 光线不足导致曝光不准确　　　　B. 构图与布局不合理

C. 色彩管理不当　　　　D. 商品描述过于详细

4. 在商品拍摄过程中，制订拍摄规划表的作用是（　　　）。

A. 增加拍摄成本　　　　B. 确保每个商品的拍摄过程有条不紊

C. 提高商品销量　　　　D. 减少后期处理时间

5. 商品拍摄的后期处理不包括（　　　）。

A. 图片筛选与修复　　　　B. 水印添加与保护　　　　C. 客户审核与反馈　　　　D. 商品打包与发货

【多选题】

1. 商品拍摄的意义包括（　　　）。

A. 传递直观商品信息　　　　B. 影响客户购买决策

C. 提升品牌形象　　　　D. 增加产品种类

2. 商品拍摄前期准备包括（　　　）。

A. 了解与分析商品　　　　B. 确定拍摄风格

C. 制订拍摄方案　　　　D. 选择拍摄场地

3. 商品拍摄中的常见问题包括（　　　）。

A. 光线导致的曝光不准确　　　　B. 构图与布局不合理

C. 对焦不准导致画面模糊　　　　D. 商品描述不清晰

【判断题】

1. 在商品拍摄中，可以使用夸张的手法来吸引消费者的注意力。　　　　　　（　　　）

2. 色彩管理在商品拍摄中不重要，因为消费者更关注商品的功能。　　　　　（　　　）

3. 在商品拍摄中保持商品与背景的风格统一有助于提升整体视觉效果。　　　（　　　）

扫描二维码查看答案

项目二　准备拍摄器材

【项目情境】

　　随着销售旺季的来临，某电商公司计划全面更新其商品目录，以吸引更多消费者并提高销售额。为了确保商品图片的质量和吸引力，公司决定在拍摄器材上进行投资，以确保使用的设备能够捕捉到商品的每一个细节，并展现出其最佳状态。因此，公司启动了一个针对拍摄器材准备的项目，旨在为即将到来的商品目录更新工作做好充分准备。

　　本项目旨在通过精心挑选相机、合理配置相机参数以及选择适当的拍摄辅助器材，以支持高质量、高效率的商品拍摄工作。

　　通过本项目的实施，该公司期望能够建立起一套高效、专业的商品拍摄器材体系，为商品目录更新工作提供有力支持。这将有助于提升商品图片的视觉效果，增强消费者的购物体验，并最终推动销售额的增长。

任务一　选择相机

【学习目标】

知识目标：

1. 掌握相机的选择要素。

2. 熟悉商品拍摄的相机类别和特点。

3. 掌握镜头的类别。

技能目标：

1. 能够根据拍摄需求选择合适的相机。

2. 能够评估不同相机的适用性和性价比。

3. 能够在实际拍摄中根据需求灵活选择和应用不同镜头以优化商品展示效果。

素质目标：

1. 培养正确的职业道德观和消费观。

2. 树立诚信经营意识。

2. 强化社会责任感，注意保护他人隐私。

工欲善其事必先利其器，在商品拍摄中，相机的选择至关重要。本任务将带领大家了解不同类型相机在商品拍摄中的优缺点，以便能够根据实际需求选择合适的相机。

【任务分析】

在选择用于商品拍摄的相机时，需综合考虑多个方面，包括拍摄需求、预算限制、个人偏好、相机的技术参数以及所适用的拍摄场景等因素。此外，还应了解不同类别相机在成像质量、后期编辑灵活性等方面的区别。在此过程中，读者不仅要掌握相关的专业技术知识，还要有正确的职业道德观念与合理消费的态度。

【任务准备】

1. 准备不同类型的相机资料。
2. 了解相机的性能参数及其对拍摄效果的影响。
3. 学习如何评估相机的适用性和性价比。
4. 收集实际商品拍摄案例，以便进行分析。

【任务实施】

步骤1：明确相机的选择要素

相机的选择要素

1. 选择合适的感光元件

感光元件又叫图像传感器。感光元件的尺寸是影响成像效果的关键因素，尺寸越大，成像越清晰。感光元件的尺寸大小被称为画幅。由于相机的种类不同，画幅的大小也存在着差别。目前的主流单反相机中，感光元件尺寸主要是全画幅和APS－C画幅两种。全画幅指的是感光面积为36 mm×24 mm尺寸大小的规格。主流APS－C画幅为23.5mm×15.6mm，如图1－2－1所示。

2. 要有全手动设置功能

作为商品拍摄的相机，为了更好地展现图片，需要根据不同环境调整相机的全部或部分相关参数，这就要求相机具有手动设置功能，包括手动设置光圈、快门速度、白平衡、画质、图片大小、锐图、色彩等。通俗地说，就是相机的模式转盘上有M标志，如图1－2－2所示。

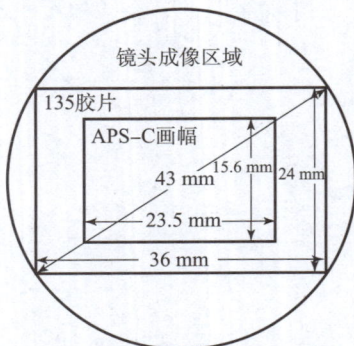

图1－2－1　感光元件尺寸

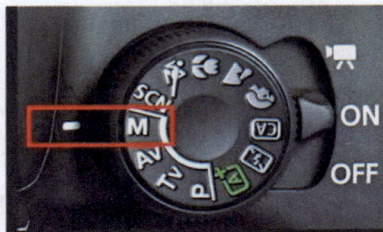

图1－2－2　相机全手动功能标志

3. 必备的热靴

数码单反相机的内置闪光灯指数较低，使用起来不够灵活，甚至一些顶级数码相机根本没有自带闪光灯，这需要使用热靴从外部连接闪光灯。热靴是数码相机连接各种外接配件的固定接口插槽。热靴的形状有点像倒方形的"U"形金属，在"U"形的中心有一个或多个金属触点。不同品牌相机的热靴接口略有不同，但其主要作用均为连接和固定外接闪光灯，如图 1−2−3 和图 1−2−4 所示。

图 1−2−3　热靴

图 1−2−4　不同品牌热靴接口

安装闪光灯时，闪光灯底部的匹配部分从相机背面插入，并用闪光灯底部的紧固螺钉固定。U 形金属触点和热靴金属通常是断开的，当它们连接时，闪光灯被触发。

【经验之谈】小提示

热靴虽然可以作为是否适合专业或者准专业用途相机的一个重要标志，但因其主要作用是可以使用外接闪光灯和影室闪光灯，如果在实际拍摄时确定使用的是持续光源，那么可以不考虑这个条件。

4. 具有微距拍摄功能

在商品拍摄中，卖家为了更好地展现商品的做工、质地等，往往会将商品主体的细节进行充分展现。如果使用的相机是普通的数码相机，就要求其具有强大的微距功能，也就是在相机机身模式转盘中有小花标记，如图 1−2−5 所示。

如果使用的是单反相机，也可以在购机时配置一只高成像质量的微距镜头。

图 1−2−5　相机的微距标志

5. 可更换各类镜头

商品拍摄时，对于拍摄者来讲，为实现商品的不同场景展现，或者达到商品局部细节的最优展示，需要使用不同的镜头去实现。市场上的卡片机、全自动相机由于无法更换镜头使其适用性受限很大，而单反相机和微单相机在这方面就具有绝对优势。

步骤 2：认识相机的类别

市面上有各种相机，哪些适合商品信息采集呢？

智选相机，赋能电商　　　　单反相机和微单相机的区别

1. 单反相机

单反相机全称为数码单镜反光相机，这是网店商品拍摄中用得最多的一种相机，如图1-2-6所示。

单反相机通常有以下几个特征：

（1）具有1个可更换的单镜头；

（2）具有可动的反光板，有五棱镜；

（3）通过光学取景器取景。

2. 无反相机

无反相机（见图1-2-7），源自英文Mirrorless Camera，意思是无反光板相机，也称半透镜相机。无反相机最典型的代表就是微单相机。

图1-2-6　单反相机

图1-2-7　无反相机

无反相机具有以下几个特征：

（1）具有1个可更换的单镜头；

（2）无反光板和五棱镜；

（3）通过电子取景器取景。

3. 卡片相机

卡片相机指的是体积类似卡片的数码相机，如图1-2-8所示。卡片相机其实是无反相机的前身，其原理与目前的无反相机无异，唯一的区别只是不能更换镜头而已。现在的无反相机可以看成卡片相机的高级形态。

此类相机轻便小巧、价格低、便于携带，新手容易操作上手，早期的网店大多使用此类相机。但由于机身与镜头被绑定，并且取消了很多自定义功能，没有全手动数码相机灵活，而且成像质量效果也一般，现在用得越来越少了。

4. 手机相机

目前很多品牌手机中的中高端机型也可以基本满足网店商品拍摄的要求。相对于单反相机而言，手机相机具有轻薄、快捷、随意性强等优点，如图1-2-9所示。但由于机身轻薄度的限制，实现光学变焦的难度还是很大。无论是夜景拍摄，还是放大画面的远距离拍摄，画面上容易出现过多的噪点，画面的精度效果远远不如专业的数码相机。

图1-2-8　卡片相机

图1-2-9　手机相机

步骤3：选择相机镜头

相机镜头是相机中最重要的部件，它的好坏直接影响拍摄成像的质量。

选择相机镜头

相机的镜头可以分为定焦镜头和变焦镜头，在使用定焦镜头拍摄时，对于取景的比例与拍摄距离的远近，需要摄影师移动位置来实现；而变焦镜头如果想要改变拍摄距离与取景的比例，可以直接通过转动变焦环来调整焦距。

无论是变焦镜头还是定焦镜头，按照焦距的远近可以将镜头分为广角镜头、标准镜头、长焦镜头等，这些镜头有各自的特点和使用范围。

1. 广角镜头

普通广角镜头的焦距一般为 38～24 mm，视角为 60°～84°；超广角镜头（见图 1－2－10）的焦距为 20～13 mm，视角为 94°～118°。

广角数码相机的镜头焦距很短，视角较宽，而景深却很深，能保证被摄主体的前后景物在画面上均可清晰地再现，比较适合拍摄较大的场景，如建筑、风景等题材。

图 1－2－10　超广角镜头

【经验之谈】小提示

使用广角镜头往往拍出的商品比较小；另外，由于广角端的畸变，拍摄的商品会产生变形，不利于真实、自然地表现商品的形态。

2. 标准镜头

标准镜头通常是指焦距为 40～55 mm 的摄影镜头，如图 1－2－11 所示。

标准镜头所表现的景物的透视与目视比较接近。它是所有镜头中最基本的一种摄影镜头。在拍摄商品时，一般使用 50mm 标准定焦镜头，主要原因是这些镜头的画面感和视角范围与人眼的视觉习惯更相似，效果更接近。所以，能够逼真地再现被摄体的形象，另外使用这种镜头也可以很好地培养构图感。

3. 长焦镜头

长焦镜头，即焦距超过 135 mm 的镜头（超长焦镜头则超过 300 mm），如图 1－2－12 所示。

图 1－2－11　标准镜头

图 1－2－12　长焦镜头

长焦镜头以其浅景深著称，能够有效虚化背景，突出主体。其常用于人像拍摄，也非常适合拍摄远处的目标，如野生动物或舞台摄影。但长焦镜头因镜筒长和质量大，在携带和操作上不太方便，所以在实际的商品摄影中，长焦镜头的应用并不广泛。

　　在拍摄野生动物时，长焦镜头允许摄影师从远处捕捉动物的自然行为，减少对它们的干扰。这体现了对自然和生命的尊重。长焦镜头作为技术工具，为摄影师提供了捕捉远处画面的能力。在拍摄远处对象时，长焦镜头可能会涉及隐私和道德问题。摄影师需要在追求艺术效果的同时注意保护他人隐私、维护社会道德底线。

4. 大光圈镜头

　　大光圈镜头通常指最大光圈至少为 f/2.8 的镜头，能产生明显的浅景深效果，使背景虚化、主体突出，适用于人像、静物及强调主体的场景。这类镜头分为定焦和变焦两种，其中定焦镜头有 35 mm、50 mm、85 mm 三种常见的焦段，如图 1 – 2 – 13 所示。

（a）　　　　　　　　　　（b）　　　　　　　　　　（c）

图 1 – 2 – 13　定焦镜头

（a）35 mm 焦段定焦大光圈镜头；（b）50 mm 焦段定焦大光圈镜头；（c）85 mm 焦段定焦大光圈镜头

5. 微距镜头

　　微距镜头是一种特殊设计的镜头，它允许摄影师在极近距离内对被摄体进行对焦，并能在感光元件上形成几乎与实物等大的影像。这种镜头特别适合捕捉那些需要放大展示的精细细节，例如花卉的纹理、昆虫的体态、珠宝的光泽、邮票的图案或是钟表内部的精密构造等。

　　市场上提供的微距镜头有着多种焦距选项，范围从 20 mm 到 300 mm，以适应不同的拍摄需求。在商品摄影中，100 mm 微距镜头尤其受欢迎，因为它能够在保持适当的工作距离的同时，提供卓越的细节再现能力，从而突出产品的质感和特征，如图 1 – 2 – 14 所示。

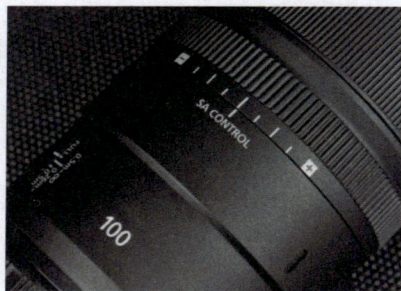

图 1 – 2 – 14　100 mm 微距镜头

【任务评价】

序号	维度	要求	分值	得分
1	相机要素	理解相机感光元件对成像质量的影响，并能正确识别全手动设置、热靴及微距拍摄功能标志	30	
2	相机类别	熟悉各类相机的主要特征、优缺点及其适用场景，能根据拍摄需求选择合适的相机类别	40	
3	相机镜头	熟悉各种镜头（如广角、标准、长焦、大光圈、微距）的特点及适用范围，并能在实际拍摄中根据需要选择合适的镜头进行商品拍摄	30	
		合计	100	

【任务拓展】

扫描下面的二维码完成拓展任务：选择商品拍摄相机实践

【素养园地】

选择商品拍摄相机实践

中国拍摄器材的历史沿革

拍摄器材相关的中国历史可以追溯到古代的光学研究和成像技术，但真正意义上的现代化拍摄器材的发展主要是在近现代。

早在春秋战国时期，《墨经》就详细记录了关于光线直线传播、反射以及平面镜、凹面镜和凸面镜成像的现象，这些早期的研究奠定了相机技术的理论基础。到了宋代，沈括在其著作《梦溪笔谈》中描述了"小孔成像匣"的原理，这与现代相机的基本原理相似，可视为相机技术的雏形。

尽管中国古代已有光学现象的研究，但照相机工业在中国的发展相对较晚。20 世纪 50 年代中期，中国开始建设自己的照相机工业体系，诸如北京相机厂和上海相机厂等企业相继成立。这些工厂最初借鉴了欧美、苏联乃至日本的设计理念和技术，逐渐掌握了照相机制造的核心技术，并开始生产包括 120 折叠式相机和 35 mm 焦平面快门相机在内的多种机型。

随着时间的推移，中国不仅发展了照相机产业，还扩展到了电影摄影机、摄像机等领域。这些设备的应用不仅促进了中国影视行业的发展，也为国内拍摄器材工业开辟了更广泛的市场空间。

近年来，随着数字化技术的迅猛发展，中国拍摄器材工业迎来了新的发展机遇。中国积极推广数字化拍摄设备，如数码相机和摄像机，并推动设备的智能化和高端化转型。与此同时，中国还加强了与国际拍摄器材制造商的合作与交流，不断提升自身的技术水平和创新能力。

总而言之，中国拍摄器材的历史是从古代光学研究到近现代照相机工业，再到当代数字化设备发展的历程，这一历程反映了中国人民对科学和技术不断探索的精神。

任务二 设置相机参数

【学习目标】

知识目标：

1. 掌握相机基本参数及其作用。
2. 了解相机测光模式及其应用。
3. 掌握白平衡设置及其原理。
4. 熟悉相机拍摄模式及其特点。

技能目标：

1. 能够根据拍摄需求调整相机的基本参数。
2. 能够选择合适的测光模式以获得正确的曝光。
3. 能够根据拍摄环境和需求调整白平衡，确保色彩的真实还原。
4. 能够根据不同的拍摄场景选择合适的拍摄模式。

素质目标：

1. 培养尊重原创和真实记录的道德观念。

2. 树立环境保护意识，选择环保的摄影设备和拍摄方式。

3. 培养人文关怀精神，通过摄影传递正能量。

4. 增强责任意识，通过摄影作品展现社会主义核心价值观。

【任务描述】

商品拍摄是商业摄影的重要组成部分，其目的是通过高质量的图像展示产品的细节和特性，从而吸引潜在客户。为了达到这一目的，相机参数的合理设置至关重要。正确的相机参数不仅能提升图像质量，还能更好地突出商品的特点。因此，系统地学习并掌握如何设置相机参数对于商品拍摄至关重要。

【任务分析】

在商品拍摄中，设置相机参数是确保图像质量和满足特定需求的关键步骤，涉及对相机的成像质量、曝光控制、对焦系统、色彩管理等进行细致调整。这就需要深入了解光圈、快门速度、ISO、白平衡等参数如何影响拍摄效果，以及它们之间的相互关系，并根据商品的特点和拍摄需求，选择最合适的参数组合。

【任务准备】

准备适合商品拍摄的相机和镜头，确保它们具备所需的拍摄功能。

【任务实施】

步骤1：了解相机的基本参数——曝光三要素

设置相机参数
（光圈、快门和 ISO）

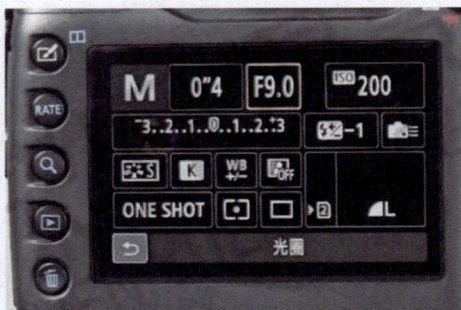

曝光是指相机记录被摄物体时发出或反射的光线通过相机镜头投射在感光元件的过程。如果想要正确曝光就需要先来了解摄影曝光的三大要素：光圈、快门和 ISO。

1. 光圈

光圈是镜头中控制光线进入相机的孔径大小的装置。光圈大小通常用 f/F 值来表示，f 值实际上是指镜头焦距与光圈直径的比例。相机光圈的表示如图 1－2－15 所示。

在设置相机参数时，光圈数值（f 值）越小，表示光圈的实际孔径越大，允许进入相机的光线量越多，从而导致画面亮度增加。反之，光圈数值越大，表示

图 1－2－15 相机光圈的表示

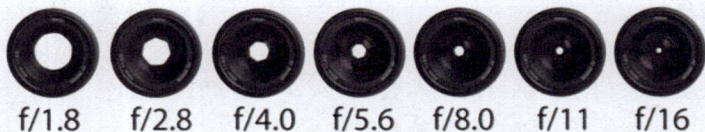

光圈的实际孔径越小，允许进入的光线量越少，使得画面亮度降低。光圈孔径大小与光圈数值如图 1－2－16 所示。

f/1.8　f/2.8　f/4.0　f/5.6　f/8.0　f/11　f/16

图 1－2－16 光圈孔径大小与光圈数值

光圈除了可以调节进光量，还可以影响景深。景深是指在摄影或摄像中，当镜头对焦于某一距离时，从前景到背景之间形成的清晰区域的长度。

光圈是决定景深大小最重要的因素，简单来说，光圈大（光圈值小），景深浅，可看到的清

晰范围小；反之，光圈小（光圈值大），景深深，可看到的清晰范围大。光圈与景深的关系如图1-2-17所示。

▲F2.8   ▲F4   ▲F5.6
▲F8   ▲F11   ▲F16

图1-2-17 光圈与景深的关系

在实际拍摄中使用大光圈，曝光增多，背景虚化，适合拍摄商品特写；使用小光圈，曝光减少，背景清晰，适合拍摄风景、商品实物。

2. 快门

快门是一种控制曝光时间长短的机械或电子装置，位于镜头前方，用于阻挡光线进入相机内部，如图1-2-18所示。

快门速度指的是相机传感器暴露在光线下的时间长度，单位通常是s。快门速度以分数形式表示，如1/30 s、1/60 s等，表示快门打开并保持开放状态的时间分别为1 s的1/30和1/60，如图1-2-19所示。

图1-2-18 相机快门

图1-2-19 相机快门的表示

快门的主要作用是控制光线进入相机的时间。它与光圈配合，共同决定曝光量。快门速度越快，曝光时间越短；反之，快门速度越慢，曝光时间越长。

高速快门可用于抓拍瞬间动作或定格运动中的物体，而低速快门适合记录光点的运动轨迹，如拍摄星空、车流轨迹等，营造独特的慢速曝光效果。

📖 **小提示**

在手持拍摄静物时，建议快门速度不低于1/30 s，以减少因手抖动造成的模糊现象。

3. ISO

ISO即感光度，是指图像传感器对光线敏感程度的一种度量，如图1-2-20所示。

图1-2-20 感光度的表示

ISO 数值越低，表明感光度越低，即传感器对光线的响应较弱，从而需要更多的光线才能获得正确的曝光；相反，ISO 数值越高，则表明感光度越高，传感器对光线的响应更强，所需光线较少即可完成曝光。然而，随着 ISO 值的增加，图像中可能会出现更多噪点，导致细节丢失以及整体画质下降，因此，在光线充足的情况下，通常推荐使用较低的 ISO 值来保证最佳图像质量。

图 1 - 2 - 21　相机测光模式

步骤 2：设置相机测光模式

测光就是拍摄者在按下快门之前，相机对将要拍摄的这个场景中各种光线的测算过程。常见的相机测光模式有 4 种，如图 1 - 2 - 21 所示。

1. 平均测光模式

平均测光模式是摄影中最常用的测光方式之一，也是许多相机默认采用的测光模式。虽然不同相机品牌对于这一测光模式有着不同的称呼，如尼康称之为"矩阵测光"，佳能称之为"评价测光"，但它们的工作原理基本相同，即通过对整个画面的光线情况进行综合评估，得出一个平均的曝光值，以确保最终图像的光影效果均衡。

平均测光模式适用于那些主体与背景之间不存在强烈明暗对比的情况，适合拍摄风景、团体照等需要兼顾画面整体亮度、和谐统一的场合。

2. 中央重点平均测光模式

中央重点平均测光模式是一种精确而可靠的测光方式，它与平均测光模式相似，但其测光的重点区域集中在画面的中心部分。在此模式下，相机主要针对画面中央区域进行测光，同时也会考虑边缘区域的光线情况，以求得一个更为均衡的曝光值。

中央重点平均测光模式非常适合拍摄主体位于画面中心位置的照片，如人像摄影。

3. 点测光模式

点测光模式是一种高度精确的测光方式，它仅针对画面中极小的一部分区域（通常约占画面总面积的 2% 至 3%）进行光线测量。

点测光模式适合拍摄商品特写、逆光剪影以及主体与背景亮度差异极大的场景。

4. 局部测光模式

局部测光模式是一种专门针对画面中某一选定区域进行曝光计算的测光方式，与整体测光不同的是，它并不考虑整个场景的平均亮度。

局部测光模式特别适用于背景亮度与主体亮度差异较大的拍摄场景，如舞台摄影、逆光人像以及高对比度场景。

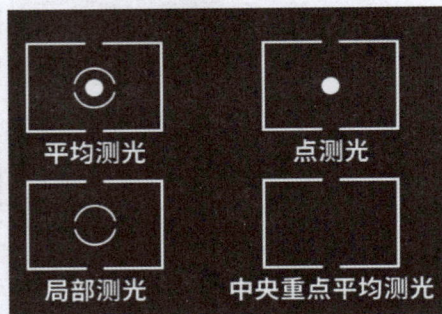

步骤 3：调整相机参数——白平衡

调整相机参数——
白平衡

1. 白平衡

由于不同光源下的色温差异，相机的传感器可能会导致图像色彩失真，使照片看起来偏蓝、偏黄或偏红。为了纠正这种偏差，使照片中的白色物体如同人眼直接观察时那样自然呈现，数码相机会通过调整设置来适应当前的光源，这一过程即称为白平衡调整。白平衡的功能是在各种光源条件下，确保白色物体在照片中呈现其真实的白色，从而忠实地再现物体原本的颜色。

为了正确调整白平衡，理解色温的概念是非常重要的。

色温是用来描述光源中包含的颜色成分的一种度量单位。理论上，色温定义了绝对黑体从绝对零度开始加热后所发射光的颜色变化。随着温度的升高，绝对黑体会经历从黑色变为红色，再转变为黄色，之后变为白色，并最终发射出蓝色光的过程。当绝对黑体加热至某一特定温度时，其所发出的光的光谱组成即为该温度下的色温，色温的单位为开尔文（K）。

色温不仅描述了光线的"温度"，还反映了不同光源下光的颜色特性。较低色温（如低于3 000 K）的光源给人以温暖的感觉，而较高色温（如超过5 000 K）的光源则使人感觉更为冷峻。不同光源的色温值直接影响着人们对于色彩暖调或冷调的感知。不同光源的色温如图1-2-22所示。

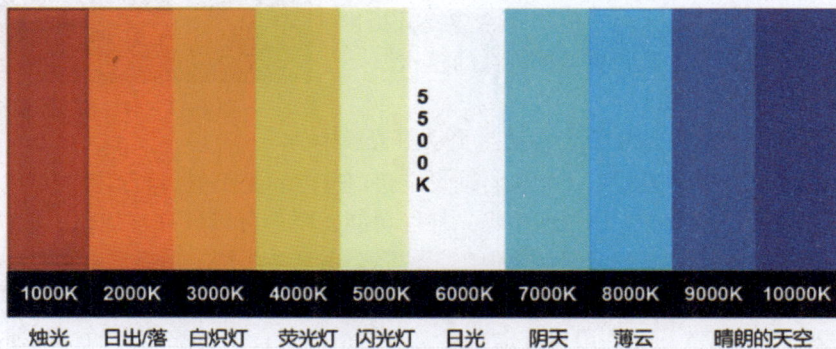

图1-2-22 不同光源的色温

2. 如何设置白平衡

矫正白平衡是摄影基础技能的重要组成部分，掌握这项技能对于提升摄影作品的质量至关重要。特别是在拍摄用于商业用途的照片时，如服装、饰品等商品图，确保白平衡的准确性尤为重要。因为任何色差都可能导致商品在照片中的外观与实物不符，进而误导潜在的消费者。白平衡可以通过使用白平衡预设、自定义色温 K 值以及手动设置白平衡等方式进行调整。

1）使用白平衡预设

对于追求照片色彩接近真实情况的摄影者而言，自动白平衡是一个便捷的选择。自动白平衡功能允许相机自动判断拍摄环境的色温，从而简化拍摄流程并提高拍摄效率。此外，相机通常内置了一系列适用于不同场景的白平衡模式，如图1-2-23所示，这些预设模式可以帮助摄影师在不同光照条件下快速获得准确的色彩表现。

图1-2-23 相机白平衡预设

2）自定义色温 K 值

当已知光源的具体色温时，可以直接按照该数值来设置相机的白平衡。例如，若使用的闪光灯光源色温为5 500 K，则将相机的白平衡设置为5 500 K。

3）手动设置白平衡

尽管自动白平衡模式能满足大多数拍摄场合的需求，但在对色彩准确性要求较高的情况下，建议手动调节白平衡。

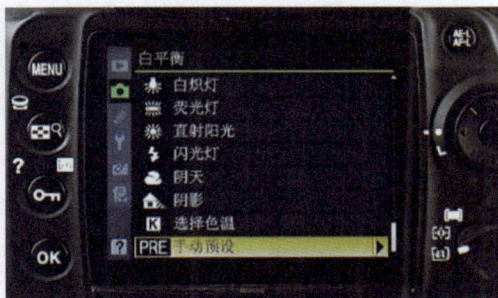

步骤4：分析拍摄场景与需求，选择相机的拍摄模式

在商品拍摄中，对于相机的拍摄模式，一般需要知道5种，而这5种拍摄模式的学习顺序为

全自动模式（AUTO）→程序自动模式（P挡）→光圈优先模式（Av/A）→快门优先模式（Tv/S）→手动曝光模式（M挡），如图1-2-24所示。各种模式都有它们各自的特色，到底选哪一种模式拍摄，这需要根据所拍摄的题材或者个人拍摄习惯而定。

1. 全自动模式（AUTO）

全自动模式是一种完全由相机自动完成所有参数设置的拍摄模式。拍摄者只需对准拍摄对象并按下快门按钮即可拍摄到准确、清晰的照片。然而，这种模式的局限在于无法精细调整背景虚化程度、剪影效果等特性。全自动模式适合初学者快速入门，但对于希望提升摄影技巧的用户来说，应逐步过渡到更具控制性的模式。

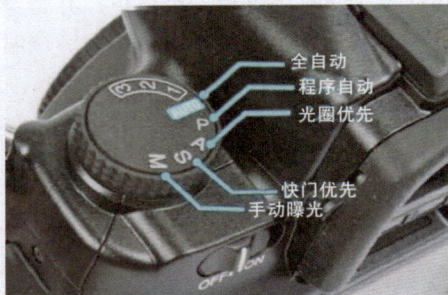

图1-2-24　相机拍摄模式

2. 程序自动模式（P挡）

程序自动模式（P挡）是介于全自动与手动曝光模式之间的一种模式。在这种模式下，相机自动设定快门速度和光圈值，而拍摄者可以手动调整其他参数，如感光度、白平衡等。通过调整曝光补偿功能，用户可以进一步优化画面的明暗效果。尽管程序自动模式提供了更高的灵活性，但仍无法完全满足某些特定拍摄需求。

3. 光圈优先模式（Av/A）

光圈优先模式（Av/A）允许用户设定光圈大小，相机则自动匹配相应的快门速度。这种模式非常适合需要控制景深的拍摄场景，如商品拍摄中强调背景虚化的效果。使用光圈优先模式有两大优点：一是可以固定光圈大小以控制景深；二是无须手动调整快门速度，相机会自动提供一个合适的快门值。在商品拍摄中，光圈优先模式因其较高的可控性而被广泛采用。

4. 快门优先模式（Tv/S）

快门优先模式（Tv/S）允许拍摄者设定固定的快门速度，相机则自动调整光圈大小以适应拍摄条件。这种模式特别适用于需要定格快速移动物体的场景，如体育摄影。在拍摄运动物体时，确保足够快的快门速度可以避免主体模糊。快门优先模式与光圈优先模式的相似之处在于它们都允许拍摄者设置单一参数，区别在于前者更适用于动态场景，后者更适用于静态环境。

5. 手动曝光模式（M挡）

手动曝光模式（M挡）是最高级别的控制模式，拍摄者需自行设定光圈、快门速度和感光度等参数。虽然该模式的操作难度较大，但提供了最大的创作自由度，适用于几乎所有拍摄场合。当光圈优先或快门优先模式不足以满足拍摄需求时，手动模式成为最佳选择。

【任务评价】

序号	维度	要求	分值	得分
1	设置相机参数	能够正确识别相机的各种设置标志，并能根据拍摄要求设置并调整相机的光圈、快门、感光度、白平衡等参数	40	
2	选择相机拍摄模式	能根据拍摄商品要求选择合适的相机拍摄模式	30	
3	选择相机测光模式	能够根据实际拍摄环境调整相机的测光模式，确保最佳曝光效果	30	
合计			100	

【任务拓展】

拍摄一组具有生动动态效果的商品图片，用于商品展示和宣传。

任务三　选择拍摄辅助器材

【学习目标】

知识目标：

1. 掌握商品拍摄辅助器材的基本种类和用途。
2. 理解不同辅助器材对拍摄效果的影响。
3. 了解商品拍摄领域的 AI 技术及其应用。

技能目标：

1. 能够根据不同拍摄需求和场景特点，合理选择各种辅助器材。
2. 能够正确安装、调整和使用各种辅助器材，确保拍摄顺利进行。

素质目标：

1. 培养职业素养和社会责任感，关注环保与安全问题。
2. 塑造积极心态与和谐氛围。
3. 紧跟技术发展前沿，培养持续学习和适应新技术的能力。

【任务描述】

本任务需要为一家电商公司各类商品拍摄图片。拍摄前需要根据商品的特性和拍摄需求，选择并使用合适的辅助器材，确保拍摄效果最佳。

【任务分析】

本任务旨在让读者通过实践操作，深入理解商品拍摄中辅助器材的选择和应用，培养学生的实践能力和职业素养。在完成任务的过程中，读者应注重理论知识与实际操作的结合，提高自己的专业技能。同时，要注重培养自己的社会责任感，确保在商品拍摄中遵循职业道德和法律法规。

【任务准备】

影室灯、背景布、静物台等商品拍摄辅助器材的实物及图片。

商品拍摄辅助器材：
光源类器材

【任务实施】

步骤 1：选择光源类器材

光线造就了拍摄商品图片的立体感，是拍摄中最基本的要素。与光线相关的器材主要有以下几种：

1. 影室灯

光是摄影必不可少的条件。在室外拍摄时使用的光源就是自然光，一般来说，晴天的 9:30—15:30 的阳光是比较理想的自然光。在室内拍摄时使用的人造光源称为影室灯。

影室灯包括持续输出的照明灯和瞬时照明的闪光灯。

1）照明灯

照明灯的代表就是被称为四联灯的影室灯，灯头有 4 个陶瓷螺旋口，可以安装 4 个三基色灯泡。四联灯（见图 1-2-25）结构简单，由灯座、柔光箱和灯架组成。它的背后有两组开关可以分别控制两盏灯泡。一般 2~3 组这样的四联灯就能构成一个简单的室内商品拍摄环境，可以

拍摄小件商品。

2）闪光灯

通常由大功率闪光灯与造型灯组成，闪光灯管一般是环型的，环的中央有造型灯的接口，如图1-2-26所示，一般是石英灯或白炽灯。在不使用闪光灯时，造型灯也可作为照明光源用来拍摄；当使用闪光灯时，造型灯主要用于布光看造型效果。

影室灯在使用时一般要配套下面的一些常见附件才能达到最佳效果。

2. 无线引闪器

无线引闪器（见图1-2-27）主要用来控制影室闪光灯，使闪光与环境光融合得更自然。无线引闪器通常成对使用。发射器安装在相机热靴插槽上，频段接收器连接其他闪光灯灯具。

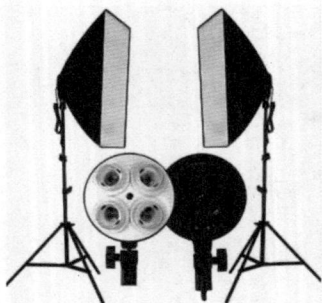

图1-2-25　四联灯　　　　　图1-2-26　闪光灯　　　　　图1-2-27　无线引闪器

3. 柔光箱

柔光箱一般由反光布、柔光布、钢丝架、卡口4部分组成。它不能单独使用，属于影室灯的附件。柔光箱装在影室灯上，能够起到柔和光线、在拍摄时消除光斑和阴影的作用。柔光箱从种类上可分为长方形柔光箱、正方形柔光箱、八角柔光箱、长条形柔光箱等，如图1-2-28所示。

4. 能打出有质感硬光的附件

柔光箱配合影室灯使用能柔和光线，在商品拍摄中也有能打出有质感硬光的影室灯附件，如标准罩、束光筒、雷达罩、斜口罩等，如图1-2-29～图1-2-32所示。

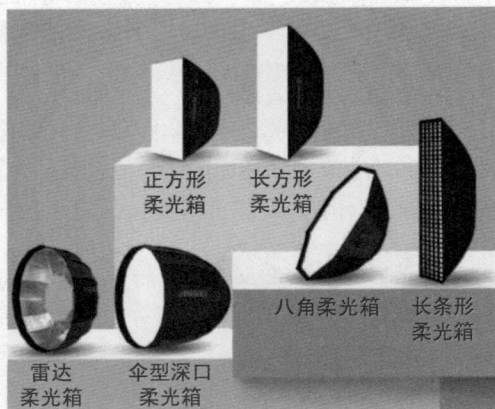

图1-2-28　柔光箱

标准罩的作用是收束光线，能产生较大范围的硬光，有利于表现产品质感；束光筒（也称"猪嘴"）可产生小范围的硬光，常用于拍摄古朴工艺品；雷达罩在收束光线的同时，能使光线更硬，减少散射光，增强方向性，产生更深的阴影效果；斜口罩可使光线形成大面积的椭圆形，一般用来照亮背景。

5. 反光板

反光板是一种常见的补光工具，常用于辅助光，起到给被摄物体补光、消除阴影的作用。反光板尺寸越大，效果越好。常见的反光板一般有白色、银色、金色、黑色和柔光5种，如图1-2-33所示。

6. 反光伞

反光伞是一种常见的光源控制工具，在商品拍摄中被广泛应用。反光伞常用的颜色有白色和银色两种，如图1-2-34所示。

图1-2-29　标准罩　　图1-2-30　束光筒　　图1-2-31　雷达罩　　图1-2-32　斜口罩

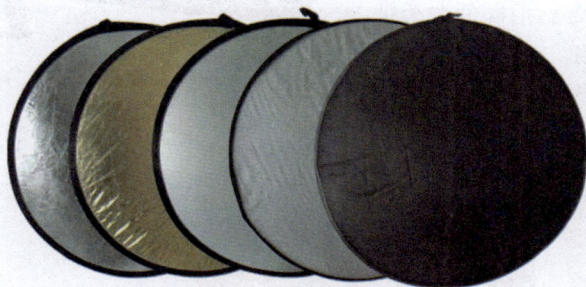

图1-2-33　五色反光板

图1-2-34　反光伞

步骤2：选择其他器材

相机和镜头是商品拍摄的核心部件，是拍摄的基础，而灯光类器材造就了拍摄商品图片的立体感，除此之外还有以下辅助器材。

1. 三脚架

在商品拍摄过程中可能会由于相机没有拿稳或者抖动，而导致所拍摄的照片模糊不清。使用三脚架可以起到增加稳定性的作用，能够解决此类问题。特别是拍摄大件商品时，三脚架是非常有必要使用的，如图1-2-35所示。

2. 拍摄台

拍摄台包括静物台和适合视频拍摄的旋转拍摄台。

静物台（见图1-2-36）是用于摆放被拍摄物体的台子，多用于棚内小件商品的拍摄，而旋转拍摄台（见图1-2-37）能够满足多功能拍摄需求，特别适合珠宝、饰品、化妆品、日用品、鞋包、摆件等小件商品的主图视频及全景图拍摄。

微课视频：商品拍摄
辅助器材（其他器材）

图1-2-35　三脚架

图1-2-36　静物台　　　　图1-2-37　旋转拍摄台

3. 小型摄影棚

小型摄影棚（见图1-2-38）常用于拍摄小件商品，常用的尺寸规格有40 cm、60 cm 和 80 cm。小型摄影棚内置灯光，可以满足服饰、鞋包、美妆、饰品、美食、家电等中小件商品的拍摄。一般来说能够支持多种窗口摄取角度进行拍摄。

4. 背景

背景（见图1-2-39）是商品拍摄过程中不可缺少的器材。背景的作用是为了更好地衬托被拍摄的商品，使商品展示更加完美。正确的选择和使用背景，能够为商品拍摄创造合适的氛围和环境。背景按照材质可以分为背景纸、背景布、仿真主题背景等，另外棉、麻、丝、缎以及白墙都可以作为背景。

图1-2-38　小型摄影棚

图1-2-39　背景

5. 倒影板

一些带有反光或者透明性质的商品（如酒水、化妆品、饰品等）在拍摄时常用倒影板（见图1-2-40）来添加效果。常用的倒影板包括亚克力和钢化玻璃两种材质。在颜色上最常见的是黑色和白色，黑色倒影板可营造出高贵的感觉，白色倒影板则会让产品显得优雅大方。

6. 其他工具

在拍摄网店商品时，为了确保照片的质量，除了基本的拍摄设备之外，还需要一些辅助小工具来更好地完成拍摄工作，比如，固定和悬挂商品的大力夹和蓝丁胶；吸收多余光线的黑卡纸，柔和光线的硫酸纸；保持商品洁净的气吹等。

图1-2-40　倒影板

【任务评价】

序号	维度	要求	分值	得分
1	辅助器材选择与应用	正确识别并选择适合特定拍摄场景的辅助器材；合理搭配使用辅助器材，实现预期拍摄效果；在实际拍摄中灵活调整器材设置	30	
2	技术操作与执行	熟练掌握辅助器材的安装与调试方法；在拍摄过程中准确运用各项技术，保证拍摄质量；处理突发状况，保证拍摄顺利进行	40	

续表

序号	维度	要求	分值	得分
3	职业素养与创新能力	展现良好的职业态度和责任感，注重工作效率与拍摄质量，拍摄过程中体现创新思维，尝试新方法；关注环保与安全问题，合理使用资源	30	
		合计	100	

【任务拓展】

扫描二维码完成拓展任务：选择合适的辅助器材

选择合适的辅助器材

【素养园地】

技术先锋：商品拍摄领域的 AI 技术

截至 2024 年，商品拍摄领域的 AI 技术已经取得了显著的进步，这些技术正在改变着传统的商品摄影和视觉内容创作方式。

（1）自动化图像生成：AI 可根据商品描述自动生成高质量图像，如通过 3D 模型模拟不同角度和光照条件，创造逼真的视觉效果。

（2）智能图像编辑：AI 工具可自动识别商品，进行智能裁剪、背景去除、色彩调整等操作，使图像更具吸引力，减少后期编辑时间。

（3）虚拟试衣：AI 技术使消费者在虚拟环境中试穿衣物，提高购物体验，并展示商品在不同体型和肤色上的效果。

（4）AI 视频制作：AI 能生成商品动态视频，展示使用方法和特点，增强商品吸引力。

（5）数据分析与优化：AI 可分析商品图片表现数据（如点击率、转化率），帮助商家优化拍摄策略。

这些技术不仅提升了商品拍摄的效率与质量，还为电商和零售行业带来了新的营销手段。

【项目知识检测】

【单选题】

1. 在商品拍摄中，为了清晰展现商品细节，哪种功能最为重要？（   ）

A. 微距功能　　　　　　　　　　　　B. 连拍功能

C. 视频录制功能　　　　　　　　　　D. Wi-Fi 传输功能

2. 在商品拍摄时，哪种测光模式最适合需要突出主体且背景亮度差异较大的场景？（   ）

A. 平均测光　　　　　　　　　　　　B. 中央重点平均测光

C. 点测光　　　　　　　　　　　　　D. 局部测光

3. 在拍摄需要展示商品质感的照片时，哪种光线附件最为合适？（   ）

A. 条形柔光箱　　　B. 雷达罩　　　　C. 标准罩　　　　D. 斜口罩

4. 在拍摄过程中为减少相机抖动导致的模糊现象可以使用哪种设备？（   ）

A. 三脚架　　　　　B. 反光板　　　　C. 柔光箱　　　　D. 倒影板

5. 在拍摄需要控制景深的照片时，哪种模式最为合适？（   ）

A. 自动模式　　　　B. 程序自动模式　　C. 光圈优先模式　　D. 快门优先模式

【多选题】

1. 在商品拍摄中，哪些工具可以用来固定商品的位置？（　　）

A. 强力夹子　　　　　　B. 蓝丁胶　　　　　　C. 鱼线　　　　　　D. 气吹

2. 在商品拍摄时，以下哪些因素会影响最终的拍摄效果？（　　）

A. 光源类型　　　　　　B. 感光元件尺寸　　　C. 使用的镜头种类　　D. 背景的选择

3. 在进行商品拍摄时，以下哪些是用于控制光源的辅助器材？（　　）

A. 影室灯　　　　　　　B. 无线引闪器　　　　C. 柔光箱　　　　　　D. 三脚架

【判断题】

1. 拍摄商品细节时，使用长焦镜头比使用微距镜头更为合适。　　　　　　　　（　　）

2. 在选择背景时，最好使用与商品颜色相近的背景颜色。　　　　　　　　　　（　　）

3. 在商品拍摄中，使用全画幅感光元件可以提供更高的成像质量。　　　　　　（　　）

扫描二维码查看答案

项目三 搭建拍摄环境

在电子商务和数字营销日益发展的今天，高质量的商品图片成为吸引顾客、提高销售额的关键因素之一。专业的商品拍摄不仅需要合适的摄影设备，还需要一个精心设计的拍摄环境来突出商品的特点和品质。通过这个项目的实施，商品图片拍摄质量将得到全面提升，为消费者提供更加真实、细腻和诱人的商品视觉体验，从而增强消费者的购买欲望和品牌忠诚度。

任务一 设计布光方案

【学习目标】

知识目标：

1. 掌握光质、光型、光位、光比等布光要素。
2. 掌握常见的布光方式及其特点。

技能目标：

1. 能够根据拍摄需求选择合适的布光方式。
2. 能够根据场景和光线条件调整灯光位置和角度。
3. 能够通过实践操作掌握布光技巧。
4. 能够根据实际拍摄效果调整布光方案。

素质目标：

1. 培养审美意识和审美能力。
2. 培养创新思维和实践能力。
3. 增强文化自信心和民族自豪感。

【任务描述】

本任务的目标是在摄影棚内为一款商品进行专业级的拍摄，通过合理的布光方案来展示商品的特点，确保最终的照片既清晰又能吸引目标受众。

【任务分析】

在商品拍摄中，布光是一项至关重要的技术。通过合理设计布光方案，可以有效地突出商品的特点和质感，提高拍摄效果。设计布光方案需要综合考虑多个因素，包括拍摄对象、场景、光线条件等。本任务的目标是使读者掌握如何根据不同的拍摄需求和场景，设计出合理的布光方案。

【任务准备】

1. 设备准备：确保所有摄影设备，如相机、镜头、灯光器材等都处于良好状态。
2. 场地布置：清理并布置拍摄场地，根据拍摄需要调整背景和道具。
3. 光源选择：根据分析结果挑选合适的灯光类型（如 LED 灯、闪光灯等）及配件（如柔光箱、反光板等）。

【任务实施】

为商品的拍摄设计布光方案是一个涉及创意、技术和对商品特性深刻理解的过程。一般包含了解商品特性、选择光源类型、布置光源位置、调整光比、设置布光方式等关键步骤。

步骤1：了解商品特性

在开始布光前，首先要了解商品的基本特性，因为商品的材质、颜色、纹理以及形状和大小等因素都会直接影响布光策略。根据商品特性，可以将商品大致分为 3 类：吸光类商品、反光类商品以及透明类商品。

不同类别的商品
拍摄技巧

1. 吸光类商品

吸光类商品的特点在于其表面通常不具备光泽，因而对光线的吸收多于反射。这样的特性使商品在光照下能形成稳定的色彩表现，并显现出细腻的明暗对比。吸光类商品上的最亮的部分（即高光区）不仅展示了商品本身的色彩，同时也反映了光源的色彩。而在亮部与暗部的过渡区，则最能体现商品表面的质感与纹理。这类商品通常包括毛织品、纺织品、食物、粗糙的陶瓷制品、橡胶制品以及无光泽的塑料等，如图 1-3-1 所示。

毛皮	毛线	粗陶	木材	纸制品
布料	裘皮	橡胶	亚光塑料	食品

图 1-3-1 吸光类商品

拍摄此类商品时，需通过合理的光线布局来增强商品的质感，同时避免出现过于浓重的阴影或是不自然的高光。采用柔和的光线并运用散射光或者多个光源可以有效捕捉吸光类商品的细节。

2. 反光类商品

反光类商品以其表面的高度反射性为标志，常见于镜面、金属表面、特定类型的塑料和玻璃制品等，如图1-3-2所示。

当光线照射到这些商品表面时，大部分光线会被直接反射，形成明显的光斑或反射线。这种强烈的反射性可能导致拍摄过程中出现过度曝光或反射过于强烈的问题。此外，反光类商品的形状和表面细节也会对其反射效果产生影响。例如，凸起的部分或弧形结构可能会造成光线的集中反射或扩散反射，而平滑的表面则倾向于产生均匀的反射光。

3. 透明类商品

透明类商品主要包括水晶制品、玻璃制品、某些塑料制品以及液体（如水或酒）。这类商品的核心特性在于其透明度和光滑的表面，允许光线透过商品本身。因此，在拍摄透明类商品时，必须特别关注光线的运用以及如何处理反射效果，以确保最终的照片能够准确传达出商品的透明感和立体感，如图1-3-3所示。

图1-3-2 反光类商品

图1-3-3 透明类商品

步骤2：选择光源类型

在商品摄影中，选择合适的光源类型对于塑造图像质量至关重要。光源的选择不仅影响商品的外观质感，还决定了最终作品的艺术风格。光源的选择可以从光质和光型两个方面入手。

1. 选择光质

光质指的是光线照射到物体上所产生的视觉感受，主要分为直射光（硬光）和散射光（柔光）两种类型。

1）直射光（硬光）

直射光是指具有明确方向性的光线，会在被摄物体上产生明显的阴影和高光区，常见的光源包括晴天的阳光、聚光灯或回光灯等。其特征是光源面积小，光线集中且覆盖范围较小，方向性强，容易在物体上形成鲜明的受光面和背光面，导致光线造成的明暗对比强烈、过渡不自然、阴影轮廓清晰。直射光的作用在于强调被摄体的线条、轮廓和立体感，同时也能很好地表现物体表面的质感和细节，创造鲜明的造型效果，增强视觉冲击力。因此，它适用于拍摄具有硬朗、粗糙或强烈质感的物体或人物，如男性肖像、运动主题、工业制品等场景。

2）散射光（柔光）

散射光是没有明显方向性的光线，通常由较大的光源发出，或者通过柔光箱、伞状反射器等工具变得更为扩散，常见的光源有阴天的天空光、大雾中的阳光、泛光灯等。其特征是光源面积大，光线覆盖范围广且显得更加均匀，方向性较弱，不容易形成明显的阴影，导致光线造成的明暗对比柔和、过渡自然、阴影轮廓模糊。散射光能够降低被摄物体的明暗对比，使层次更加细腻，能创造柔和的视觉效果，提升画面的协调性，并且适用于表现细腻质感和柔和氛围，因此非常适合拍摄人像、女性和儿童题材，适用于需要体现柔美感的商品摄影，以及广泛应用于直播等需要稳定、均匀光照的场合。

3）光质总结

硬光与柔光对比如表1-3-1所示。

表1-3-1　硬光与柔光对比

光质	特点	光比	方向性	阴影	质感	应用场景
硬光	硬、有力	较大	明确	浓重、清晰	强烈	建筑群、地域风光、硬朗主题
柔光	柔和	较小	渐变	疏淡、模糊	不强	人像、自然风光、柔美主题

4）如何改变光质

要改变光质，可以使用遮光罩或反光板来辅助控制光线的方向，减少不必要的反射和干扰；添加柔光材料，如柔光布或柔光纸，可以将硬光转换成软光；此外，调整光源与主体的距离，光源离主体越近，光质就越柔和，反之则越硬朗。这些方法共同作用可以优化光线质量，达到理想的拍摄效果。

2. 选择光型

光型指的是各种光线在拍摄时的作用，主要分为以下几种：

1）主光

主光又称塑形光，是指用于显示景物、表现质感、塑造形象的照明光，它是所有拍摄中最重要的光线，起着主导作用，能够确定整个照片的基调。

光影导演术—光型

注意事项：

（1）主光的选择没有固定规则，既可以用硬光也可以用柔光，具体取决于拍摄的主题、材质和期望的效果。

（2）在拍摄中型或大型题材时，通常使用较大的光源，但在拍摄小型题材时，光源不宜过大，以免破坏其他光线的效果，如图1-3-4所示。

（3）主光的位置需要随着被摄体的变化而调整，以确保最佳的照明效果。

2）辅助光

辅助光又称补光，主要用于调节光比，平衡图像亮面与暗面的关系，通过提高由主光产生的阴影部位的亮度，改善暗部阴影中的层次和质感，揭示阴影部位的细节，从而减小影像的反差。

图1-3-4　拍摄小件商品的主光

例如，在拍摄模特时，人物正面的45°角放置一个灯，但拍摄后发现人物右侧的脸颊显得非常暗。这时就需要增加一个辅助光，放置在人物面部的左侧，以此来平衡光照。这样，人物正面的灯为主光，而左侧的灯则为辅助光，如图1-3-5所示。

注意：辅助光的输出强度不能高于主光，否则辅助光就会变成主光，而原本的主光则会变成辅助光。

3）修饰光

修饰光又称装饰光，用于对被摄景物的局部添加强化塑形的光线，如眼神光、工艺首饰的耀斑光、照亮头发的顶光等。

4）轮廓光

轮廓光位于被摄物体后方，是一种逆光，用于勾勒被摄物体的轮廓。轮廓光可以分为正逆光、侧逆光、顶逆光、低角度逆光等多种类型。轮廓光能够勾勒出被摄物体的边缘，强化其立体感和空间感。

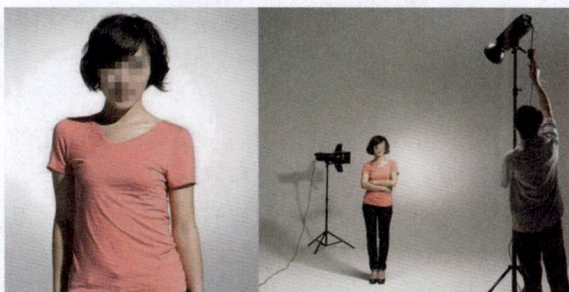

图1-3-5　硬光摄影：人手举的光源为主光

5）背景光

背景光是从被摄体后方朝背景照射的光线，用于分离主体与背景，不仅能够突出主体，还能美化画面，营造出更加丰富的视觉效果。

6）模拟光

模拟光又称效果光，用于模拟某种特定场景下的光线效果，如夕阳、室内灯光或自然光等。通过添加这种辅助光效，可以在拍摄中创造出特定的氛围或情境，增强照片的表现力和情感表达。

步骤3：布置光源位置

1. 光位

光位指的是光源相对于被摄物和相机的位置，简单来说，就是光线的方向和角度，根据相机、被摄物以及光源方向和角度的不同，光位主要分为垂直方向上的顶光、底光，以及水平方向上的顺光、侧顺光、侧光、侧逆光和逆光，如图1-3-6所示。

2. 垂直方向的光位

1）顶光

顶光是指从被摄物正上方照进来的光线，一般在晴朗的天气下，从中午11点到下午3点（尤其是正午）这段时间最为常见。顶光的光线强烈，被摄物受光面积充足。但在此种光位下拍摄人像会在人物的眼睛、鼻子及下颌形成浓重的阴影，不利于人物的表现，因此顶光通常不建议用于人像摄影。顶光光位适合拍摄风景，营造明朗、活泼、热情的气氛；也适用于地面光影效果或橱窗商品的展示。

布光——光位

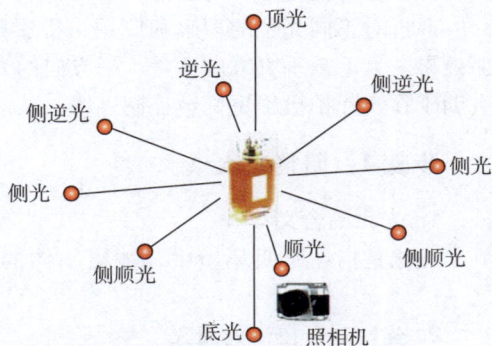

图1-3-6　光位图

2）底光

底光又称脚光，是从被摄物脚下垂直向上照射的光线。这种光位适合拍摄玻璃瓶等透明物体。

3. 水平方向上的光位

影室灯光源无论是否装有柔光箱都具有明显的方向性。随着影室灯相对于被摄物的移动，被摄物会分别得到水平方向上的不同光位，如图1-3-7所示。

1）顺光

顺光下的被摄物受光均匀，色彩还原度和饱和度高，能较好地体现物体固有的颜色，但也会由于缺少明暗反差和阴影衬托，导致画面立体感和层次感不强，缺乏生气。因此，顺光一般作为辅助光。

2）前侧光

侧光是指光源从被摄物的左侧或右侧射来的光线，可以进一步细分为前侧光、正侧光和侧逆光。

前侧光位于相机的左侧或右侧，光线投射方向与相机镜头成约45°夹角，是最常用的光位。

前侧光能使被摄物产生丰富的明暗层次，准确地表现被摄物的表面质感和轮廓，立体感强。前侧光常作为主光。

3）正侧光

正侧光从被摄物正左方或正右方照入，光线投射方向与相机拍摄方向成约90°夹角。受正侧光照射的物体，明暗对比和投影强烈，立体感和质感突出。正侧光有时也作为主光，特别是在成对出现时。

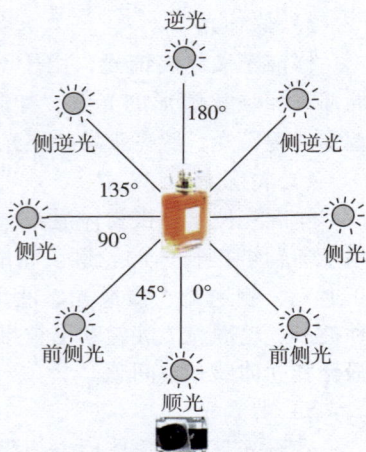

图 1-3-7　水平方向光位图

4）侧逆光

侧逆光又称后侧光或反侧光，光线投射方向与相机拍摄方向大约成135°夹角。侧逆光照射的物体，大部分处在阴影之中，被照射的一侧往往有一条受光轮廓线条，使主体与背景的空间感增强，质感和轮廓得到很好的表现。侧逆光可作为轮廓光。

5）逆光

逆光又称背面光或轮廓光，指从被摄物背面照进来的光线，正对着相机拍摄方向。逆光常用于勾勒被摄体的轮廓形状、拍摄剪影。逆光和侧逆光一样，都可作为轮廓光。在商品信息采集时，也常作为拍摄透明类物体的主光。

通过对不同光位的理解和应用，摄影师可以灵活调整光源的位置，以创造出丰富多彩的画面效果。无论是垂直方向还是水平方向的光位，都有其独特的功能和表现力，掌握这些基本原理有助于在实际拍摄中更好地控制光线，从而达到预期的视觉效果。

步骤4：调整光比

1. 光比的含义

光比是指在照明环境中，被摄物体的亮面与暗面的受光比例。它是摄影用光的重要参数之一。

2. 光比对于摄影的意义

光比对于摄影最大的意义是控制画面的明暗反差。

光比较大时，被摄物体上亮部与暗部之间的反差就大，此时画面的视觉张力强，更具层次感，照片显得更加立体。营造大光比效果使照片在产品细节上更有层次。大光比适合拍摄男性用品，营造硬朗的感觉。

光比较小时，亮部与暗部之间的反差就小，此时画面柔和平缓。画面中的中间灰度值较多，对比度低，照片显得偏灰，亮度和暗部过渡柔和。小光比适合拍摄女性用品，营造柔美的感觉，也适合拍摄一些静物商品。

在商品摄影中，通常会通过全方位的打光来确保商品的所有细节都能清晰可见。然而，这样的做法可能会削弱商品的立体感和质感，尤其是在拍摄像玉器、茶具或古玩这类需要体现其独特韵味的商品时。此时，采用较大的光比可以辅助创造出更为神秘而高雅的氛围。

认识到光比与画面反差之间的关系，有助于在拍摄过程中制订合适的拍摄方案，并能够根据不同需求灵活运用不同的光比来创造多样化的作品。

3. 调整光比的方式

调整光比是摄影中一个非常实用的技术，可以通过多种方法实现。下面是一些常见的调整光比的方法：

1）调整光源的强度

可以通过增加主光的输出功率来提高其亮度，从而增大光比；也可以通过减少辅助光的输出功率来降低其亮度，同样可以增大光比。

2）改变光源的位置

可以将主光更靠近主体，这会增加主体亮部的亮度，从而增大光比；也可以将辅助光移远一些，这样辅助光对阴影区域的影响会减弱，也会增大光比。

3）使用反光板或反射材料

可以通过在暗部区域放置反光板以反射一部分主光到暗部，减少暗部的阴影，从而减小光比；而使用黑色卡纸或其他遮挡物来阻挡辅助光进入某些区域，可以实现增大光比的目的。

4）利用光质

使用硬光会产生明显的阴影，增大光比；而使用软光则使阴影变得柔和，减小光比。

5）滤镜和光栅

某些滤镜可以改变光线性质，比如漫射滤镜可以使光线变得更柔和，从而减小光比；使用光栅和蜂窝罩之类的附件可以控制光线的方向和范围，帮助精确地照亮某些区域，也可以影响光比。

6）后期处理

在后期处理阶段，可以通过调整对比度、曝光度、高光和阴影等来模拟不同的光比效果。

每种方法都有其适用场景，摄影师可以根据具体的拍摄条件和个人创意来选择最合适的调光比的方法。在实际操作中，通常会结合使用几种方法来达到理想的效果。

步骤5：设置布光方式

在影棚中拍摄商品时，布光是至关重要的。光是决定照片好坏的主要因素，不同的光线对摄影的效果有着显著的影响。要轻松地展示商品的材质与氛围，就需要了解光的特性，并妥善处理它们之间的关系。只有合理布光，才能展示出商品的质感。

布光方式与技巧

1. 常用布光方式

在商品信息采集环境中，影室灯通常采用两盏以上的光源进行布光配合。以下是常见的几种布光方式：

1）两侧光布光

这种布光方式使商品的顶部受光，正面并没有完全受光，适合拍摄外形扁平的小商品，而不适合拍摄立体感较强且有一定高度的商品，如图1-3-8所示。

2）两前侧布光

这是商品拍摄中最常用的布光方式。这种方式全面而均衡，商品表现不会有暗角，适用于大多数吸光类物体，特别适合拍摄具有一定高度和宽度且立体感较强的商品，如图1-3-9所示。

图1-3-8 两侧光布光方式

3）前后交叉布光

这种布光方式既能表现出商品表面的层次感，又能保留前侧光的存在，从而使正面细节也

能展现出来，常用于瓷器、食物等类型的商品拍摄。在使用时，后面的灯开启全光作为主光打在被摄物上，前方的灯则开启半光作为辅助光，前后光形成夹光效果，如图 1 – 3 – 10 所示。

图 1 – 3 – 9　两前侧布光方式

图 1 – 3 – 10　前后交叉布光方式

4）后方布光

后方布光是从商品的后面打光。由于从商品的后面进行打光，只能照亮被拍摄物的轮廓，因此后方布光又称为轮廓光，如图 1 – 3 – 11 所示。后方布光方式有三种：正逆光、侧逆光和顶逆光。后方布光方式会使商品的正面产生大片阴影，适合拍摄琉璃、镂空雕刻等具有通透性的商品。但对于其他商品，一般不适合使用这种布光方式。

图 1 – 3 – 11　后方布光方式

2. 布光技巧

为了取得理想的光影效果，在摄影棚内布光时还需要掌握以下布光技巧：

1）控制光源面积与扩散程度

在实际拍摄时，如果需要低反差效果，光源面积要大，并且扩散程度也要大，尽量使光的覆盖面超过被摄物体。可以使用柔光箱、柔光伞等器材实现这一效果。相反，如果需要高反差效果，则可以通过使用束光筒、雷达罩、斜口罩等约束光线的器材来实现。

2）确保充足的照明亮度

要确保有足够的照明亮度，可以通过调整相机的光圈大小来控制。此外，增加灯光功率或者调整光源的位置也是有效的方法。

3）选取适宜的灯距

灯距的大小直接决定了被摄物体的受光强度，并影响物体的明暗反差效果。通常情况下，灯距较近时，光线的照射角度较小，光质变得较硬，光比增大，明暗反差明显；而灯距较远时，光线的照射角度较大，光照范围均匀，光质较为柔和，层次更加丰富。

4）减少光源的使用数量

在布光过程中，并非光源越多越好。过多的光源可能会导致布光复杂化，并且产生难以控制的多重投影。因此，应当尽量减少光源的使用。必要时，可以利用反光板等器具来辅助布光。反光器具不仅可以帮助避免阴影的产生，还可以针对被摄物的局部区域进行补光，从而更好地控制光的覆盖范围。

5）恰当的光比控制

布光时的光比控制涉及被摄物体自身的反差以及画面中主体物、陪衬物和背景之间的明暗对比。一般而言，光比的设定应该以真实反映被拍摄物的形状、颜色和质感为原则。

通过理解和掌握这些布光方式和技巧，摄影师可以根据拍摄需求设置适当的照明环境，从而达到理想的视觉效果。

【任务评价】

序号	维度	要求	分值	得分
1	商品特性	考察对不同类型商品（如服装、珠宝、食品等）的特性了解程度，以及能否根据商品特性选择合适的拍摄方法	20	
2	光源类型	考察对不同光源类型的理解及其在实际拍摄中的应用能力，包括何时使用硬光或柔光以达到最佳效果	20	
3	光源位置	能够根据拍摄需求正确布置不同类型的光源，以确保良好的照明效果	20	
4	光比	能够根据拍摄需求调整光比，使照片的明暗对比适中，既不过于平淡也不过分夸张	20	
5	布光方式	能够根据商品的特性选择最合适的布光方式，确保拍摄效果最佳	20	
		合计	100	

【任务拓展】

扫描二维码完成拓展任务：自制布光器材并进行布光实践

【素养园地】

自制布光器材并进行布光实践

光的艺术——皮影戏

皮影戏又称为影子戏或灯影戏，是中国民间广为流传的傀儡戏之一。表演时，艺人们在白色幕布后面，一边操纵戏曲人物，一边用当地流行的曲调唱述故事，同时配以打击乐器和弦乐，通过影人的形体动作加上伴唱来表现生活中的万般情景，富有浓厚的乡土气息。皮影戏是光的艺术，它通过灯光把影人映射在影屏上。在表演过程中，需要合理设计布光方案，使影人呈现出立体感、动态感等视觉效果，让观众感受到光与影的完美结合。

在皮影戏的表演中，布光是非常重要的一环。为了使影人呈现出立体的效果，灯光需要从侧面照射，使影子的边缘呈现出明显的阴影。同时，灯光也要足够亮，使影子的表面显得光滑而细腻。此外，为了使影人能够活动起来，需要使用灯光将影子映射在屏幕上。这需要精心设计灯光的位置和角度，确保影子能够清晰地映在屏幕上，并且随着演员的操作而灵活移动。

在皮影戏的表演中，布光不仅能够增加视觉效果，还能够营造出不同的氛围和情感。例如，使用柔和的灯光可以营造出温馨、浪漫的氛围；使用明亮的灯光可以表现出热烈、欢快的情感；而使用暗淡的灯光则可以表现出悲伤、沉重的情感。因此，皮影戏的布光不仅是技术上的要求，更是艺术上的追求。

皮影戏的布光是一门综合性的艺术，它不仅需要考虑视觉效果和技术要求，还需要根据不同的表演内容、场景和情感需求进行设计。通过合理的布光，可以使皮影戏的表演更加生动、形象、富有感染力，让观众感受到光与影的无穷魅力。

任务二 选择构图方式

知识目标：

1. 掌握黄金比例构图方式与技巧。
2. 掌握线性构图方式与构图技巧。
3. 掌握形状构图法的特点和构图技巧。
4. 熟悉中央构图、对称构图的构图特点。

技能目标：

1. 能够根据商品的特点选择合适的构图方式。
2. 能使用不同的构图方式拍摄具有美感的商品。

素质目标：

1. 培养审美意识，提高对美的敏感度。
2. 培养创新思维和创新能力。
3. 传承和弘扬中华民族文化，增强民族自信。

【任务描述】

本任务要求学生对商品拍摄的构图形式进行学习和实践，通过不同的构图方式来展示商品的特点和优势，提高商品展示的效果。通过掌握基本的构图原则和技术，读者能够在实际拍摄中灵活运用这些知识，创造出美观且具有吸引力的商品图片。

【任务分析】

在商品拍摄中，构图是至关重要的。一个好的构图能够突出商品的特点，提高商品的吸引力，使消费者更容易产生购买的欲望。因此需要掌握一些常见的商品拍摄构图形式，以便更好地通过构图来增强商品的表现力。

【任务准备】

准备拍摄商品和拍摄设备，熟悉拍摄设备的基本使用方法。

摄影构图

【任务实施】

在商品摄影中，合适的构图技巧对于提升照片质量有着至关重要的作用。常见的构图方法主要有黄金分割构图法、线性构图法、形状构图法、利用画面平衡构图法等。

一、黄金分割构图法

黄金分割构图法是一种基于美学和数学原理的经典构图方法。它遵循了一个古老的美学比例——黄金比例（约为1∶1.618），该比例被认为能创造出最和谐、最吸引人的视觉效果。在摄影中，黄金分割构图法通过将画面分割成若干部分来安排主体的位置，以达到视觉上的平衡与美感。黄金分割构图法利用黄金比例来划分画面，使视觉元素以最和谐的方式分布。具体来说，可以通过以下两种主要方法来实现：

（一）九宫格构图法

1. 含义

九宫格构图法也称井字构图法，是一种常见的基本构图技巧，通过将画面的上下、左右各分成三等分，形成一个"井"字，从而将画面分割为九个相等的小方格，这种构图法在我国古时被称为九宫格，如图1-3-12所示。在这样的构图框架中，"井"字形的四条线以及它们之间的四个交叉点被认为是视觉上最具吸引力的区域。因此，在使用九宫格构图时，通常会将拍摄主体或重要的景物置于这些交叉点上，以达到最佳的视觉效果。这种构图方法适合需要突出单个商品时的拍摄场合。通过这种构图使主体自然地成为视觉中心，具有突出主体，并使画面趋向均衡的特点。

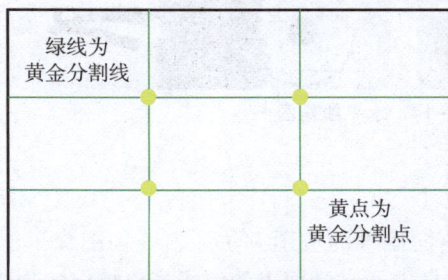

图1-3-12　九宫格构图

2. 操作方法

（1）设置网格：使用相机内置的网格功能，或者手动在画面上绘制三等分的线条。

（2）定位主体：将商品或主要元素放置在网格线的交叉点上，或沿着网格线布置。

（3）调整角度：根据商品的特点调整相机的角度和位置，确保构图符合预期。

（二）黄金螺旋构图法

1. 含义

图1-3-13　黄金螺旋构图

黄金螺旋也称斐波那契螺旋线，是根据斐波那契数列画出来的螺旋曲线。这种构图法是利用斐波那契数列形成的螺旋线来引导观者的视线，使画面中的元素按照螺旋线的轨迹分布，如图1-3-13所示。

这种构图法与九宫格构图法相比更复杂，但能创造出更加自然和引人入胜的视觉效果。在展示一组相关商品时，可以利用黄金螺旋构图法来引导观者的视线，使其自然地浏览所有商品。

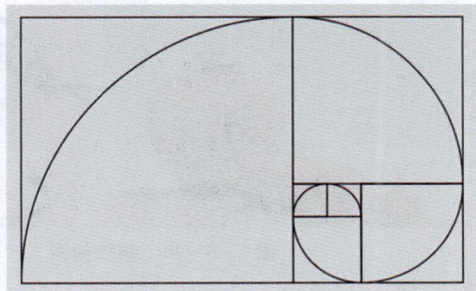

2. 操作方法

（1）确定起点：选择商品的一个关键部位作为螺旋线的起点。

（2）绘制螺旋线：在图像编辑软件中手动或使用专业的构图工具绘制螺旋线。

（3）布置元素：根据螺旋线的走向安排商品和其他元素的位置，使观者的视线自然地沿着螺旋线移动。

二、线性构图法

利用线条是最常见的构图方法，线条包括直线和曲线两大类。其中，直线构图法有水平线构图、垂直线构图、斜线构图和曲线式构图4种。

1. 水平线构图

采用水平线构图能使画面产生宁静、宽广、稳定、可靠的感觉，如图 1-3-14 所示。

2. 垂直线构图

垂直线构图一般具有高耸、挺拔、庄严、有力等特点，也能表现出商品的高挑，常用于拍摄长条或者竖立的商品，如图 1-3-15 所示。

图 1-3-14　水平线构图

图 1-3-15　垂直线构图

3. 斜线构图

斜线构图是指被摄物体斜向摆放的构图方法。斜线构图除了能表现运动、流动、倾斜、动荡、失衡、紧张等画面之外，还能通过画面里的斜线指出特定的物体，起到固定导向的作用，如图 1-3-16 所示。

4. 曲线式构图

曲线式构图是指画面上的景物呈 S 形曲线的构图形式，具有延长、变化的特点，看上去有韵律感，给人优美、雅致、协调的感觉，当需要采用曲线形式表现被摄物时，应首先想到使用 S 形构图，如图 1-3-17 所示。

图 1-3-16　斜线构图

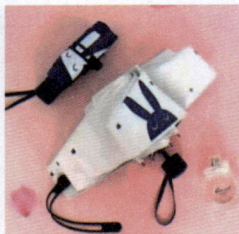

图 1-3-17　曲线式构图

三、形状构图法

几何形状其实就是闭合的线条。当线条汇聚时，就形成了角度，或者形成三角形、矩形、圆形等形状。

1. 三角形构图

三角形构图也称金字塔式构图，是以三点成一面的几何形状安排被摄物的位置，形成稳定的三角形。三角形构图可以给画面带来沉稳、均衡、安定感，同时从画面的视觉效果上，还可以带给人一种无形而强大的内在重量印象，如图 1-3-18 所示。

2. 矩形构图

矩形构图具有中规中矩、四平八稳的特点，会有一种人工化的和谐感，如图 1-3-19 所示。

图1-3-18　三角形构图

图1-3-19　矩形构图

3. 圆形构图

圆形构图是指把景物安排在画面中央，以圆心作为视觉中心的构图方法。这种构图方法给人以团结一致的感觉，也会给人以旋转、运动和收缩的美感，如图1-3-20所示。

图1-3-20　圆形构图

4. X形构图

X形构图就是将商品或者线条按照X形式排列组合。这种构图方法透视感强，有利于把人的视线从四周引向中心位置，或者是将人的视线从中心位置引向四周，从而使画面具有力量感，适合拍摄各类产品主图，如图1-3-21所示。

5. 框景构图

框景构图又称框架式构图，是指利用具有明显框架结构的景物作为前景，然后将被摄主体放置于前景所构成的框架内的构图方法，如图1-3-22所示。框景构图具有很强的视觉引导效果，利用这一点可以将所要重点表现的主体突出呈现在画面之中。另外用景物的框架做前景也能增加画面的纵向对比和装饰效果，使图片产生空间感。

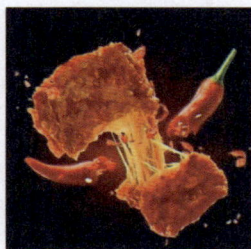

图1-3-21　X形构图

图1-3-22　框景构图

四、利用画面平衡构图法

如果一张照片是有重量的，那么画面中四个角某一个地方太过杂乱无章就会显得失衡，通常物体越大、离着镜头越近或越靠下就会显得越重。因此可以将被摄物放于中间来达到平衡画面的目的，也可以在画面的空白处加入其他的物体来达成类似天平一样的动态平衡。

1. 中央构图

中央构图也就是将被拍摄主体放在画面的最中央的构图方法，如图 1 - 3 - 23 所示。

这种构图方法的优点是能充分体现产品本身，从而使主体突出、明确，而且画面容易取得左右平衡的效果，缺点就是图片会有些僵硬、乏味。

重要提示：在网店商品的拍摄过程中，中心构图法主要用于主图的标准化展示。

图 1 - 3 - 23　中央构图

2. 对称式构图

对称式构图是指所拍摄的商品在画面正中垂线两侧、正中水平线上下对等或大致对等的构图形式。在使用对称式构图时，拍摄者既可以拍摄那些本身即具有对称结构的景物，又可以借助玻璃、水面等物体的反光、倒影来实现对称效果，如图 1 - 3 - 24 所示。

图 1 - 3 - 24　对称式构图

对称构图在视觉上有自然、安定、均衡、协调、整齐、典雅、庄重完美的朴素美感，符合人们的视觉习惯。我国的宫殿、饰品、喜字等都是对称的，所以对称式构图具有浓重的中国特色。

除了上述的构图方法之外，其他构图方法还有引导线构图、紧凑式构图、向心式构图、散点式构图等。

【任务评价】

序号	维度	要求	分值	得分
1	黄金分割构图	评估作品是否运用了黄金分割比例来安排主要元素的位置。查看是否有使用三分之一规则或者是更精确的九宫格/黄金螺旋构图法来安排主题和视觉重心。考虑整体构图是否给人以自然和谐的感觉	25	
2	线性构图	检查作品中是否存在引导线，并评估这些线条如何影响观者的视线流动。观察线条是否能有效地将注意力引向画面的重点区域	25	
3	形状构图	分析作品中是否利用了特定形状来构建画面，并判断这些形状是否有助于增强作品的表现力	25	

续表

序号	维度	要求	分值	得分
4	利用画面平衡构图	评估画面的整体平衡感，无论是通过对称还是非对称的方式实现。观察是否有任何元素显得过于沉重或轻盈，导致画面看起来不平衡	25	
		合计	100	

【素养园地】

我国传统文化中的构图哲学

《清明上河图》：这幅北宋画家张择端的作品，是中国古代绘画中的瑰宝。它以都城东京（今河南开封）为背景，描绘了当时城市生活的繁华景象。在构图上，画家采用了散点透视法，将繁杂的景物纳入统一而富于变化的画面中。画中的桥梁、街道、房屋、人物等元素都按照一定的比例和位置进行安排，既体现了宋代城市的真实面貌，又展现了古典美学的构图原则。同时，画中的元素，如船只、人物服饰、建筑风格等都反映了当时的社会文化和历史背景。

敦煌壁画：敦煌壁画是中国古代艺术的瑰宝之一，其中蕴含了丰富的传统文化元素和精湛的构图技巧。在构图上，敦煌壁画常采用对称、平衡、层次等原则，将人物、动物、植物、建筑等元素巧妙地组合在一起，形成富有节奏感和韵律感的画面。同时，壁画中的元素如佛像、飞天、乐器、服饰等都反映了当时的宗教信仰、文化交流和社会风貌。

传统园林设计：中国的传统园林设计也是构图与传统文化相结合的典型案例。在园林布局中，设计师常采用借景、对景、框景等手法，将自然景色与人工建筑巧妙地融合在一起。同时，园林中的元素，如山石、水池、亭台、花木等都蕴含着丰富的文化内涵和象征意义，与整个园林的构图风格相得益彰。

这些案例都展示了构图和传统文化在艺术作品中的紧密结合，既体现了艺术家的创作才华和审美追求，又传承和弘扬了民族文化的精髓。

任务三 选择拍摄角度

【学习目标】

知识目标：

1. 掌握俯拍、平拍、仰拍等拍摄高度的特点和效果。
2. 掌握正面角度、斜侧角度、侧面角度等拍摄方向的特点和效果。
3. 熟悉不同拍摄距离的适用范围。

技能目标：

1. 能够根据商品特点和拍摄目的选择合适的拍摄角度。
2. 能够在实际拍摄中灵活运用不同的拍摄角度。
3. 能够根据不同拍摄方向调整构图和光线。

素质目标：

1. 培养审美意识和艺术鉴赏能力。
2. 培养学生的职业道德和社会责任感。
3. 培养学生的创新意识和探索精神。

在电子商务和产品宣传中，高质量的商品照片至关重要。良好的拍摄角度不仅能吸引顾客的注意，还能清晰展示产品的特点和优势，从而提高销售转化率。本任务旨在指导读者掌握如何选择最佳的商品拍摄角度，以达到最优的展示效果。

【任务分析】

本任务要求读者通过学习和实践，掌握不同拍摄角度的特点及其效果，并根据商品的特性及拍摄目的，选择合适的拍摄角度进行拍摄。本任务的目标是帮助读者理解不同拍摄角度对商品呈现效果的影响，并能够在实际拍摄中灵活运用这一技能，以实现最佳的视觉效果和商品展示效果。

【任务准备】

准备拍摄商品和拍摄设备，熟悉拍摄设备的基本使用方法。

【任务实施】

拍摄视角

为了选择最佳的商品拍摄角度，需要综合考虑拍摄高度、方向和距离，以确保商品的特点和优势得到充分展现。具体步骤如下：

步骤1：确定拍摄高度

拍摄高度指的是拍摄时镜头相对于水平面的高度差异，通常分为俯拍、平拍、仰拍三种。

1. 俯拍

俯拍是指拍摄时镜头位置高于被摄主体，形成从上向下看的视角。俯拍能很好地表现画面中的景物层次、主体位置和数量关系，给人以辽阔、深远、宏伟的感觉，能增强商品的立体感和空间深度。俯拍可展示商品的正面、侧面和顶面，特别适合拍摄陶瓷、餐具等物品，能清晰重现器物上的完整图案，也适用于展示食物的全貌，如图1-3-25所示。

垂直角度是一种特殊的俯拍角度。垂直角度是拍摄相机的方向与地面垂直，从商品正上方自上而下进行拍摄。如图1-3-26所示，这种构图会将商品变成线条清晰的平面图案，可能会压缩画面的空间感和立体感，因此一般情况下建议使用斜下方的俯视角度。

图1-3-25　瓷器拍摄

图1-3-26　垂直角度拍摄

2. 平拍

平拍是指拍摄时镜头位置与被摄主体保持水平，形成平视角度，这种拍摄方式与人眼视觉习惯最接近，给人一种自然、稳定、均衡、平等、和谐的感觉。平拍下的照片中被摄主体不易变形，但可能缺乏立体感，显得呆板，可通过精心布置背景或使用道具，创造纵深感与层次感，提升画面效果，如图1-3-27所示。

3. 仰拍

仰拍是指拍摄时镜头位置低于被摄主体，形成从下向上看的视角，如图1-3-28所示。这种拍摄方式使画面中的被摄主体显得高大宏伟，画面有强烈的立体感和视觉冲击力，主体更加突出，杂乱背景很少。在影视中常用于表达对英雄人物的歌颂或对对象的敬畏，而在商品拍摄中适用于修长或位置较高的物体，如花瓶、灯具等。

图1-3-27　平拍　　　　　　　　　　　　　　　图1-3-28　仰拍

步骤2：选择拍摄方向

拍摄方向是指以被摄对象为中心，在同一水平面上围绕被摄对象四周选择拍摄点。在拍摄距离和拍摄高度不变的情况下，不同的拍摄方向可以展现被摄对象不同的侧面形象，以及主体与陪体、主体与环境的不同组合关系变化。拍摄方向通常分为正面角度、斜侧角度、侧面角度等，如图1-3-29～图1-3-31所示。

图1-3-29　正面角度拍摄　　　　图1-3-30　斜侧角度拍摄　　　　图1-3-31　侧面角度拍摄

1. 正面角度

正面角度指镜头与被摄对象正面垂直，着重展现对象的正面特征。这种角度的拍摄呈现的形象端庄稳重，构图对称美观，能营造出庄严隆重的氛围，但可能会使画面显得缺乏空间感和立体感，较为呆板。

2. 斜侧角度

介于正面和侧面之间的拍摄角度称为斜侧角度。斜侧角度可以在一个画面内同时表现对象的正面和侧面特征，有利于表现商品的立体感和空间感。这种角度通常被认为是拍摄的最佳角度之一。

3. 侧面角度

侧面角度指的是相机与被摄对象侧面垂直的位置，这种拍摄方法有助于清晰地勾勒出对象的侧面轮廓，突出展示其线条美感。这种角度适合展示物体的形状和结构，如人体侧面、建筑轮廓、家具侧面等。

拍摄方向的选择应根据具体的被摄对象和主题表现的要求而变化。无论选择哪种拍摄方向，只要运用得当，都能获得成功的构图。

步骤3：调整拍摄距离

拍摄距离指的是相机与被摄物之间的距离，是决定景别的关键因素之一。在使用相同焦距的镜头时，相机与被摄物之间的距离越近，拍摄到的范围就越小，被摄物在画面中占据的位置也就越大；反之，距离越远，拍摄范围越大，被摄物显得越小。根据画面的大小和远近，可以把拍摄距离分为以下几个类别：

1. 特写

特写是指非常近距离的拍摄，通常只包含商品的一部分细节，适用于珠宝、手表、电子产品等需要展示精细细节的商品。

2. 近景

近景是指拍摄商品的一个局部或主体部分，但不包含全部细节。这种距离有助于展示商品的主要部分，同时保留足够的细节，使观者能够清晰地识别商品的特征，适用于服装、鞋子、包包等需要展示特定部位的商品。

3. 中景

中景是指拍摄商品的大部分或整体，但仍然保留一定的周围环境，能够展示商品的整体外观，并且能够看出商品与环境的关系，适用于家具、家用电器等需要展示整体外观的商品。

4. 全景

全景是指拍摄完整的商品及其周围的环境，能够全面展示商品的全貌和其所在环境的关系，给人一种完整的视觉印象，适用于大型家具、户外用品等需要展示整体效果的商品。

5. 远景

远景是指从较远距离拍摄，通常包含商品和广泛的背景环境，能够展示商品在更大环境中的位置和作用，适合传达商品与环境之间的关系。适用于户外广告、风景中的商品展示等。

调整拍摄距离可以根据商品的特点和展示需求选择合适的景别。不同的拍摄距离能够突出商品的不同方面，从而达到最佳的展示效果。

【任务评价】

序号	维度	要求	分值	得分
1	确定拍摄高度	根据商品特点选择了最合适的拍摄高度，并能合理解释选择依据	30	
2	选择拍摄方向	根据商品特点选择最合适的拍摄方向，并能合理解释选择依据	40	
3	调整拍摄距离	根据商品特点选择最合适的拍摄距离，并能合理解释选择依据	30	
合计			100	

任务四　色彩搭配与调整

【学习目标】

知识目标：

1. 掌握色彩属性及其对视觉的影响。

2. 了解色彩的基本心理效应。

3. 掌握色彩的搭配原则。

4. 理解不同色彩所传达的情感和氛围。

技能目标：

1. 能够分析不同商品的色彩特点。
2. 能够根据商品特点和拍摄主题，选择合适的色彩搭配。
3. 能够欣赏和鉴别优秀的色彩搭配。
4. 能够在布光时考虑色彩因素，利用光源色温调整商品色彩表现。
5. 能够选择合适的背景和道具，与商品色彩形成对比或和谐的效果。

素质目标：

1. 强化文化自信和传承意识。
2. 践行社会主义核心价值观。
3. 培养职业道德与社会责任感。
4. 提升对色彩的敏感度和审美能力。

【任务描述】

在商品拍摄中，色彩的搭配与调整至关重要。色彩是影响商品照片质量的重要因素之一，它不仅关系到商品的视觉呈现效果，还直接影响着消费者的购买决策。

【任务分析】

本任务要求读者学习色彩相关知识，通过选择合适的色彩搭配和色调，提升商品的视觉吸引力。

【任务准备】

1. 材料准备：准备不同颜色的背景布、纸张、道具等。
2. 工具准备：准备相机、三脚架、灯光设备等。
3. 软件准备：安装并熟悉图像编辑软件的使用。

【任务实施】

步骤1：色彩选择

在商品拍摄中，色彩的选择至关重要，因为它不仅关乎视觉美感，还能直接影响消费者的情绪和购买决策。在选择色彩时需要做到以下几个方面：

1. 明确产品定位

（1）产品特性和品牌理念：分析产品的核心卖点以及品牌想要传达的价值观。例如，如果是有机食品或者环保产品，可以选用自然界的颜色，如绿色、棕色等来强调其天然属性；如果是科技产品，可以选择冷色调，如蓝色、银色等来展示其现代感和技术先进性。

（2）市场定位和竞争对手分析：考察市场上类似产品的色彩运用情况，同时也要考虑竞争对手的色彩选择，选择那些既能体现自身特色，又能在众多竞品中脱颖而出的颜色组合。

2. 理解目标受众

（1）年龄和性别：不同年龄段的人对颜色的偏好有所不同。年轻人可能更倾向于明亮、活泼的颜色；而年龄较大者可能更喜欢柔和、稳定的色调。同样，性别差异也会影响色彩的选择。

（2）文化和社会背景：要考虑目标受众的文化背景和社会习俗，因为某些颜色在不同文化中有特定的意义。例如，在中国文化中，红色通常与好运和喜庆相关联；但在某些西方文化中，红色可能意味着危险或警示。

（3）生活方式和个人兴趣：了解目标受众的生活方式和个人兴趣也很重要。比如，户外爱好者可能会被大地色系所吸引；而都市白领可能更偏爱简约、时尚的色彩搭配。

3. 应用色彩心理学

色彩心理学是研究色彩如何影响人类情感和行为的学科。在商品拍摄中，正确运用色彩心理学不仅能增强作品的表现力，还能更好地传达品牌信息和产品特性。以下是几种常见色彩的情感内涵及其在商品拍摄中的应用场景：

色彩与心理

1）红色

红色在商品拍摄中常用于表达热情、活力、喜悦和力量等积极情感，同时也与警告和紧急情况相关联。它可以用于营造节日氛围，如春节和情人节，强调商品的重要特征或促销活动。

2）粉色

粉色传递温暖、柔和、浪漫、甜美的情绪，常被视为女性化的色彩，适用于表达少女情怀、童话世界或浪漫主题，并能增添温柔、爱意、友谊等正面情感。

3）橙色

橙色结合了红色的热情与黄色的温暖，传达出活力、兴奋、温暖的感觉，适用于表现秋日、夕阳等温暖的自然景象，并能引发好奇心和勇气，适用于积极向上、充满活力的产品拍摄。

4）黄色

黄色象征光明、活力、乐观、幸福，同时也是财富和繁荣的象征，可用于为作品增添光芒与活力，吸引注意力，并表达乐观、开朗的情绪，适用于生活用品、儿童玩具等领域的商品拍摄。

5）绿色

绿色与自然、平和、健康、生命力紧密相连，象征希望和新生。这种色彩非常适合用于展现自然风光，传达环保理念，并适用于健康、生态相关的商品拍摄，能营造清新、健康的氛围。

6）蓝色

蓝色带来冷静、宁静、理性的感受，偶尔也带有忧郁、悲伤的情绪。这种色彩非常适合用于营造清新、开阔的空间感，如海洋、天空等场景，并适用于科技产品、专业服务领域的产品拍摄，强调精准与专业。

7）紫色

紫色融合了红色的热情与蓝色的冷静，代表神秘、奢华、浪漫与创造力。紫色可用于高端品牌、时尚产品的拍摄，体现高贵与豪华；也可用于表达梦幻、浪漫主题的商品拍摄。

8）黑色

黑色象征神秘、庄重、力量，同时也传达出高端与时尚的感觉。黑色可用于强调商品的高级感，如奢侈品、高端电子产品的拍摄；也可创建神秘氛围，适用于艺术、创意类作品的拍摄。

9）白色

白色代表纯净、明亮、轻盈、平静，常用于表达简洁与高雅。白色可用于提供清晰、干净的背景，突出主体，并常用于高科技产品、健康美容等领域，传达清新、纯净的形象。

10）灰色

灰色传达出温和、优雅、保守的感觉。灰色可用作中性色与其他色彩协调，平衡画面；也常用于男性产品拍摄，展现刚毅、沉稳的特性。

4. 保持视觉一致性

在商品拍摄中保持色调的一致性非常重要。这有助于建立品牌识别度，并确保所有视觉元素共同工作，以传达一致的品牌形象。具体措施包括：

（1）确立主色调：确定一个或几个主要色调作为商品拍摄的基础。这些颜色应该反映品牌的核心价值和产品的特性。

（2）制定色彩指南：制定详细的色彩使用指南，明确主色调及其辅助色的选择标准。这份指南应当涵盖所有拍摄素材，确保在不同场景下的色彩应用都能保持统一。

（3）统一应用色彩：在所有拍摄的视觉元素中统一使用选定的色彩，确保每次拍摄使用的道具和背景颜色都与品牌色调相符。

（4）保持光照一致性：在拍摄过程中，无论是在室内还是室外，都应尽量保持照明条件的一致性，避免因光线变化导致色彩出现偏差。

（5）统一后期处理：在后期编辑时，使用相同的滤镜或调整参数来处理图像，以保证所有图片在色调上的统一。

通过以上 4 个方面的综合考虑，可以更科学合理地为商品拍摄选择最合适的色彩，进而提升商品的吸引力和销售力。

步骤 2：色彩搭配

1. 选择色彩搭配方式

色彩搭配在商品摄影中扮演着至关重要的角色，合理的色彩搭配不仅能提升产品的吸引力，还能传达品牌信息、影响消费者的购买决策。以下是商品摄影中几种常见的色彩搭配方式：

1）同类色（单色）搭配法

同类色是指色相性质相同，但色度有深浅之分，如图 1 - 3 - 32 所示。同类色搭配是通过使用同一种色相的不同饱和度和明度变化来构建图像。

这种方式简单而有效，能够创造出一种平静和谐的视觉效果，适用于传达简约、高端的品牌形象，适用于奢侈品、高端化妆品、艺术品等需要展现纯净美感的产品。例如，在拍摄香水时，选择与产品包装不同深浅的蓝色作为背景，可以营造出一种高端、宁静的氛围，进一步突显产品的精致与优雅，传递出品牌的高雅气质，如图 1 - 3 - 33 所示。

2）相近色搭配

相近色也叫邻近色。相近色搭配是指在色相环上相隔 30° 以内的颜色，如图 1 - 3 - 34 所示。

图 1 - 3 - 32　同类色色相环　　　　图 1 - 3 - 33　香水拍摄　　　　图 1 - 3 - 34　相近色色相环

这种搭配方式相较于单色搭配，增加了色彩的变化性，但仍保持了视觉上的连贯性和一致性，适用于户外装备、运动产品、健康食品等需要体现活力与自然感的商品。例如，使用黄色和黄绿色搭配拍摄便携水杯，可以传达出自然、活力的气息，如图 1 - 3 - 35 所示。

3）类似色搭配

类似色是指色相环上相距60°以内的颜色，如图1-3-36所示。

这类搭配给人的感觉是和谐而温柔，适合表现温馨、优雅的产品风格，适用于婴儿用品、家居装饰、女性化产品等需要传递柔和美感的商品。例如，拍摄家居用品时，使用黄色和橙色作为主色调，可以营造出一种温暖舒适的氛围，如图1-3-37所示的闹钟拍摄。

图1-3-35 水杯拍摄　　　图1-3-36 类似色色相环　　　图1-3-37 闹钟拍摄

4）对比色搭配

对比色搭配指的是色相环上相隔120°左右的颜色，如图1-3-38所示。

对比色搭配比互补色搭配稍微温和一些，但仍保留了强烈的对比感。对比色搭配非常适合创造时尚、前卫的视觉效果，适用于时尚服饰、青年文化产品、创意设计等需要展现活力与创新的商品。例如，在拍摄年轻人喜欢的产品时，可以尝试使用蓝色和橙色来打造充满活力的形象，如图1-3-39所示的饮品拍摄。

5）互补色搭配

互补色是指色相环上相隔180°的颜色，如图1-3-40所示。

这种搭配方式具有强烈的对比度，能够迅速吸引注意力，适用于需要强调和突出的产品，或运动装备、儿童玩具、促销广告等需要强调视觉冲击力的商品。例如，拍摄电子产品时，可以使用红色和绿色的对比来强调产品的活力和动感，如图1-3-41所示的充电宝拍摄。

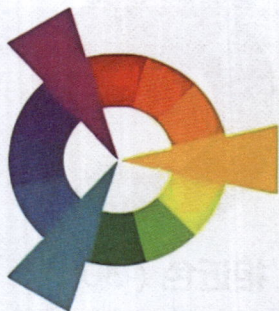

图1-3-38 对比色　　　图1-3-39 饮品　　　图1-3-40 互补色　　　图1-3-41 充电宝
　　　　色相环　　　　　　　拍摄　　　　　　　　色相环　　　　　　　　拍摄

6）中性色搭配

中性色（如黑白灰）因其缺乏色相而显得更加柔和，能够与任何色彩搭配，且不易造成视觉疲劳。在商品摄影中，中性色通常作为背景色或辅助色，帮助突出主体，适用于电子产品、商务用品、科技产品等需要简洁清晰展示的商品。例如，拍摄电子产品时，使用黑白灰作为背景，可以使产品本身更加突出，如图1-3-42所示。

图1-3-42 白色背景下的手表充电器拍摄

2. 色彩搭配原则

恰当的色彩搭配不仅能增强品牌的识别度，提升用户体验，而且能激发正面情绪，促进商品销售。相反，错误的色彩组合可能导致视觉疲劳，甚至引发负面情绪。因此，在开始任何设计或拍摄工作之前，理解并掌握一些基本的色彩搭配原则是非常重要的。

1）明确主色

在开始色彩搭配设计时，首先要根据产品的风格以及目标受众的特点来确定一个主色。主色通常是品牌标识中最主要的颜色，它应该能够反映品牌的个性和价值主张。

2）选择配色

基于主色，下一步是选择一系列辅助颜色来补充主色，形成一个完整的配色方案。选择配色时需要考虑的是它们能否共同营造出所需的氛围，以及是否有助于传达特定的信息。

3）调整比例

在商品拍摄中，合理调整色彩比例是创造吸引人的视觉效果的关键。遵循60：30：10的比例规则能够帮助维持画面的平衡：主色占据大约60%，作为视觉主体；次要颜色占30%，用于支撑主色并增加层次感；10%的强调色或点缀色用来吸引额外的关注。例如，拍摄一件红色连衣裙时，红色为主色，银色首饰或米色背景作为次要颜色，而金色手提包或白色鞋子则作为强调色出现，以此确保整体画面既突出主题又和谐统一，如图1-3-43所示。

图1-3-43 红色礼服拍摄

4）考虑背景与主体

当选择背景色时，重要的是要考虑该颜色是否能够突出主体，而不是与其产生冲突或掩盖主体的重要特征。背景色应当作为衬托，辅助强调主体的重要性，并且不会分散观众的注意力。

5）利用中性色

中性色如灰色、米色或黑色等，因其不显眼的特点，常被用作调和强烈对比色之间的过渡。适当使用中性色可以减少视觉上的冲击，使整体设计看起来更为和谐统一。

通过以上技巧的应用，设计师能够有效地提升商品拍摄的质量，更好地传达产品的特性及品牌的核心价值观。

步骤3：色彩调整

色彩的三要素——色相、饱和度和明度是调整商品拍摄中色彩的关键因素。

1. 色相（Hue）

色相指的是色彩的基本属性，即通常所说的颜色，如红色、蓝色、绿色

色彩三要素：色相、饱和度、明度

等。它是区分不同种类颜色的基础。

调整方法：

（1）校正色偏：拍摄时由于光线条件、相机设置等因素可能导致颜色出现偏差，这时可以通过调整色相来校正，例如使用图像编辑软件中的"色相/饱和度"功能，单独调整特定颜色的色相值。

（2）调整主色调：根据商品的特性和品牌形象来调整主色调，例如，如果是拍摄一款针对年轻市场的时尚产品，可能会选择更加鲜明活泼的颜色作为主色调；而如果是高端奢侈品，则可能倾向于更经典和内敛的颜色。

（3）色彩对比：利用色相调整来强化或弱化不同颜色之间的对比，使商品在画面中更为突出，同时也可以帮助创造特定的情感氛围，如使用互补色可以增加视觉冲击力。

2. **饱和度**（Saturation）

饱和度是指色彩的鲜艳程度，或者说色彩的纯度。高饱和度意味着色彩非常鲜明，而低饱和度则表明色彩更加灰暗。

调整方法：

（1）增强色彩：通过提高饱和度来使色彩更加鲜艳，这对于需要强调色彩鲜艳度的商品特别有效，如水果、玩具等。

（2）降低饱和度：有时为了营造一种更加自然、柔和的效果，可以适当降低饱和度，这在拍摄家居用品、服饰类产品时会显得更加温馨和舒适。

（3）平衡色彩：在调整饱和度的过程中，需要考虑整个画面的协调性，避免某一部分过于突兀，影响整体美感。

3. **明度**（Brightness/Lightness）

明度是指色彩的亮度水平，即色彩的明暗程度。它决定了颜色给人的感觉是明亮还是昏暗。

调整方法：

（1）提亮画面：提高明度可以让商品的细节更加清晰，尤其是在需要展示精细纹理的情况下，如珠宝、电子产品的拍摄。

（2）降低明度：在某些情况下，降低明度可以创建更深邃、更具层次感的画面效果，适合于那些想要展现低调奢华风格的商品。

（3）调整对比度：通过改变明度来调整画面中的对比度，可以增强商品的立体感和生动感，使商品从背景中脱颖而出。

在实际操作中，调整色相、饱和度和明度时，应该综合考虑商品的特点、拍摄环境以及所要传达的品牌信息，确保最终呈现出的图片能够既美观又真实地反映商品的特质。

【任务评价】

序号	维度	要求	分值	得分
1	色彩选择	选择的色彩符合产品定位，考虑目标受众的喜好，能体现品牌理念，与竞品有所区别	30	
2	色彩搭配	搭配方式合理，能增强产品的吸引力，符合色彩心理学的原则	40	
3	色彩调整	色相、饱和度、明度调整准确，能保持整体色彩的一致性	30	
合计			100	

【任务拓展】

扫描二维码完成拓展任务：商品拍摄色彩搭配与调整实战

商品拍摄色彩搭配
与调整实战

【素养园地】

中国传统色彩：国色倾城之美

一、什么是传统色彩?

在中国古代，"颜色"最初并不指色彩本身，而是用来描述人的面貌或面色。直到唐代，随着国家综合实力的增强和文化的繁荣，人们对色彩的认知逐渐丰富，才开始使用"颜色"一词来概括自然界中的各种色彩。唐代不仅经济发达，文化也极为开放，人们对于衣食住行各个方面都有着极高的美学追求，由此诞生了诸如唐三彩、草木染以及唐妆等一系列色彩艺术形式，同时也初步形成了中国特有的色彩体系。

中国传统的色彩观深受自然界的启发，强调色彩与自然界的关系，追求"随类赋彩"和"以色达意"的理念。与西方色彩理论有所不同，中国的配色是以正色、间（杂）色来区分的。正色就是原色。古代原色以"阴阳五行"学说中的五行——水、火、木、金、土，分别对应黑、赤、青、白、黄作为色彩象征，称为五色体系。五色就是传统色彩最基本的表达形式。古人认为五行是产生自然万物本源的五种元素，一切事物的来源都是如此，而间（杂）色通过混合正色获得。五行与颜色如图1-3-44所示。

二、中国传统色彩的美学特征

中国传统色彩不仅体现了自然界的微妙变化，也蕴含了深厚的文化寓意和无限的想象力。

1. 自然之美

比如玄天色和纁色，玄天色描绘太阳即将升起时，天空呈现的黑中带红的颜色，而纁色描绘日落之后，天空反射出红黄交织的余晖。这两种色彩在古代常用于帝王的祭祀服饰上，表达对自然界的崇敬。

图1-3-44 五行与颜色

2. 诗意之美

古诗词中对色彩的细腻描绘，如"海天霞""暮山紫""东方既白""沧浪之水""黄河琉璃""花是深红叶靲尘""揉蓝衫子杏黄裙"等，展现了色彩与情感、自然景象的完美融合。

3. 寓意之美

"青"不仅象征东方，也代表着新生与希望，如"青睐""青天"等词汇，反映了人们对美好事物的向往。

4. 文质之美

中国传统色彩强调自然与人文的和谐统一，这种平衡之美在色彩的应用中得以体现，如"天水碧"等色彩，展现了自然现象与人类活动相互作用下的美丽景象。

随着时代的发展，中国传统色彩已积累了超过300种不同的色系，它们不仅是中国文化的一部分，也为现代设计提供了丰富的灵感源泉。相比于西方工业化的色彩体系，中国传统色彩以其独特的韵味，展示了东方审美的精髓，是民族文化自信的重要体现。

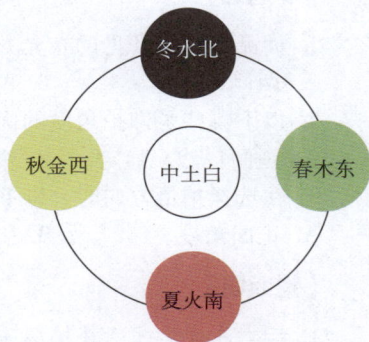

【项目知识检测】

【单选题】

1. 主光在摄影中的作用是（　　　）。
A. 平衡图像亮面与暗面的关系　　　　　B. 勾勒被摄物的轮廓
C. 表现质感和塑造形象　　　　　　　　D. 对被摄物局部塑形

2. 光线从被摄物背面照进来，正对着相机拍摄方向，这种光位被称为（　　　）。
A. 顺光　　　　　　B. 前侧光　　　　　　C. 正侧光　　　　　　D. 逆光

3. 下列哪种线性构图方式适合表现运动、流动的感觉？（　　　）
A. 水平线构图　　　　B. 垂直线构图　　　　C. 斜线构图　　　　D. 曲线式构图

4. 根据色彩心理学，哪种颜色最适合用于传达高端、奢华的品牌形象？（　　　）
A. 红色　　　　　　B. 黄色　　　　　　C. 绿色　　　　　　D. 紫色

5. 调整商品拍摄的色彩时，如果需要使色彩更加鲜艳，应调整（　　　）。
A. 色相　　　　　　B. 饱和度　　　　　　C. 明度　　　　　　D. 对比度

【多选题】

1. 商品摄影中常见的布光方式有（　　　）。
A. 两侧光布光　　　B. 两前侧布光　　　C. 前后交叉布光　　　D. 后方布光

2. 以下哪些是仰拍角度的优点？（　　　）
A. 画面自然、稳定　　B. 突出主体　　　C. 减少杂乱背景　　　D. 展现商品细节

3. 在选择拍摄方向时，以下哪些角度能够帮助展示商品的立体感？（　　　）
A. 正面角度　　　　B. 斜侧角度　　　　C. 侧面角度　　　　D. 垂直角度

【判断题】

1. 后方布光方式适合拍摄琉璃、镂空雕刻等具有通透性的商品。　　　　（　　　）
2. 平拍可以很好地表现画面中的景物层次、主体位置、数量等关系。　　（　　　）
3. 斜侧角度拍摄时，画面会显得较呆板，不易表现空间感和立体感。　　（　　　）

扫描二维码查看答案

模块二　图片处理技巧篇

项目一　裁剪——纠正拍摄角度

【项目情境】

　　小边对于摄影是十分感兴趣的，喜欢用相机记录生活的点滴。但在实践中，他发现自己的照片拍摄角度存在问题，导致效果不尽如人意。为了解决这个问题，小边专门进行了系统的学习，练习如何通过裁剪来纠正拍摄角度，让照片焕发新的生命力。

　　裁剪是一种灵活的后期处理手段，可以弥补拍摄时的不足。有时候，由于条件限制或时间紧迫，无法在拍摄现场调整到最佳的角度。此时，通过裁剪可以在后期处理中纠正这些问题，使照片达到更理想的效果。

　　裁剪在摄影中具有多方面的意义。它不仅能够提升照片的美感、强调主题、实现创作意图，还能修正技术错误、提高专业性。正确并熟练地运用裁剪技术可以更好地完善和优化摄影作品。

任务一　固定尺寸图片裁剪

【学习目标】

知识目标：

1. 了解固定尺寸裁剪的操作步骤。
2. 熟悉不同软件中的裁剪工具与设置。

技能目标：

1. 熟练使用 Photoshop 软件完成固定尺寸裁剪。
2. 精确调整裁剪框的位置和大小。
3. 处理裁剪过程中可能出现的问题。

素质目标：

1. 培养细致的观察力与精准的操作能力。
2. 提高问题解决能力与适应能力。

【任务描述】

固定尺寸图片裁剪是提升图片质量和视觉效果的关键步骤。通过固定尺寸裁剪，可以去除多余的背景或不必要的元素，使图片的主题更加突出，整体构图更加和谐。这种处理不仅使图片看起来更加美观，还能提升用户对图片的第一印象，增强信息的传达效果。本任务主要是通过素材，学习固定尺寸图片裁剪的基本操作；掌握固定尺寸图片裁剪的技能，确保图片在不同场景下都能保持一致的外观和质量，以提高用户满意度和信息传达效率。

【任务分析】

熟悉裁剪工具及其操作方法是完成本次任务的基础。在 Photoshop CS6 中，找到并熟悉裁剪工具的位置和基本功能。在裁剪过程中，精确设置固定尺寸是核心任务。这涉及在裁剪工具中设定具体的宽度、高度和分辨率，确保裁剪后的图片尺寸符合要求。

【任务准备】

需要确定所需尺寸和比例、选择合适的图片编辑工具、准备图片素材、熟悉工具操作方法和备份原始素材等步骤。这些准备工作的完成将为后续的裁剪操作奠定坚实的基础。

【任务实施】

方法一：

步骤 1：按 Ctrl + O 组合键打开素材图片，如图 2-1-1 所示。

裁剪工具的妙用

图 2-1-1　打开素材图片

步骤 2：在工具栏中选择裁剪工具，在属性栏输入区域输入想要的裁剪尺寸，例如：800 × 800，如图 2-1-2 所示。

图 2-1-2　选择工具

步骤3：按 Enter 键即可完成图片裁剪，效果如图 2-1-3 所示。

步骤4：剪裁前后对比，如图 2-1-4 和图 2-2-3 所示。

图 2-1-3　完成裁剪的效果

图 2-1-4　裁剪前的图片

方法二：

步骤1：按 Ctrl + O 组合键打开素材图片。

步骤2：单击导航栏中的"图像→画布大小"命令，如图 2-1-5 所示。

步骤3：在弹出的"画布大小"对话框中分别输入想要的宽度和高度，例如：800 像素×800 像素，如图 2-1-6 所示。

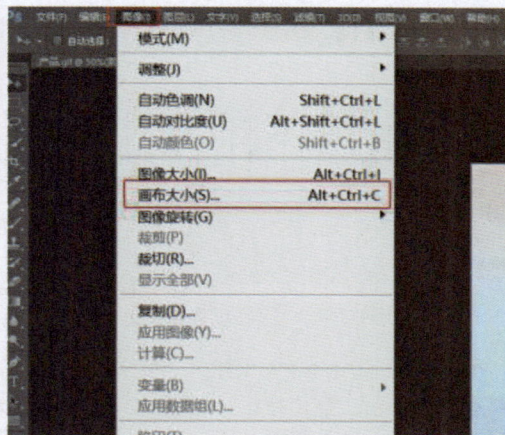

图 2-1-5　选择工具

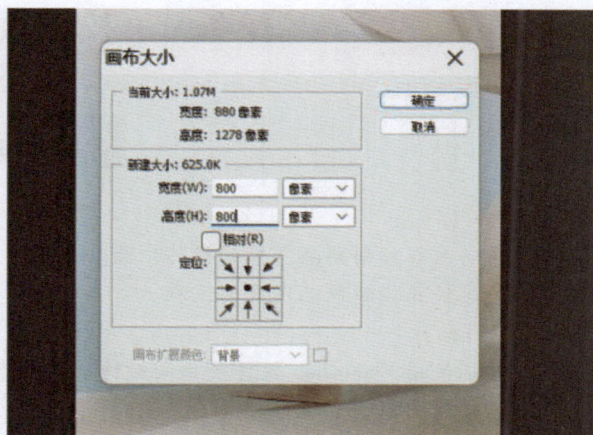

图 2-1-6　输入尺寸

步骤4：单击"确定"按钮即可完成图片裁剪。

【任务评价】

序号	维度	要求	分值	得分
1	准确	裁剪尺寸准确	20	
2	质量	裁剪后图片的质量和视觉效果好	20	
3	效率	任务完成的速度快、效率高	20	
4	能力	裁剪过程中表现出的解决问题的能力强	40	
		合计	100	

下载图2-1-7所示的任务素材，按照淘宝主图的尺寸完成裁剪。

图2-1-7　任务图片

任务二　校正倾斜商品图像

【学习目标】

知识目标：

1. 了解校正倾斜商品图像的操作步骤。

2. 熟悉校正倾斜商品图像的流程。

技能目标：

1. 熟练使用Photoshop软件校正倾斜的商品图像。

2. 掌握对图像细节进行调整的技能。

素质目标：

1. 培养学生的细致观察与精确分析的能力。

2. 提升创新思维与解决问题的能力。

【任务描述】

校正倾斜商品图像能够使商品展示更加规范、专业，提升用户的浏览体验。校正后的图像能够更准确地展示商品的实际情况，同时，准确的商品图像也有助于消费者更好地了解商品特点，从而作出更明智的购买决策。本任务主要是通过给定的素材，介绍校正倾斜商品图像的基本操作步骤，使读者能够熟练掌握校正倾斜商品图像的方法和技能，并将该方法和技能应用于实际的商品图像处理工作中，提升商品展示效果和用户体验。

【任务分析】

校正倾斜商品图像的首要任务是获取高质量的原始图像，并进行必要的预处理操作。熟练掌握裁剪工具的操作方法，并在校正过程中考虑实际应用场景的需求和限制，确保校正后的图形符合要求。

【任务准备】

校正倾斜商品图像的任务准备涉及多个方面，包括图像收集与整理、工具与平台准备、数据集划分、评估指标确定、环境搭建与测试以及调试与优化等。通过充分的准备和规划，可以确保校正任务的顺利进行并取得良好的效果。

【任务实施】

步骤 1：按 Ctrl + O 组合键打开素材图片，如图 2 - 1 - 8 所示。

步骤 2：选择工具栏中的裁剪工具，按住鼠标左键，在图像中选取一个裁剪区域，松开鼠标绘制出矩形裁剪框。

图 2 - 1 - 8　素材图片

步骤 3：将鼠标指针放置在裁剪框的边框线上，鼠标指针会变为双向箭头形状⇕，可以调整裁剪框的大小；将鼠标指针放置在裁剪框的外边，鼠标指针会变为旋转箭头形状⌒，可以调整裁剪框的旋转角度，如图 2 - 1 - 9 所示。

步骤 4：在矩形裁剪框内双击或按 Enter 键，即可完成倾斜商品图像的校正，如图 2 - 1 - 10 所示。

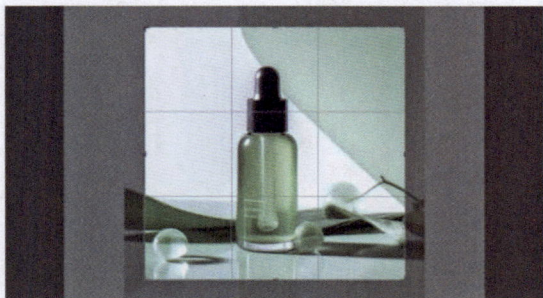

图 2 - 1 - 9　修改裁剪大小和图像角度　　　图 2 - 1 - 10　完成倾斜商品图像校正后的效果图

步骤 5：倾斜商品图像校正前后对比，如图 2 - 1 - 8 和图 2 - 1 - 10 所示。

【任务评价】

序号	维度	要求	分值	得分
1	准确	校正精度准确	30	
2	质量	图像质量分析清晰	40	
3	效率	处理速度高效	30	
		合计	100	

【任务拓展】

下载图2-1-11所示的任务素材，完成倾斜商品图像校正。

图2-1-11 任务图片

任务三 消除商品图像透视变形

【学习目标】

知识目标：

1. 掌握商品图像透视变形的原理。

2. 熟悉消除商品图像透视变形的操作步骤。

3. 了解透视校正的实际应用。

技能目标：

1. 能够使用Photoshop软件消除商品图像透视变形。

2. 能够精确调整裁剪框位置和大小。

3. 能够应用透视校正技术，提高图像质量。

素质目标：

1. 培养创意思维与审美能力。

2. 增强持续学习意识，建立终身学习观念。

【任务描述】

消除透视变形有助于提升商品展示的美观性和专业性，通过消除透视变形，可以还原商品的原始形态，使其看起来更加美观、真实，从而提升商品的吸引力和销售潜力。可以确保商品在图像中的呈现与实际情况相符，为消费者提供准确、可靠的商品信息，帮助他们作出更明智的购买决策。本任务主要是通过素材，学习消除商品图像透视变形的基本操作，确保商品图像的美观性、真实性和专业性。

【任务分析】

透视变形的识别是消除透视变形的首要步骤。在识别出透视变形后，需要对变形的程度进行评估，可以保证在矫正效果的同时，尽可能地提高处理速度，为商品展示和用户体验提供更好的支持。

【任务准备】

消除商品图像透视变形的任务准备涉及多个方面，包括透视变形原理研究、采集变形商品图像、选择处理工具软件、设定变形矫正参数、备份原始图像数据、准备测试样本集、制订处理流程方案以及评估与调优。通过充分的准备工作，可以为后续的消除透视变形任务打下坚实的基础，确保任务高效、准确地完成。

【任务实施】

步骤 1：按 Ctrl + O 组合键打开素材图片，如图 2 - 1 - 12 所示。

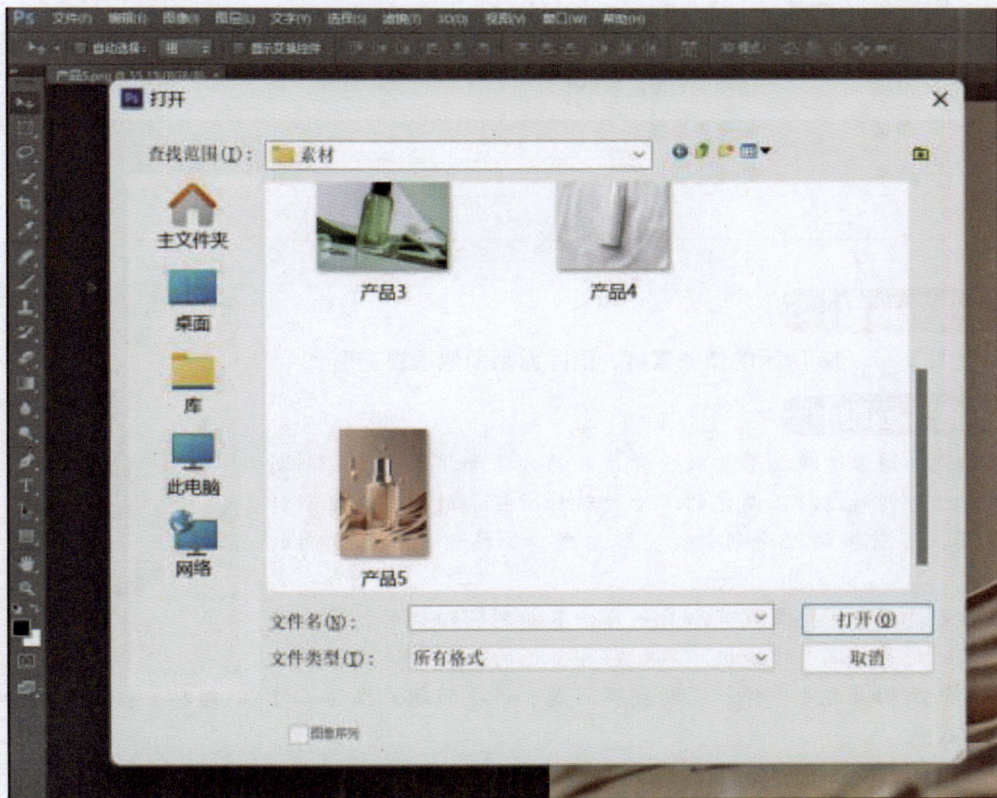

图 2 - 1 - 12　打开素材图片

步骤2：选择工具栏中的透视裁剪工具，在图像中按住鼠标左键，选取一个裁切区域，松开鼠标，在所选图片周围会形成裁剪框以方便准确地裁剪透视图像，如图2-1-13所示。

步骤3：按住Shift键分别向中间拖曳裁剪框左上角和右上角的控制手柄到适当位置，网格与需要调整的图形大致平行即可，如图2-1-14所示。

步骤4：按Enter键即可完成图像的裁剪，如图2-1-15所示。

图2-1-13　选取裁剪区域

图2-1-14　调整图形

图2-1-15　完成裁剪

【任务评价】

序号	维度	要求	分值	得分
1	准确	透视变形消除效果准确	30	
2	质量	图像质量高	40	
3	效率	处理速度与效率高	30	
		合计	100	

【任务拓展】

下载图2-1-16所示的任务素材，消除商品图像透视变形。

【素养园地】

消除商品图像透视变形要敢于尝试新的方法和技术，不断创新和提升。这种创新精神正是党的二十大精神所强调的，要求在新时代背景下，不断推动理论创新、实践创新、制度创新等各方面的创新。

在学习过程中，要像裁剪画面一样，不断剔除错误的、过时的知识，吸收新的、正确的知识，不断完善自己的知识体系。在工作中，要像纠正拍摄角度一样，不断发现问题、解决问题，推动工作不断向前发展。

图2-1-16　任务图片

【项目知识检测】

【单选题】

1. 裁剪技术主要用于调整图像的哪个方面？（　　）

A. 色彩平衡　　　　　B. 曝光度　　　　　C. 尺寸和构图　　　　D. 分辨率

2. 拍摄角度不当可能导致图像出现哪种问题？（　　）

A. 色彩失真　　　　　B. 光线过暗　　　　　C. 画面倾斜　　　　D. 对比度过高

3. 评估裁剪效果时，以下哪个方面不是重点考虑的内容？（　　）

A. 图像是否水平或垂直　　　　　　　　B. 裁剪后图像的大小

C. 图像的色彩饱和度　　　　　　　　　D. 裁剪区域是否合理·

4. 在使用裁剪工具时，下列哪项是需要注意的事项？（　　）

A. 随意裁剪图像边缘　　　　　　　　　B. 保持图像原始比例

C. 过度依赖自动裁剪功能　　　　　　　D. 不考虑裁剪对图像内容的影响

【多选题】

1. 在摄影后期处理中，裁剪的主要作用包括（　　）。

A. 去除多余画面元素　　　　　　　　　B. 改变照片的整体构图

C. 纠正拍摄时的角度偏差　　　　　　　D. 提高照片的色彩饱和度

2. 以下哪些方法可用于纠正拍摄时的倾斜角度？（　　）

A. 使用裁剪工具进行旋转　　　　　　　B. 调整照片色彩平衡

C. 应用透视校正　　　　　　　　　　　D. 改变照片的尺寸

【判断题】

1. 裁剪工具只能用于调整照片的尺寸，不能用于纠正拍摄角度。　　　　　　（　　）

2. 裁剪后的照片分辨率会自动降低。　　　　　　　　　　　　　　　　　（　　）

3. 裁剪过程中，不需要考虑照片的构图原则。　　　　　　　　　　　　　（　　）

4. 使用裁剪工具纠正拍摄角度时，不会对原始照片造成任何破坏。　　　　（　　）

扫描二维码查看答案

项目二　调色——校正商品色彩

【项目情境】

　　小美的店铺近期浏览量有所提升，但是店铺的销量却没有明显的提升，为了找到店铺转化率低的原因，小美浏览了许多同品类店铺，通过对比发现，销量高的店铺中的商品图片色彩正，商品图片亮度适中，无偏色，深受消费者喜爱。而小美自己店铺的商品图片未经过色彩调整，商品图片画面不清晰，商品不够突出，缺乏吸引力，小美找到了自己店铺转化率低的原因，在于未调整、优化商品图片。因此，小美决定将店铺的商品图片统一进行优化处理。

任务一　调整图片亮度

【学习目标】

知识目标：

1. 熟悉调整图像亮度/对比度的方法。
2. 熟悉调整色阶、曲线、曝光度的方法。

技能目标：

1. 能够使用亮度/对比度命令调整图片的亮度。
2. 能够使用色阶、曲线命令调整图片的亮度。
3. 能够根据图片问题选择合适的工具处理其亮度问题。

素质目标：

1. 提高对色彩和光影变化的感知能力，提升整体审美水平。
2. 培养耐心和细致的工作态度。
2. 提升细致观察、分析问题、解决问题能力。

▶【任务描述】

　　最直接影响消费者对商品直观印象的是商品图片色彩，商品图片曝光过度、曝光不足、对比度不明显、明暗反差过大都会影响商品展示，影响商品的点击率，合理调节商品图片亮度、对比度，将有助于提升商品图片对消费者的吸引力。本任务为调整亮度、对比度不合适的图片，通过合理、正确的调整，使商品图片更具有吸引力，更能突出商品特点。

【任务分析】

在调整图片亮度时，首先明确图片亮度不合适的原因所在，然后利用亮度/对比度、色阶、曲线、曝光度等命令，根据图片亮度问题进行针对性调整，最终呈现出具有合理亮度的图片。

【任务准备】

知识准备：色彩基础知识。

工具准备：电脑、Photoshop 软件。

素材准备：曝光过度的图片、曝光不足的图片。

【任务实施】

1. 调整曝光过度的图片

方法一：通过"色阶"命令调整图片的亮度。

步骤1：选择"文件→打开"命令，打开素材中的"项目二任务一曝光过度图片.jpg"，如图2-2-1所示。右击"背景"图层，在弹出的快捷菜单中选择复制图层，得到背景副本图层。

图2-2-1　素材图片

步骤2：选择"图像→调整→色阶"命令，弹出"色阶"对话框，设置参数如图2-2-2所示，单击"确定"按钮，图像效果如图2-2-3所示。

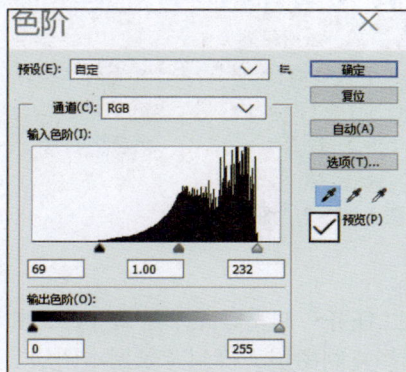

图2-2-2　"色阶"对话框

图2-2-3　图像效果

方法二：通过"曲线"命令调整图片的亮度。

步骤1：选择"文件→打开"命令，打开素材中的"项目二任务一曝光过度图片.jpg"，右击"背景"图层，在弹出的快捷菜单中选择复制图层，得到背景副本图层。

步骤2：选择"图像→调整→曲线"命令，弹出"曲线"对话框，设置参数如图2-2-4所示，单击"确定"按钮，图像效果如图2-2-3所示。

方法三：通过"亮度→对比度"命令调整图片的亮度。

2．调整曝光不足的图片

方法一：通过"亮度→对比度"命令调整图片的亮度。

步骤1：选择"文件→打开"命令，打开素材中的"项目二任务一曝光不足图片1.jpg"，如图2-2-5所示。右击"背景"图层，在弹出的快捷菜单中选择复制图层，得到背景副本图层。

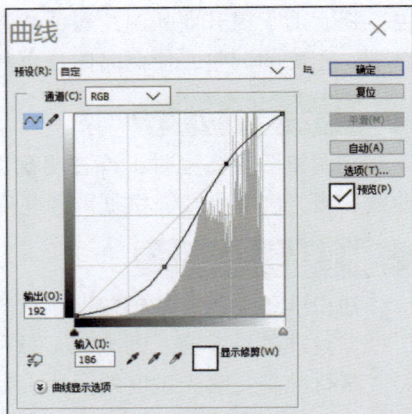
图2-2-4 "曲线"对话框

图2-2-5 素材图片

步骤2：选择"图像→调整→亮度/对比度"命令，弹出"亮度/对比度"对话框，设置参数如图2-2-6所示，单击"确定"按钮，图像效果如图2-2-7所示。

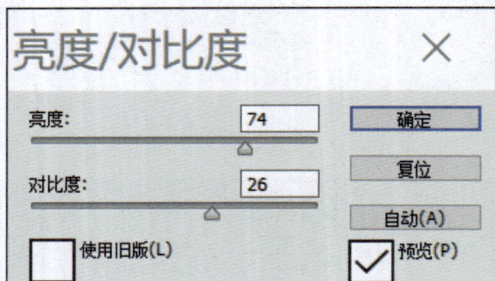
图2-2-6 "亮度/对比度"对话框

图2-2-7 图像效果

方法二：通过"曝光度"命令调整图片的亮度。

步骤1：选择"文件→打开"命令，打开素材中的"项目二任务一调整曝光不足2.jpg"，如图2-2-8所示。右击"背景"图层，在弹出的快捷菜单中选择复制图层，得到背景副本图层。

步骤2：选择"图像→调整→曝光度"命令，弹出"曝光度"对话框，设置参数如图2-2-9所示，单击"确定"按钮，图像效果如图2-2-10所示。

图 2 - 2 - 8 素材图片

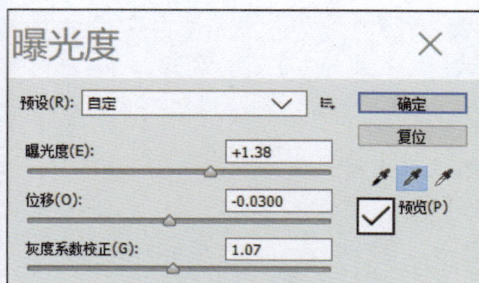

图 2 - 2 - 9 "曝光度"对话框

图 2 - 2 - 10 图像效果

【任务评价】

序号	维度	要求	分值	得分
1	曝光度	没有曝光过度,没有曝光不足	25	
2	对比度	能熟练调整对比度	25	
3	明暗反差	能掌握图片的明暗反差	25	
4	颜色真实	能保证商品图片颜色不失真,完成图片亮度调整	25	
		合计	100	

【任务拓展】

下载拓展任务素材,完成图片亮度调整。

【知识链接】

色彩基础知识

根据色彩的不同属性,可以将色彩分为以下几类:

原色:指红、黄、蓝三种无法用其他颜色混合而成的颜色。

间色:指由两种原色混合而成的颜色,如橙、绿、紫等。

复色:指由原色和间色混合而成的颜色,具有较复杂的色彩特征。

色相环:主要是指由原色、间色、复色组成的环形图,用来表示色彩之间的关系,如图 2 - 2 - 11 所示。

图 2 - 2 - 11 色相环

任务二　校正偏色图片

知识目标：

1. 掌握色彩平衡的相关知识。
2. 掌握"差值""阈值"等工具。
3. 了解色彩校正的基本流程。

技能目标：

1. 能够熟练使用 Photoshop 中的色彩平衡功能。
2. 能够选择合适的命令纠正偏色图片。
3. 能够评估和验证色彩校正效果。

素质目标：

1. 激发学生对图像美感的感知，培养良好的审美观和艺术感觉。
2. 培养耐心和细致的工作态度。

【任务描述】

网店中的商品图片颜色如果出现偏色，会直接影响网店商品的呈现，影响消费者对商品真实颜色的认知，造成很多不必要的售后问题。本任务是纠正有偏色的照片，使其恢复为原本的颜色，减少图片与真实商品间的差异。

【任务分析】

在校正有偏色的图片时，可以首先确定图片是否偏色，其次选用合适的工具，对偏色图片进行修复，最后呈现与真实实物颜色最接近的图片。

【任务准备】

知识准备：色相环、互补色的相关知识，图层混合模式中"差值"的含义，色彩平衡的使用方法。

工具准备：Photoshop。

素材准备：郁金香偏色图片、枫叶偏色图片、盆栽偏色图片。

【任务实施】

1. 使用"色彩平衡"纠正偏色图片

步骤1：打开素材文件"项目二任务二调整偏色图片1.jpg"（配套资源：\素材文件\项目二\项目二任务二调整偏色图片1.jpg），如图2-2-12所示。

步骤2：选择"图像→调整→色彩平衡"命令，弹出"色彩平衡"对话框，在"色调平衡"模块中，选择"中间调"单选按钮，调整数值如图2-2-13所示；在"色调平衡"模块中，选择"阴影"单选按钮，调整数值如图2-2-14所示；在"色调平衡"模块中，选择"高光"单选按钮，调整数值如图2-2-15所示。

图2-2-12　素材图片

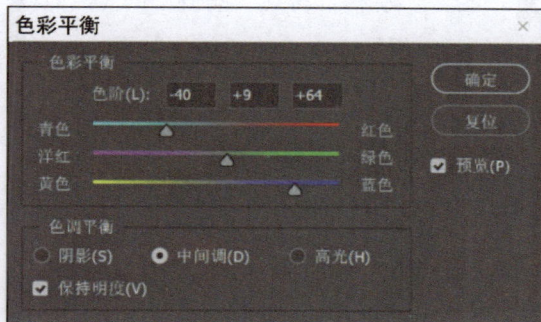

图 2 - 2 - 13　色彩平衡调整 1

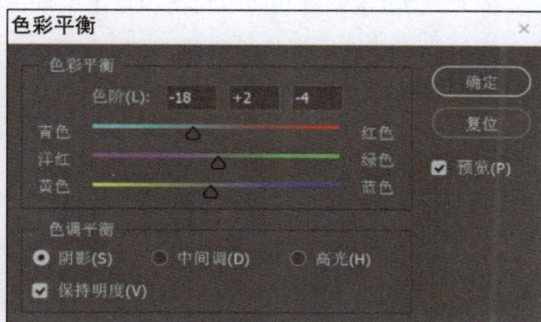

图 2 - 2 - 14　色彩平衡调整 2

步骤 3：调整后的效果如图 2 - 2 - 16 所示。

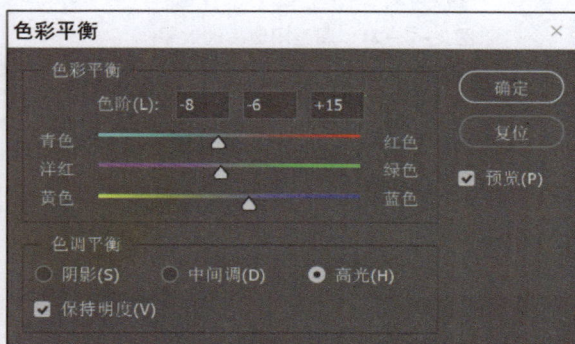

图 2 - 2 - 15　色彩平衡调整 3

图 2 - 2 - 16　调整后的效果

2. 使用 "差值→阈值" 纠正偏色图片

步骤 1：打开素材文件 "项目二任务二调整偏色图片 2. jpg"（配套资源：\素材文件\项目二\项目二任务二调整偏色图片 2. jpg），如图 2 - 2 - 17 所示。

步骤 2：单击创建新的填充或调整图层按钮 ，选择新建 "纯色"，填充颜色为 RGB（128 128 128），如图 2 - 2 - 18 所示。混合模式选择 "差值"，效果如图 2 - 2 - 19 所示。

图 2 - 2 - 17　素材图片

图 2 - 2 - 18　填充颜色调整

图 2 - 2 - 19　混合模式
选择 "差值" 后的效果

步骤3：单击创建新的填充或调整图层按钮 ，选择"阈值"，得到"阈值"的属性面板，将"阈值"对话框中滑块滑至最左端，如图2-2-20所示，慢慢向右移动"阈值"滑块，当图层中出现纯黑色区域时，效果如图2-2-21所示。

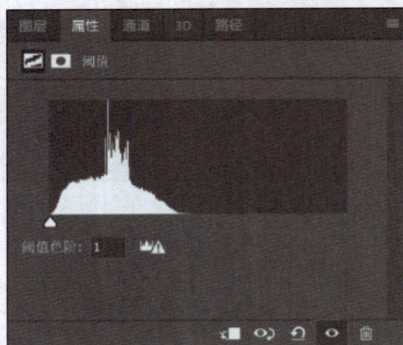

图2-2-20　阈值调整

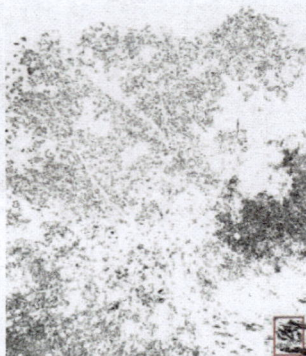

图2-2-21　调整阈值后的效果

步骤4：选择"吸管"工具，按住Shift键，在图层右下方黑色区域单击做标记，位置如图2-2-22所示，隐藏最上方两个图层，单击创建新的填充或调整图层按钮 ，选择"曲线"，得到"曲线"属性面板，如图2-2-23所示，选择"在图像中取样以设置灰场"吸管工具，单击做标记处即纠正完偏色图片，效果如图2-2-24所示。

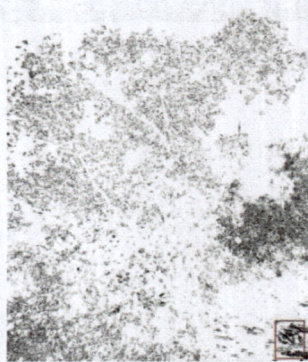

图2-2-22　做标记

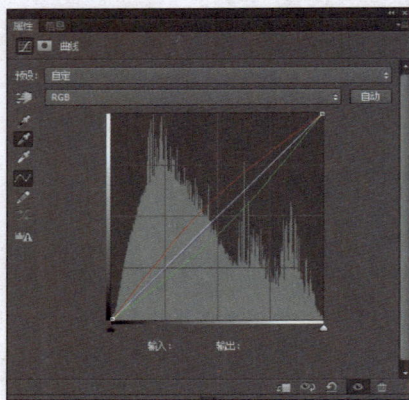

图2-2-23　"曲线"属性面板

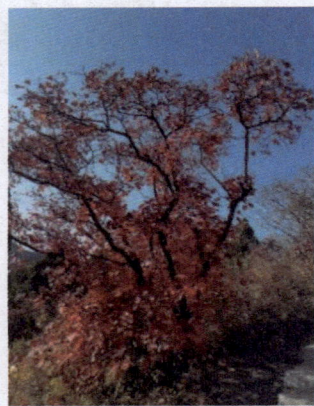

图2-2-24　纠正偏色后的效果

【任务评价】

序号	维度	要求	分值	得分
1	色彩准确	纠正偏色后的图片色彩与实际场景一致	25	
2	色调平衡	纠正偏色后的图片呈现自然、平衡的色调	25	
3	细节保留	纠正偏色后的图片保留了原始图片中的细节	25	
4	整体效果	纠正偏色后的图片整体效果更加自然、真实	25	
		合计	100	

【任务拓展】

扫描微课二维码观看操作步骤，下载任务素材，完成裤子颜色的更改任务操作。

还原照片本色

【知识链接】

扫描右侧的二维码完成色彩平衡知识的学习。

色彩平衡

【素养园地】

扫描右侧的二维码学习广告法中对网店图片的规定。

广告法中对网店图片的规定

任务三　优化图片色彩

【学习目标】

知识目标：

1. 掌握色彩的基本理论。

2. 熟悉色彩调整的基本原理。

3. 了解常见色彩问题及其解决方法。

技能目标：

1. 能够分别应用色彩平衡、对比度、饱和度等调整工具优化图片色彩。

2. 能够综合运用多种工具进行色彩优化。

素质目标：

1. 提升审美意识和艺术修养。

2. 培养创新思维和实践能力。

3. 提高图像分析和判断能力。

【任务描述】

商品图片是店铺向消费者传递信息的主要渠道，主要向消费者展示商品的整体与细节，一张好的商品图片能够给消费者留下深刻的印象，增加消费者在店铺的停留时间。本次任务将为盆栽店铺优化商品图片色彩，使商品图片的色彩能够反映真实场景，呈现商品的真实色彩。

【任务分析】

在优化商品图片时，首先确定商品图片存在的色彩问题，其次选择合适的工具，包括色彩平衡、曝光、对比度、饱和度等工具的灵活运用，最后呈现出真实场景，使图片中不同色调之间的比例和关系符合自然。

【任务准备】

知识准备：色彩的基本理论，包括色相、饱和度、亮度等概念，以及色彩在视觉艺术和设计中的作用。

工具准备：Photoshop 软件。

素材准备：存在色彩问题的盆栽图片。

【任务实施】

步骤1：打开素材文件"项目二任务三优化图片色彩.jpg"（配套资源：\素材文件\项目二\项目二任务三优化图片色彩.jpg），如图2-2-25所示。

步骤2：单击"图像→调整→色阶"命令，弹出"色阶"对话框，设置参数如图2-2-26所示。

图2-2-25　素材图片

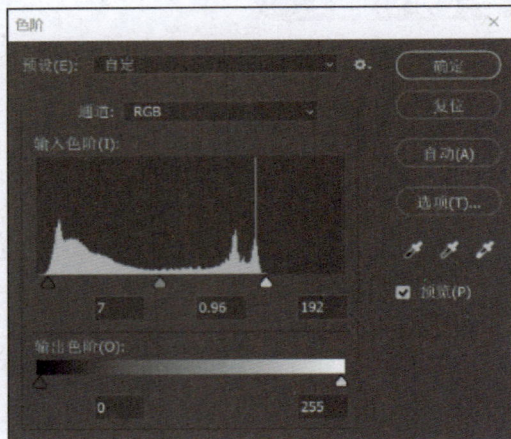

图2-2-26　"色阶"对话框

步骤3：单击"图像→调整→色相/饱和度"命令，弹出"色相/饱和度"对话框，设置参数如图2-2-27所示。最终效果如图2-2-28所示。

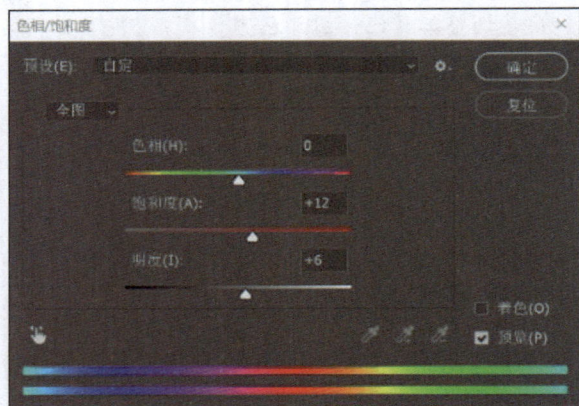

图2-2-27　"色相/饱和度"对话框

图2-2-28　最终效果

【任务评价】

序号	维度	要求	分值	得分
1	色彩准确	准确展示原始场景中真实色彩	25	
2	饱和度	色彩丰富，不失真实感	25	
3	色彩平衡	图片中色彩之间平衡、协调	25	
4	对比度	图片细节纹理清晰	25	

【任务拓展】

选择一个你喜欢的图片作为拓展任务素材，优化图片色彩。

【知识链接】

扫描右侧的二维码完成色彩调整技巧知识内容的学习。

色彩调整技巧

任务四 更换商品颜色

【学习目标】

知识目标：

1. 熟悉创建填充图层和调整图层的方法。
2. 掌握图层混合模式的基本原理。
3. 了解常见的混合模式及其效果。

技能目标：

1. 能够合理使用色彩调整工具，确保调整后的颜色符合商品的实际外观。
2. 能够选择合适的工具和参数，达到最佳的色彩替换效果。
3. 能够综合运用多种工具进行精细调整。

素质目标：

1. 强化诚信意识，确保在更换商品颜色时保持商品的真实性和可靠性。
2. 培养责任感和职业道德，避免过度美化或误导消费者。

【任务描述】

在小美的服装店铺中，同种款式的服装有好几种颜色，为了保证店铺服装图片的统一性，小美决定同一款式的服装拍一张图片，再将商品图片变为商品的其他颜色，以使店铺的同一款式的服装图片一致。

【任务分析】

在更改商品颜色时，可以先将同一商品拍成照片，用做后期更改商品时吸取颜色，以保证更改后的商品颜色与商品本身颜色一致。

【任务准备】

知识准备：掌握色彩的色相、饱和度、明度的相关知识。
工具准备：Photoshop 软件。
素材准备：要更改颜色的商品，比如衣服、花朵、气球。

【任务实施】

1. 使用"色相/饱和度"改颜色
步骤1：打开素材文件"项目二任务四更改商品颜色.jpg"，如图 2-2-29 所示。
步骤2：选中衣服选区，按 Ctrl + J 组合键，复制，得到图层 1。

图 2-2-29 素材图片

步骤 3：单击 ▇▇▇▇▇▇ 中"创建新的填充或调整图层"，选择"色相/饱和度"，得到"色相/饱和度"对话框，如图 2 – 2 – 30 所示。

步骤 4：移动"色相/饱和度"对话框中的色相滑块，即可改变衣服颜色，移动饱和度滑块，可改变衣服的鲜艳程度，移动明度滑块，可改变衣服的明暗程度。参数设置如图 2 – 2 – 31 所示，改变衣服颜色后的效果如图 2 – 2 – 32 所示。

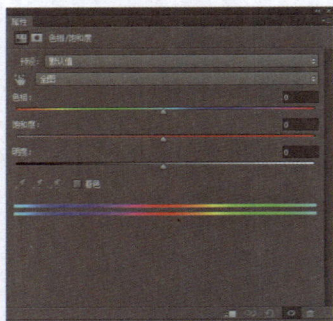

图 2 – 2 – 30　"色相/饱和度"对话框　　　　图 2 – 2 – 31　参数设置　　　　图 2 – 2 – 32　最终效果

2. 使用混合模式改颜色

步骤 1：打开素材文件"项目二任务四更改花朵颜色 2. jpg"，如图 2 – 2 – 33 所示。

步骤 2：将要改变颜色的花朵用快速选择工具选为选区，单击 ▇▇▇▇▇▇ 中"创建新的填充或调整图层"，选择"纯色"调整层，得到"拾色器（纯色）"对话框，选择花朵要改变的颜色，如图 2 – 2 – 34 所示，单击"确定"按钮，得到如图 2 – 2 – 35 所示的效果。

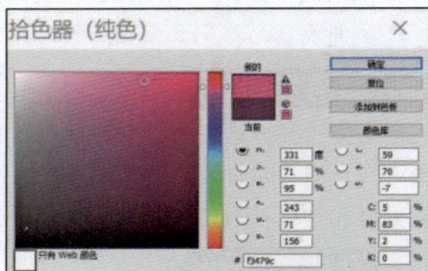

图 2 – 2 – 33　素材图片　　　　　　　　　　图 2 – 2 – 34　"拾色器（纯色）"对话框

步骤 3：在图层的混合模式 ▇▇▇▇▇▇ 中，选择"色相"模式，花朵颜色完成改变，效果如图 2 – 2 – 36 所示。

图 2 – 2 – 35　改变花朵颜色　　　　　　　　图 2 – 2 – 36　最终效果

【任务评价】

序号	维度	要求	分值	得分
1	商品抠图	抠图干净，内容完整	50	
2	商品颜色更改效果	与商品原本颜色一致	50	
		合计	100	

【任务拓展】

扫描微课二维码观看操作步骤，下载任务素材，完成裤子颜色的更改。

更改裤子颜色

【项目知识检测】

【单选题】

1. 色彩校正的主要目的是（　　　）。

A. 改变图片主题　　B. 增强图片艺术效果　C. 还原物体真实色彩　D. 提高图片分辨率

2. 以下哪种色彩模式主要用于印刷？（　　　）

A. RGB　　　　　　B. CMYK　　　　　　C. Lab　　　　　　D. HSV

3. 在 Photoshop 中，哪个工具可以用来调整图片的整体色调？（　　　）

A. 裁剪工具　　　　B. 色相/饱和度工具　C. 画笔工具　　　　D. 文字工具

4. 在进行商品图片的色彩校正时，以下哪项不是需要考虑的因素？（　　　）

A. 光源的颜色　　　B. 拍摄环境　　　　C. 商品材质　　　　D. 相机品牌

5. 对于一张曝光过度的图片，应该如何进行色彩校正？（　　　）

A. 提高图片的对比度　B. 降低图片的亮度　C. 增强图片的饱和度　D. 应用 HDR 效果

【多选题】

1. 在进行商品图片色彩校正时，应注意哪些原则？（　　　）

A. 尽可能还原物体真实色彩　　　　　B. 保持图片的清晰度和细节

C. 随意改变图片的整体风格　　　　　D. 适应目标受众的审美偏好

2. 色彩校正的目的有（　　　）。

A. 提高图片的整体质量　　　　　　　B. 改变图片的主题内容

C. 准确还原物体的色彩　　　　　　　D. 适应不同的显示设备

【判断题】

1. 校正商品图片的色彩时，显示器类型选择对最终效果没有影响。　　　　（　　　）

2. 在进行商品图片的色彩校正时不需要考虑拍摄环境对色彩的影响。　　　（　　　）

3. 色彩校正过程中，过度调整可能会导致图片失真。　　　　　　　　　　（　　　）

4. 对于偏色的图片，只需要调整色相就可以完全校正。　　　　　　　　　（　　　）

扫描二维码查看答案

项目三　修图——完善商品细节

【项目情境】

在当今的电子商务领域，消费者对网购体验有着前所未有的高标准。他们不仅追求商品本身的质量，更注重商品在视觉呈现上的吸引力。为了满足这些需求，并在竞争日趋激烈的市场中脱颖而出，网店需要通过后期修图来弥补拍摄过程中的不足，确保商品图片能够真实地反映其品质和特性。

任务一　去除图片瑕疵

【学习目标】

知识目标：

1. 了解图片污点去除的基本原理和技术。

2. 掌握内容识别填充工具的使用方法。

技能目标：

1. 能够识别图片中的污点并判断其类型。

2. 能够使用污点修复画笔工具、修补工具等进行污点修复。

3. 能够根据图片的特点选择合适的污点去除方法。

素质目标：

1. 培养细致观察的能力，注重图片细节。

2. 提升审美能力，确保去除污点后图片的整体美感。

3. 培养耐心和专注的工作态度，确保高质量的修图结果。

【任务描述】

在拍摄商品图片时，由于商品本身的污渍或是拍摄环境的问题，图片中可能会出现其他物品的影子或是杂点。为了提升图片的整体质量，可以借助 Photoshop 中的多种工具进行处理，如内容识别填充工具、污点修复画笔工具、修补工具等。本任务需要通过去除图片中的污点和不必要的内容达到优化白色运动鞋拍摄效果的目的。

【任务分析】

在完成本任务时，需根据要处理的污点内容选择合适的工具，对于较小的污点，推荐使用污点修复画笔工具；如果图片中有较大面积的污点或需要去除的内容，建议使用修补工具。当需要去除的内容周围没有足够的干净区域作为样本时，可以使用内容识别填充工具。

【任务准备】

硬件要求：一台足够运行 Photoshop 软件的电脑。

实操要求：从课程素材库中下载所需的白色运动鞋图片。

【任务实施】

步骤1：执行"文件→打开"命令，如图 2－3－1 所示。

步骤2：选择白色运动鞋素材，再单击"打开"按钮导入素材如图 2－3－2 所示。

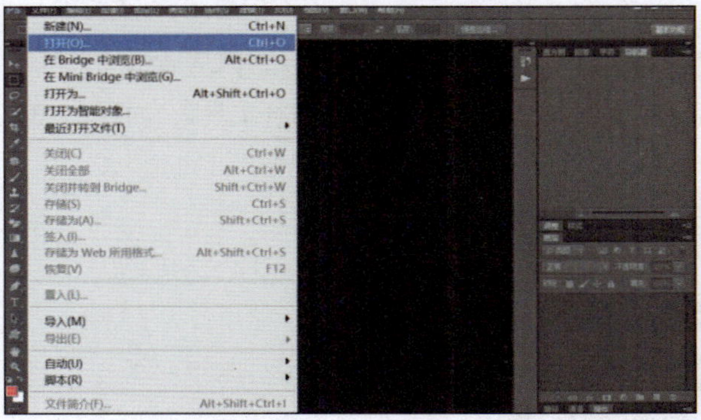

图 2－3－1 "打开"命令

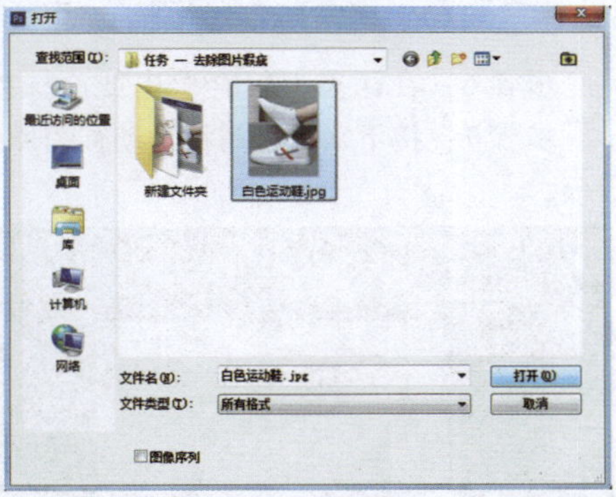

图 2－3－2 导入素材

步骤3：按 Ctrl＋L 组合键，复制背景图层以保留原始图片，如图 2－3－3 所示。

图 2－3－3 复制背景图层

步骤4：选取工具箱中的"污点修复画笔工具"，如图 2－3－4 所示。

步骤5：调整画笔大小，使之适合要修复的脚踝处小范围污点。在属性栏中设置模式为正常，类型为近似匹配，如图2-3-5所示。

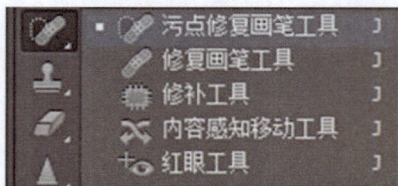

图2-3-4　选择"污点修复画笔工具"

图2-3-5　设置"污点修复画笔"工具的参数

步骤6：在污点上轻轻单击或涂抹以去除该污点，去除后，效果如图2-3-6所示。

步骤7：接下来几步需将运动鞋图片中的人手去掉。选取工具箱中的"修补工具"，如图2-3-7所示。

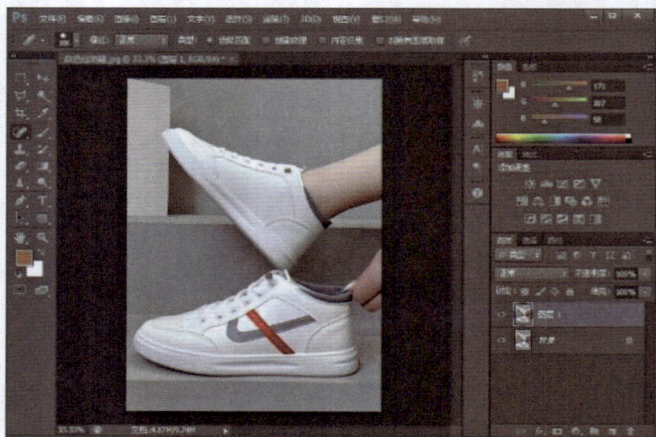

图2-3-6　清除污点效果

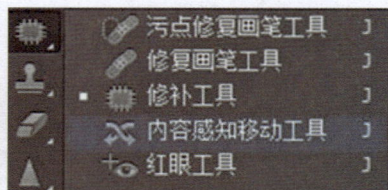

图2-3-7　"修补工具"

步骤8：在"修补工具"属性栏中设置参数，修补模式设置为正常，选择"源"选项。选择需要修复的区域，将该选区拖动到旁边干净的区域，释放鼠标后，Photoshop会自动匹配样本区域的纹理、光线和阴影。这个过程需要重复多次以达到最佳的修复效果，如图2-3-8所示。

步骤9：切换到套索工具，选择鞋子上还没有去除干净的小范围内容，右击，在弹出的快捷菜单中选择"填充"命令，在弹出的"填充"对话框

图2-3-8　使用修补工具修复多余内容

中选择"内容识别",单击"确定"按钮,如图 2-3-9 所示。

步骤 10:整个修复过程需要细致,可以多试几次,直到实现无缝修复。检查所有修复效果,保存编辑后的图片。修复前后的图片效果如图 2-3-10 所示。

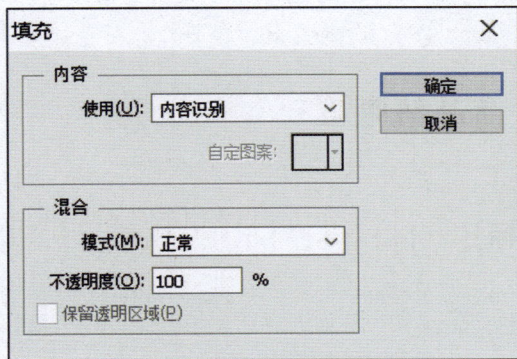

图 2-3-9 内容识别工具

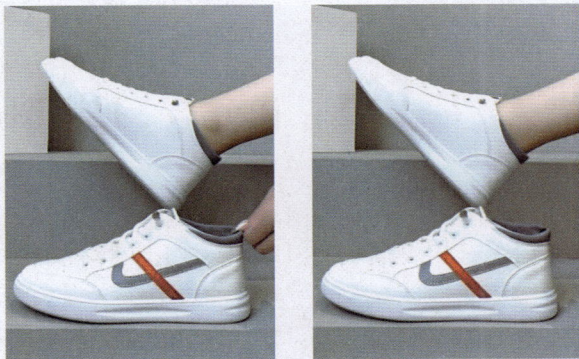

图 2-3-10 修复前后的图片效果

【任务评价】

序号	维度	要求	分值	得分
1	污点修复工具	掌握污点修复工具的使用方法,修补后效果无瑕疵	30	
2	修补工具	掌握修补工具的使用方法,修补后效果无瑕疵	40	
3	内容识别填充	掌握内容识别填充工具的使用方法,修补后效果自然无瑕疵	30	
		合计	100	

【任务拓展】

技术先锋:使用 AI 工具消除背景瑕疵

扫描右侧的二维码查看任务说明,下载任务素材,利用即梦 AI 平台有效地去除产品图中的瑕疵。

使用 AI 工具
消除背景瑕疵

【知识链接】

扫描右侧的二维码完成"常见图像修复工具的原理和应用场景"的学习。

常见图像修复工具的
原理和应用场景

【素养园地】

数字修复技术在文化遗产保护中的应用

随着技术的进步,图像修复工具已成为文化遗产保护不可或缺的一部分,特别是在修复历史照片和珍贵文物图像方面。例如,《清明上河图》这幅宋代名画经过数字修复后,不仅清除了污渍和磨损,还通过色彩校正恢复了其原有的色泽。此外,一些早期的老北京街景照片也得到了修复,不仅还原了街道的真实面貌,还显著增强了细节的清晰度,让人们得以一窥往昔的风貌。

敦煌壁画的数字复原工作同样是图像修复工具应用的一个典范。通过数字任务技术,壁画被成功地还原到接近原始的状态,使这一文化遗产的艺术价值得到了更好的保存与传播。

这些案例展示了图像修复工具在文化遗产保护方面的重要作用。通过这些技术和方法的应用,不仅可以恢复历史照片和珍贵文物图像的原始面貌,还能帮助人们更好地理解与欣赏过去的文化和艺术成就。

随着技术的不断进步，尤其是人工智能（AI）工具的出现，图像修复领域的效率和质量都得到了极大的提升。因此，保持好奇心和求知欲，不断学习新技术，对于从事相关领域的专业人士来说至关重要。掌握这些新兴工具和技术不仅能提高工作效率，还能为客户提供更高质量的服务。

任务二　提高图片商品清晰度

【学习目标】

知识目标：

1. 理解图片清晰度对商品展示的重要性。

2. 掌握图片清晰度提升的基本原理和方法。

技能目标：

1. 熟练使用 Photoshop 中的 USM 锐化进行图片清晰度调整。

2. 掌握高反差保留滤镜的使用方法，增强图片的质感。

素质目标：

1. 培养对商品图片细节的观察力和审美能力。

2. 提高图像处理的耐心和细致度，确保处理结果的专业性和美观性。

【任务描述】

商品图片的清晰度直接影响消费者的购买决策。灰暗、模糊的图片很难展示出商品的质感，而通过提高图片的清晰度，可以有效提升商品的质感和吸引力。本任务需要利用 Photoshop 软件中的 USM 锐化和高反差保留滤镜工具，对毛绒玩具图片进行清晰度处理，使其毛绒感更加突出。

【任务分析】

在进行图片清晰度处理前，需要对图片进行初步分析，了解图片的灰暗程度、模糊区域以及需要增强的毛绒感部分，然后使用 USM 锐化和高反差保留滤镜进行操作。

其中 USM 锐化主要用于增强图像的边缘对比度，使图像看起来更加清晰。它包含三个主要参数：数量、半径和阈值，分别控制锐化的强度、影响边缘的宽度以及哪些边缘被锐化。

高反差保留滤镜则通过保留图像中的高反差区域来增加图像的清晰度。通常情况下，先应用高反差保留滤镜，然后将结果图层与原图层混合，以达到增强细节的效果。

【任务准备】

硬件要求：一台足够运行 Photoshop 软件的电脑。

实操要求：素材图（本任务所有素材皆可从课程素材库中下载）。

【任务实施】

步骤 1：启动 Photoshop 软件，执行"文件→打开"命令，打开毛绒玩具图片，如图 2 - 3 - 11 所示。

步骤 2：复制背景图层以保留原始图片，如图 2 - 3 - 12 所示。

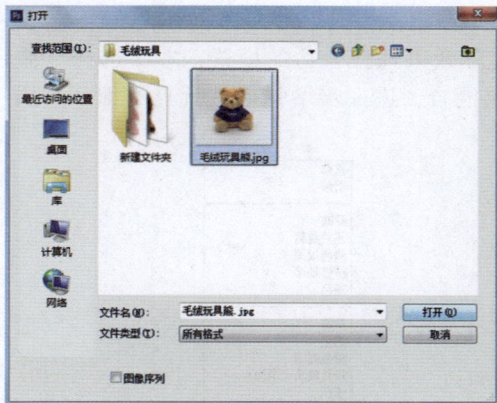

图 2 - 3 - 11　打开图片

图 2 - 3 - 12　复制背景图层

步骤 3：对图片进行初步调整，如调整亮度和对比度，以减少灰暗感，参数如图 2 - 3 - 13 所示。

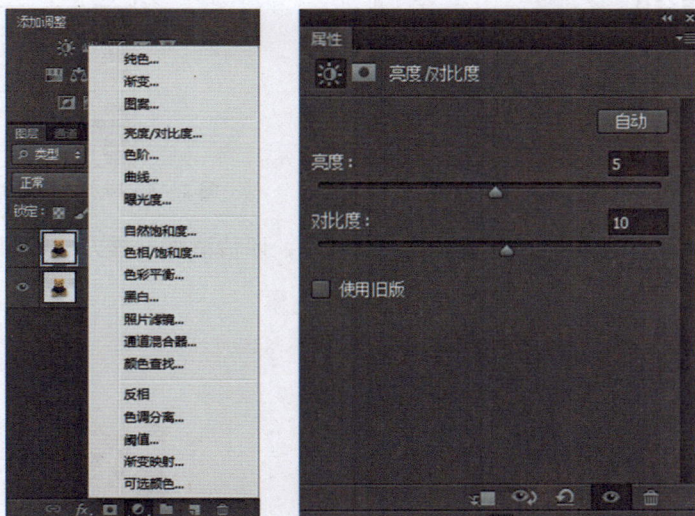

图 2 - 3 - 13　调整亮度对比度

步骤 4：选择背景副本图层，在菜单中选择"滤镜→锐化→USM 锐化"命令，在弹出的对话框中调整参数，数量设置为 20%；半径设置为 125 像素；阈值设置为 0，如果设置较高的阈值意味着只有较大的色调变化才会被锐化。参数调整好后单击"确定"按钮保存设置结果，如图 2 - 3 - 14 所示。

步骤 5：选择背景副本图层，按 Ctrl + L 组合键，创建一个新的复制图层，选择该复制图层后，在菜单中选择"滤镜→其他→高反差保留"命令，

图 2 - 3 - 14　设置锐化参数

在弹出的对话框中设置半径大小为 5 像素，单击"确定"按钮，如图 2 – 3 – 15 所示。

步骤 6：接下来更改当前图层的混合模式，根据实际效果选择合适的模式，本次选择"叠加"模式。这样将高反差保留滤镜的结果图层与原图层混合，进一步增强毛绒玩具的细节和质感，如图 2 – 3 – 16 所示。

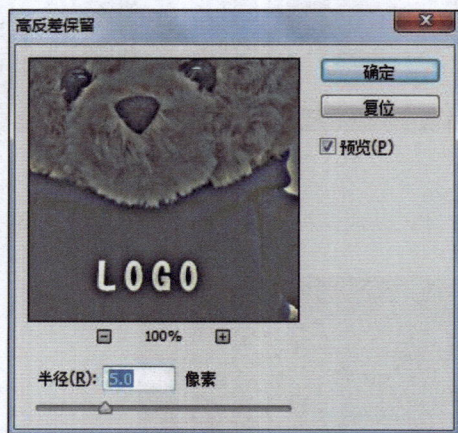

图 2 – 3 – 15　设置高反差保留参数

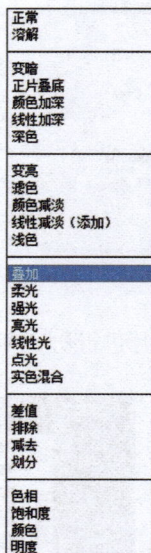

图 2 – 3 – 16　设置叠加图层模式

步骤 7：保存处理后的图片，并与原图进行对比，评估清晰度提升的效果，如图 2 – 3 – 17 和图 2 – 3 – 18 所示。

图 2 – 3 – 17　锐化前的毛绒玩具熊

图 2 – 3 – 18　锐化后的毛绒玩具熊

【任务评价】

序号	维度	要求	分值	得分
1	调整图片亮度	能够判断并选择合适的参数调整图片的亮度和对比度	15	
2	USM 锐化	能够根据图片实际情况调整数量、半径、阈值等锐化参数	35	
3	高反差保留	能够根据图片实际情况调整半径参数	35	
4	图层混合模式	能够根据实际情况选择合适的图层混合模式	15	
		合计	100	

【任务拓展】

下载教材中的任务素材，完成珠宝首饰和毛绒拖鞋的锐化处理。

【知识链接】

珠宝首饰和毛绒拖鞋
锐化处理素材

USM 锐化和高反差保留

USM 锐化和高反差保留是图像处理中常用的两种技术，主要用于增强图像的清晰度和细节。

USM 锐化是一种基于边缘检测的锐化技术，它通过增强图像中的边缘信息来提高图像的清晰度。USM 锐化的参数主要包括三个：数量、半径和阈值。数量决定了锐化的强度，数值越大，锐化效果越明显；半径决定了锐化的范围，数值越大，锐化的区域越广；阈值则是用来控制锐化的程度，只有当像素间的差值大于阈值时，才会进行锐化处理。

高反差保留是一种图像增强技术，它通过保留图像中的高对比度部分，即边缘和其他细节区域，来增强图像的视觉冲击力。高反差保留的参数主要是半径。半径决定了保留高频信息的范围，数值越大，保留的细节越多。

对于不同的商品，USM 锐化和高反差保留的参数设置会有所不同。例如，对于需要强调纹理和细节的商品图片（如珠宝、艺术品等），可以适当提高 USM 锐化的数量和半径，以及高反差保留的半径；而对于需要清晰展示颜色和纹理均匀性的商品（如服装、化妆品等），则需要适当降低 USM 锐化的数量和半径，以及高反差保留的半径，以避免过度锐化导致的颜色失真。

【素养园地】

技术先锋：创成式填充技术

在 2024 年最新版的 Photoshop 软件中增加了"创成式填充"AI 绘画功能，可以通过 AI 算法实现一键去除商品图像中的杂物、在原图上用文字绘制新图像、创成式填充扩展图像的画布等操作，为设计师带来更加便捷和逼真的视觉体验。

任务三 美化模特身形

【学习目标】

知识目标：

1. 掌握 Photoshop 中"液化"命令的基本原理和操作方法。

2. 了解人体结构及比例关系，以便更好地调整模特身形。

技能目标：

1. 能够设置"液化"命令中的各项参数，以达到最佳的修饰效果。

2. 能够使用"液化"命令中的"向前变形"工具对模特身形进行调整。

3. 能够使用"冻结"和"解冻"蒙版功能，保护不需要变形的区域，确保周边环境不受影响。

4. 能够熟练运用撤销/重做功能，及时修正调整过程中的失误。

素质目标：

1. 培养审美意识，确保调整后的模特身形既符合时尚潮流又不失自然和谐。

2. 提升细节观察能力，注重整体协调性，避免局部调整过度而影响整体效果。

3. 增强责任感，尊重模特形象，避免过分修饰导致的形象失真。

【任务描述】

在网店拍摄的商品图片中，服饰等类目的商品通常需要人物模特的展示来增强视觉吸引力，激发消费者的购买欲望。然而，由于拍摄角度、服装款式、造型设计或模特自身条件等因素，照片中的模特身材可能会存在一定的不足，这可能会影响商品的整体呈现效果。因此，利用 Photoshop 中的"液化"命令为模特打造更加纤细和协调的身姿，是非常必要的一步。

【任务分析】

在进行模特身形修饰时，要特别注意保持身体各部位之间的协调性和自然感，避免过度拉伸或压缩，以免造成不自然的效果。

使用"液化"命令中的"向前变形"工具，通过细致涂抹需要调整的部位，可以实现较为自然的身形改善。

为了防止无关元素发生变形，可以使用蒙版功能"冻结"锁定这些区域，确保只对特定部位进行调整。

调整过程中，应密切关注模特身形与周围环境的一致性，确保不会出现明显的变形问题，保持画面的整体美观。

【任务准备】

硬件要求：一台足够运行 Photoshop 软件的电脑。

实操要求：素材图（本任务所有素材皆可从课程素材库中下载）。

【任务实施】

步骤 1：启动 Photoshop 软件，通过"文件→打开"命令，选择需要修饰的模特图片，如图 2-3-19 所示。

步骤 2：选中背景图层，单击图层面板下方的"新建图层"按钮或使用组合键 Ctrl+J 来复制背景图层，这样做的目的是保护原始图像不被直接修改，如图 2-3-20 所示。

图 2-3-19　打开模特素材图

图 2-3-20　复制图层

步骤 3：如图 2-3-21 所示，选择顶部菜单栏中的"滤镜→液化"命令，或者使用 Shift+

Ctrl + X 组合键打开液化对话框。

步骤4：先来调整一下人物的肩部，在液化工具栏中选择"向前变形工具"。设置合适的画笔大小、密度和压力值。一般来说，较大的画笔适用于大面积的调整，较小的画笔则用于细节部分。对于初始参数的设置，刷子大小开始时可以设置较小的值，逐渐增加以适应不同区域；密度参数一般设置为50%是一个好的起点，用于控制变形的程度；压力通常设置在50%左右，可以根据需要进行调整。设置好参数后使用鼠标向左轻推，收缩一下右侧的肩膀和手臂，如图2-3-22所示。

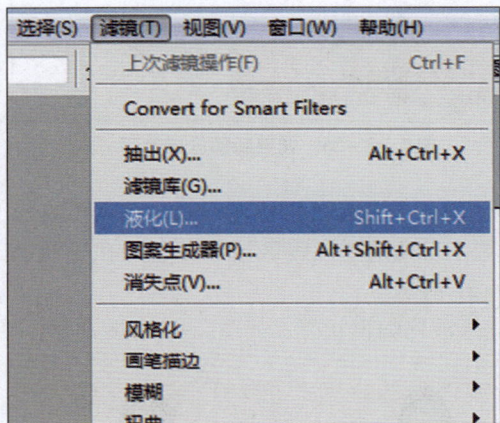

图2-3-21 "液化"命令

图2-3-22 向前变形工具收缩手臂

步骤5：接下来对模特腰部进行修饰，在液化界面左侧的工具栏中选择"冻结蒙版工具"。用刷子涂抹两侧的手臂区域，防止其变形，如图2-3-23所示。

步骤6：使用"向前变形工具"，使用较小的画笔在模特的腰部轻轻涂抹，做适当的修饰和调整，如图2-3-24所示。

图2-3-23 冻结蒙版工具的冻结区域

图2-3-24 向前变形工具调整腰部

步骤7：使用"解冻蒙版工具"，涂抹刚才冻结的区域，恢复其可编辑状态，如图2-3-25所示。

步骤8：用同样的方法对模特的腿部进行微调，在调整的过程中注意观察模特的身体线条，尽量保持自然和谐的比例，如图2-3-26所示。

图 2-3-25　解冻区域

图 2-3-26　调整腿部区域效果

步骤9：完成主要部位的调整后，仔细检查模特身体的各个部分是否协调一致。确保没有出现明显的拉伸或扭曲痕迹。如果需要，可以使用"重建"工具恢复某些区域到原貌。在确认满意之后，单击"确定"按钮应用液化效果，如图 2-3-27 所示。

步骤10：对比调整前后效果，如需调整可以重新进入液化编辑状态，如图 2-3-28 所示。

图 2-3-27　确定调整结果

图 2-3-28　调整前后对比图

【任务评价】

序号	维度	要求	分值	得分
1	向前变形工具	掌握向前变形工具的使用方法，避免出现明显的扭曲或失真	50	
2	冻结/解冻蒙版工具	掌握冻结/解冻蒙版工具的使用时机，冻结的区域边缘平滑，与周围液化的区域过渡自然	30	
3	重建工具	通过重建工具恢复或微调变形区域，实现更精准的液化效果	20	
		合计	100	

【任务拓展】

创造性地使用液化滤镜中的各种工具，包括但不限于膨胀工具、向前变形工具、冻结/解冻蒙版工具以及重建工具，制作一张自己的独特创意肖像作品。

【知识链接】

扫描右侧的二维码完成液化工具的使用知识的学习。

液化工具的使用

【素养园地】

液化中的美学

液化不仅是技术手段，也是一种艺术表达方式，特别是在处理肖像照片时。通过液化命令，摄影师和设计师可以根据美学原则来改善照片中的视觉效果。在使用该工具处理人像时，可以基于脸部"三庭五眼"的比例进行调整。

"三庭五眼"的"三庭"是指面部长度被分为三个等分，从发际线到眉骨、眉骨到鼻底、鼻底到下巴，这三个部分应该大致相等；"五眼"指的是面部宽度，即从左耳前缘到右耳前缘的距离，大约等于五个眼睛的宽度，如图 2 – 3 – 29 所示。

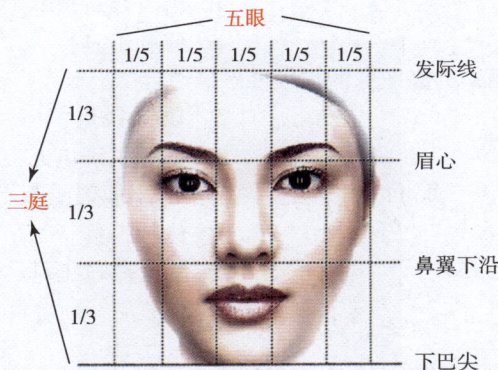

图 2 – 3 – 29 "三庭五眼"脸部比例图

在使用液化命令调整时，对于额头的长度调整，要使其与眉毛到鼻底、鼻底到下巴的距离相近；可使用液化工具的"脸部工具"来调整鼻子的长度和宽度，使其看起来更加协调；调整眼睛时要确保两只眼睛之间的距离大约为一只眼睛的宽度；调整嘴唇和下巴的比例时，确保下唇珠到下巴的尖端与鼻子底部到下唇珠的距离一致。

总的来说，在进行 Photoshop 液化修饰时，这些标准可以作为参考，但具体操作时还需要结合图片本身的特点和人物的自然比例，重要的是保持各部位的比例协调，避免过度修饰造成不自然的效果。另外需要注意修图时要始终遵循版权法和道德规范，确保在编辑照片时尊重每个人的个性和隐私。

【项目知识检测】

【单选题】

1. 使用 Photoshop 进行图像清晰度处理时，通常不会使用到哪个工具？（　　　　）

A. 液化工具　　　　　　B. USM 锐化　　　　　　C. 高反差保留　　　　　D. 污点修复画笔工具

2. 如果想在 Photoshop 中去除图片中的小污点，可以使用哪个工具？（　　）

A. 仿制图章工具 　　　　　　　　　B. 污点修复画笔工具

C. 裁剪工具 　　　　　　　　　　　D. 画笔工具

3. 下列哪个工具最适合用于校正人物肖像中的轻微形变？（　　）

A. 污点修复画笔工具 　　　　　　　B. 内容识别填充

C. 修补工具 　　　　　　　　　　　D. 液化工具

4. 当需要替换图像中的一部分并让替换后的部分自然融入背景时，应该使用哪个工具？
（　　）

A. 液化工具 　　　　　　　　　　　B. 污点修复画笔工具

C. 内容识别填充 　　　　　　　　　D. 修补工具

【多选题】

1. 在 Photoshop 中，哪些工具不适用于大面积背景的快速更换？（　　）

A. 污点修复画笔工具 　　　　　　　B. 内容识别填充

C. 修补工具 　　　　　　　　　　　D. 液化工具

2. 使用 Photoshop 修复图像时可以使用哪些工具消除图像上的瑕疵？（　　）

A. 液化工具 　　　　　　　　　　　B. 污点修复画笔工具

C. 内容识别填充 　　　　　　　　　D. 修补工具

3. 下列哪些工具可以用来提高图像的清晰度？（　　）

A. 液化工具 　　　　　　　　　　　B. USM 锐化

C. 高反差保留 　　　　　　　　　　D. 内容识别填充

4. 在 Photoshop 中，哪些工具可以用于去除图片中的小瑕疵或杂点？（　　）

A. 污点修复画笔工具 　　　　　　　B. 修补工具

C. 内容识别填充 　　　　　　　　　D. 克隆图章工具

【判断题】

1. USM 锐化和高反差保留都是 Photoshop 中用来增强图像细节和清晰度的工具，但它们的工作原理不同。　　　　　　　　　　　　　　　　　　　　　　　（　　）

2. 内容识别填充是一种智能填充方式，它可以自动填补删除的对象留下的空白区域，并尝试保持周围环境的一致性。　　　　　　　　　　　　　　　　　　（　　）

3. 使用污点修复画笔工具时，需要指定源区域才能进行修复。　　　　　　（　　）

扫描二维码查看答案

项目四　抠图——替换商品背景

【项目情境】

在现代视觉营销中，高质量的图片是传达商品信息的关键。为了增强商品的视觉吸引力并丰富顾客的购物体验，店铺需要根据商品的特定属性和拍摄背景，运用多样化的编辑技巧进行精准的抠图。抠图是指将需要美化的部分从原有的场景中分离出来，以便换上完美的背景或装饰，这是图像处理中最常做的操作之一。由于背景、人物服装、产品各不相同，所采取的抠图方法也各有不同。抠图的主要功能是为后期的合成做准备，通过替换背景，可以创造出更具创意性和个性化的商品展示，以满足不同顾客的审美需求。因此，学会如何抠图对于店铺商品的运营和展现是非常重要的。

任务一　规则形状商品抠图

【学习目标】

知识目标：

1. 熟悉 Photoshop 中选框工具的类型。
2. 熟悉 Photoshop 中套索工具的类型。

技能目标：

1. 能够根据商品图片的性质选择适合的抠图工具。
2. 能够熟练使用选框工具进行抠图。
3. 能够熟练使用套索工具进行抠图。

素质目标：

1. 培养分析问题、解决问题的能力。
2. 培养耐心和专注的工作态度，确保高质量的抠图结果。
3. 提升审美能力，确保抠图后图片的整体美感。

【任务描述】

本任务的目标是使用 Photoshop 中的选框工具（包括矩形选框工具和椭圆选框工具）以及多边形套索工具来完成对三张商品图片的抠图：手机、钟表和魔方。通过实际操作，掌握基本的选区创建技巧，为后续学习更复杂的图像编辑技术奠定基础。

【任务分析】

根据每张图片的特点选择最适合的工具来进行抠图工作：由于手机通常具有直线边缘，因此使用矩形选框工具将是理想的选择；任务素材中的钟表具有圆形边缘，那么椭圆选框工具将非常适用；而魔方，使用多边形套索工具将更为有效。

【任务准备】

硬件要求：一台足够运行 Photoshop 软件的电脑。

实操要求：素材图（本任务所有素材皆可从课程素材库中下载）。

【任务实施】

首先对手机进行操作。

步骤 1：新建（按 Ctrl + N 组合键）800 像素×800 像素的文件，参数设置如图 2 - 4 - 1 所示。

步骤 2：选择文件菜单下的"置入"命令，置入手机素材至新建的文件中，如图 2 - 4 - 2、图 2 - 4 - 3 所示。

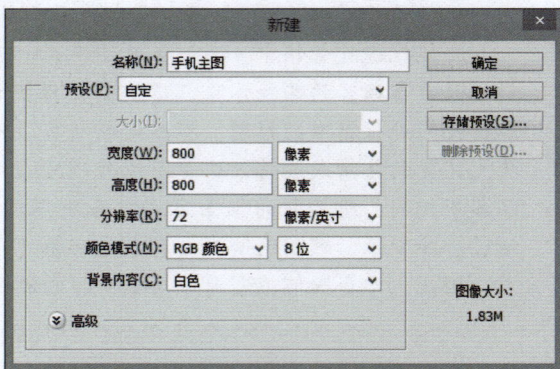

图 2 - 4 - 1　新建图层

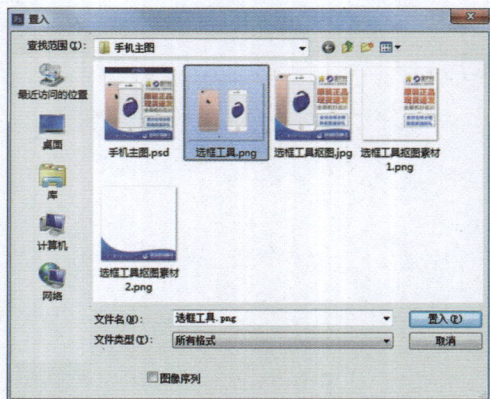

图 2 - 4 - 2　选择素材

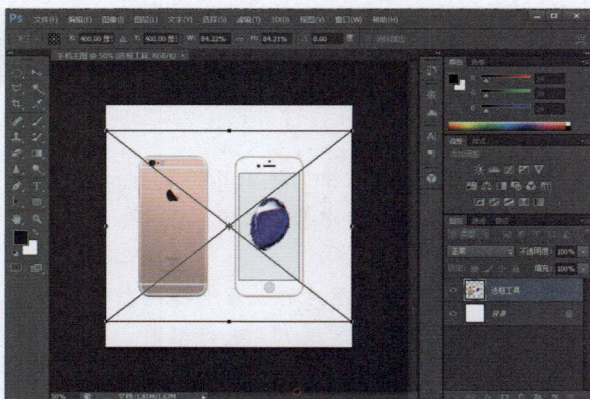

图 2 - 4 - 3　素材置入

步骤 3：将素材放大，使用"矩形选框工具"，选取正面的手机图片，再把鼠标放开，如图 2 - 4 - 4、图 2 - 4 - 5 所示。

步骤 4：栅格化图层，右击，在弹出的快捷菜单中选择"通过剪切的图层"命令，将手机的正视图和后视图分为两个图层，如图 2 - 4 - 6、图 2 - 4 - 7 所示。

图 2 - 4 - 4 素材放大

图 2 - 4 - 5 剪切选区

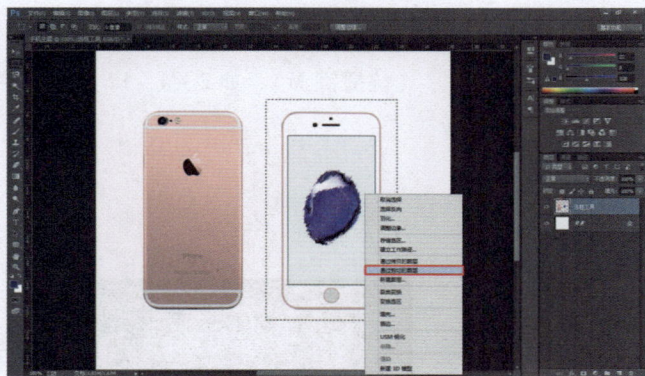

图 2 - 4 - 6 "通过剪切的图层"命令

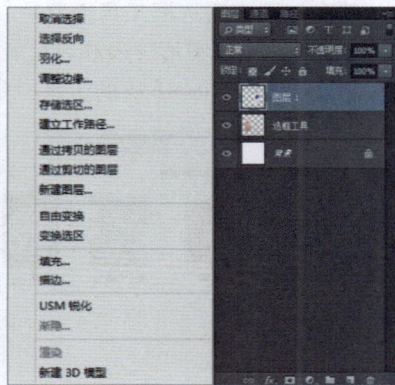

图 2 - 4 - 7 应用"通过剪切的
图层"后的效果

步骤 5：使用"移动工具"，将两个图层调整至如图 2 - 4 - 8 所示的位置，并按 Ctrl + T 组合键进行自由变换，调整两个图像的大小。

图 2 - 4 - 8 调整图像

步骤 6：选中素材库中的"选框工具素材 1. jpg""选框工具素材 2. jpg"，如图 2 - 4 - 9 所示。按下鼠标左键将素材拖至文件中，调整各图层顺序和图像大小，得到如图 2 - 4 - 10 所示的最终效果图。

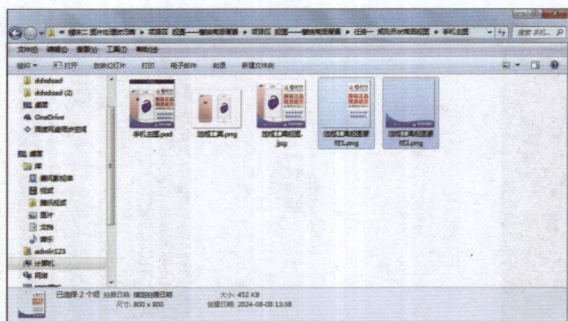

图2-4-9 选择素材

图2-4-10 最终效果图

其次使用椭圆选框工具抠取钟表。

步骤1：打开圆形钟表和客厅背景的文件，如图2-4-11所示。

步骤2：在Photoshop的工具栏中选择"椭圆选框工具"（快捷键M），如2-4-12所示。

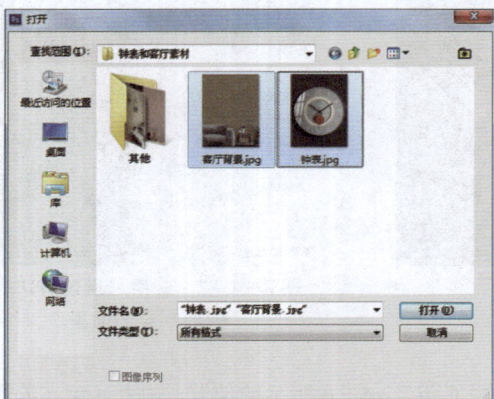

图2-4-11 打开文件

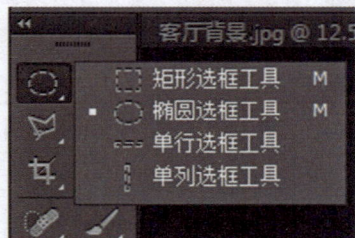

图2-4-12 选择椭圆工具

步骤3：在含有圆形钟表的图层上，同时按住Shift键和鼠标左键拖动鼠标创建一个圆形选区，如图2-4-13所示。

步骤4：如果需要调整选区，可以右击，在弹出的快捷菜单中选择"变换选区"命令，如图2-4-14所示。

图2-4-13 创建圆形选区

图2-4-14 "变换选区"命令

步骤5：拖动选区的角点，并使用键盘上的方向键调整圆形的位置，尽量使选区与钟表边缘对齐。调整完毕后，按回车键，完成钟表选区的创建，如图2-4-15所示。

步骤6：按Ctrl+C组合键或者通过菜单栏选择"编辑→拷贝"命令，将选区内的内容复制到剪贴板，如图2-4-16所示。

图2-4-15 调整选区

图2-4-16 复制选区

步骤7：在客厅背景文件中，按Ctrl+V组合键或者通过菜单栏选择"编辑→粘贴"命令，将刚才复制的钟表粘贴到新的图层上，如图2-4-17所示。

步骤8：使用移动工具（快捷键V），将粘贴的钟表移动到合适的位置。使用自由变换工具（或按Ctrl+T组合键），调整钟表的大小使其与场景协调，如图2-4-18所示。

图2-4-17 粘贴选区到新图层

图2-4-18 移动变换选区

步骤9：使用"图层样式"中的"投影"效果给钟表添加阴影，使其看起来更加真实地放置于客厅中。调整阴影的不透明度、角度和距离等参数，直到满意为止，如图2-4-19所示。

步骤10：最终效果如图2-4-20所示。

最后完成魔方的抠图换背景操作，注意魔方是由多个带有不规则直角边的面组成的。基于这个特点，可以选择使用"多边形套索工具"来进行精准的抠图。以下是具体的操作步骤：

步骤1：启动Photoshop，打开含有魔方商品的素材图片，如图2-4-21所示。

步骤2：在工具栏中选择"多边形套索工具"（快捷键L），如图2-4-22所示。

步骤3：在开始操作之前，可以使用放大镜工具来放大图像，以便更清晰地查看细节，如图2-4-23所示。接下来，把鼠标指针移动到魔方边缘的一个点上，单击来确定并放置起始锚点，这样做可以帮助更精确地进行后续操作。

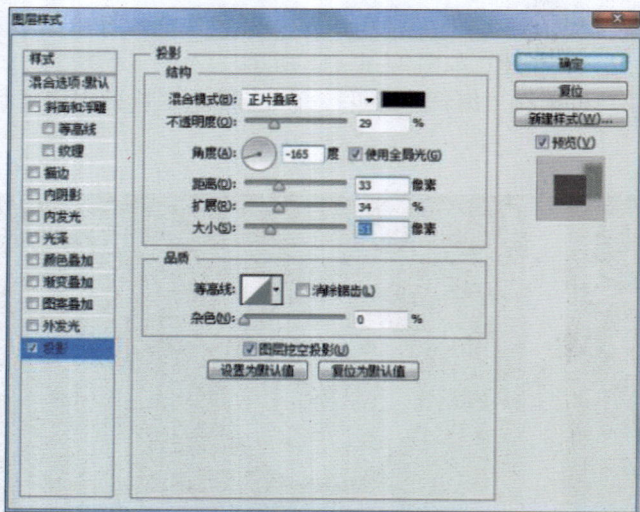

图 2 - 4 - 19　调整图层样式

图 2 - 4 - 20　最终效果

图 2 - 4 - 21　打开文件

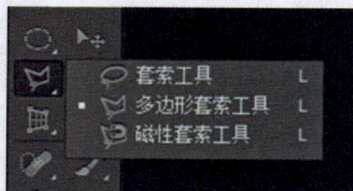

图 2 - 4 - 22　多边形套索

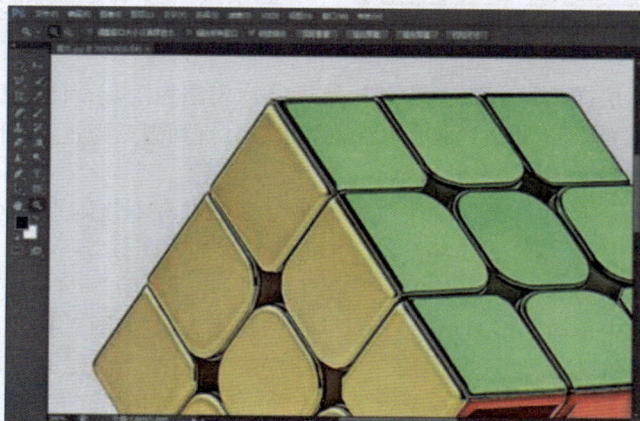

图 2 - 4 - 23　放大图像

步骤4：沿着魔方的边缘单击以放置更多的锚点。每次单击都会放置一个新的锚点，并自动绘制一条直线连接最近的两个锚点。当你回到起点时，再次单击以闭合路径并完成选区，如图2－4－24所示。

步骤5：按Ctrl＋C组合键或者通过菜单栏选择"编辑→拷贝"命令，将选区的内容复制到剪贴板。

步骤6：打开背景文件，在新背景文件中，按Ctrl＋V组合键或者通过菜单栏选择"编辑→粘贴"命令，将刚才复制的商品粘贴到新的图层上，如图2－4－25所示。

图2－4－24　绘制锚点闭合选区

图2－4－25　复制选区到新图层

步骤7：置入文案信息素材，如图2－4－26所示。

步骤8：使用移动工具（快捷键V），将商品和文案信息调整到合适的位置。然后使用自由变换工具（或按Ctrl＋T组合键），调整商品的大小使其与场景协调，如图2－4－27所示。

图2－4－26　置入文案信息素材

图2－4－27　自由变换

步骤9：使用"图层样式"中的"投影"效果给魔方添加阴影，使其看起来更加真实地放置于新背景中；调整阴影的不透明度为31％、角度为－176度、距离为24像素，扩展为18％，大小为43像素，如图2－4－28所示。

步骤10：最终效果如图2－4－29所示。

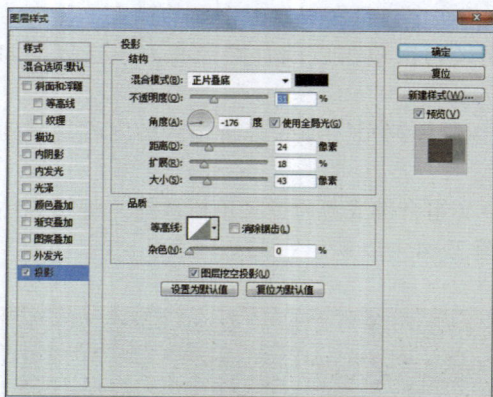

图 2 – 4 – 28　添加投影

图 2 – 4 – 29　最终效果

步骤 11：选择"文件→另存为"命令，选择合适的文件格式（如".psd"保持所有图层的信息，或者".jpg"".png"等用于发布），如图 2 – 4 – 30 所示。

图 2 – 4 – 30　存储图片

【任务评价】

序号	项目	要求	分值	得分
1	新建文件	掌握设置画布参数，参数设置符合画面要求	5	
2	打开文件	打开文件素材，添加和选择素材	5	
3	矩形选框	掌握矩形选框工具，辅助删减图层内容	20	
4	栅格化图层	掌握栅格化图层，矢量对象转换成为位图	10	
5	椭圆选框	掌握椭圆选框工具，结合 Shift 键绘制正圆	20	
6	多边形套索	掌握多边形套索工具；抠图完整，边界清晰	20	
7	移动工具	掌握移动工具，调好图层位置	10	
8	自由变换	掌握 Ctrl + T 组合键的使用，能等比例缩放图片而不变形	10	
		合计	100	

【任务拓展】

下载教材中的任务素材，尝试使用磁性套索工具完成抠图换背景。

常见抠图工具
及其原理素材

【知识链接】

扫描右侧的二维码完成常见抠图工具及其原理的学习。

常见抠图工具
及其原理

【素养园地】

P章到底"刑"不"刑"？

在当今社会，印章不仅是企业合法经营的重要凭证，也是个人身份的证明。然而，在实际生活中，有些人为了图方便，利用图像编辑软件如 Photoshop（简称 PS）对印章进行伪造或篡改。那么，这样的行为究竟是否违法？如果违法，又将面临什么样的法律后果呢？

案例引入

来看一个真实的案例：一家公司的老板和员工因为伪造公司印章被提起公诉。根据《中华人民共和国刑法》第二百八十条第二款的规定，伪造公司印章的行为已经触犯法律，应当追究刑事责任。尽管这些人可能出于好意或者一时的便利考虑，但这种行为一旦被发现，不仅会给企业带来巨大的法律风险，还可能让个人陷入严重的法律困境之中。

法律解析

实体印章伪造：传统的实体印章伪造，包括私刻印章、篡改印章等行为，早已被法律明确规定为犯罪行为。一旦被查实，伪造者将面临严厉的刑事处罚。

电子印章伪造：随着信息技术的发展，电子印章因其便捷性和高效性被广泛应用。然而，"抠图"伪造电子印章的违法行为也随之增多。将已有的真实电子印章通过 PS 技术转移到其他文件上，虽然图形与实体印章一致，但由于缺乏电子签名制作数据的支持，这样的印章并不具备法律效力。更严重的是，这种行为实际上构成了伪造印章的行为，依法应当予以严惩。

法律依据

根据《中华人民共和国刑法》相关规定：

伪造、变造公司、企业、事业单位、人民团体的印章的，处三年以下有期徒刑、拘役、管制或者剥夺政治权利；如果情节严重，则处罚将更为严厉。

党的二十大报告明确提出，要推进全面依法治国，加快建设社会主义法治国家。作为新时代的青年学子，不仅要掌握专业知识，更要树立法治观念，严格遵守法律法规，坚决抵制任何形式的违法行为。特别是在使用图像编辑软件时，务必确保自己的行为符合法律规定，不损害他人的合法权益。

总结启示

无论是实体印章还是电子印章，其背后都承载着企业的信誉与责任。任何企图通过非法手段获取或使用印章的行为都将受到法律的严厉制裁。希望同学们通过本任务的学习，不仅掌握了相关专业知识，更增强了法治意识和社会责任感，为将来成为一名合格的社会公民奠定坚实的基础。

任务二 简单背景商品抠图

【学习目标】

知识目标：

1. 掌握魔棒工具抠图原理和参数设置。

2. 掌握快速选择工具抠图原理和参数设置。

技能目标：

1. 能够使用魔棒工具抠图。

2. 能够使用快速选择工具抠图。

素质目标：

1. 培养分析问题、解决问题的能力。

2. 培养耐心和专注的工作态度，确保高质量的抠图结果。

3. 提升审美能力，确保抠图后图片的整体美感。

【任务描述】

若商品或背景的颜色较为简单，商品与背景的边界分明，可以使用魔棒工具、快速选择工具单击需要选择的部分区域快速选择需要的选区。

【任务分析】

本任务需要为蛋椅和剃须刀两个商品替换背景，观察两个商品的图片背景均为纯色背景，分别选择魔棒工具和快速选择工具完成此次的抠图替换背景任务。

【任务准备】

硬件要求：一台足够运行 Photoshop 软件的电脑。

实操要求：素材图（本任务所有素材皆可从课程素材库中下载）。

【任务实施】

首先来抠取蓝色背景下的蛋椅。

步骤 1：启动 Photoshop，打开含有蛋椅的图片文件，如图 2 - 4 - 31 所示。

步骤 2：选择魔棒工具（快捷键 W）。在选项栏中设置合适的容差值（如 20～30）以选择蓝色背景，如图 2 - 4 - 32 所示。

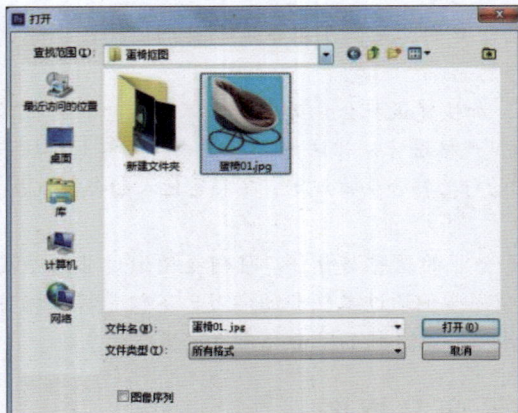

图 2 - 4 - 31　打开文件

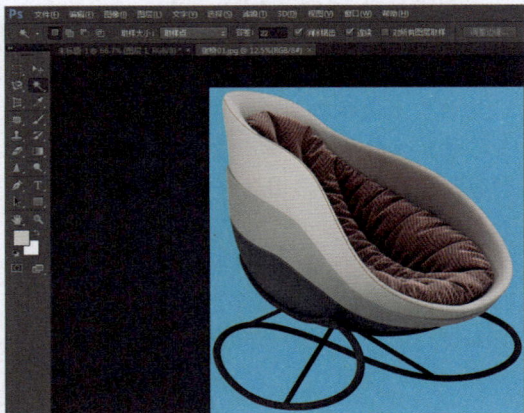

图 2 - 4 - 32　设置魔棒工具参数

步骤 3：单击选择蓝色背景，如果蛋椅上有蓝色部分被选中，可以适当降低容差值或使用"添加到选区"命令（组合键 Shift + 单击）和"从选区减去"命令（组合键 Alt + 单击）来精确选择，如图 2 - 4 - 33 所示。

步骤 4：使用组合键 Shift + Ctrl + I 反向选择，这样就选择了蛋椅而非背景，如图 2 - 4 - 34 所示。

图 2 - 4 - 33 选中蓝色背景

图 2 - 4 - 34 反向选择

步骤 5：检查边缘，如果发现蛋椅边缘有明显的锯齿或残留的旧背景颜色，单击属性栏上的"调整边缘"按钮，如图 2 - 4 - 35 所示。

图 2 - 4 - 35 "调整边缘"按钮

步骤 6：将"边缘检测"模块中的"半径"设置为 1.6 像素，"调整边缘"模块中的"平滑"设置为 7，勾选"净化颜色"复选框，最终将图像输出到新建图层中，如图 2 - 4 - 36 所示。

步骤 7：新建文件，宽度为 800 像素，高度为 800 像素，分辨率为 72 像素/英寸，如图 2 - 4 - 37 所示。

步骤 8：使用组合键 Ctrl + C 复制刚才选中的蛋椅图层。切换到新背景的文档，并使用组合键 Ctrl + V 将蛋椅粘贴到新背景上，如图 2 - 4 - 38 所示。

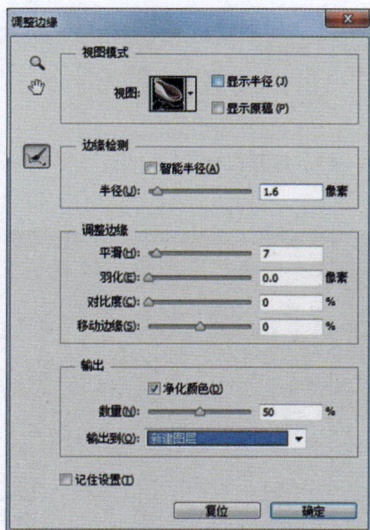

图 2 - 4 - 36 调整边缘参数

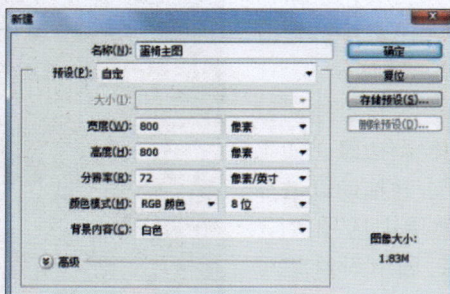

图 2 - 4 - 37 新建文件

图 2 - 4 - 38 粘贴选区

步骤 9：使用移动工具（快捷键 V）和自由变换（组合键 Ctrl + T）工具调整蛋椅的大小和位置，如图 2 - 4 - 39 所示。

步骤10：选择矩形工具，分别单击吸取其中的深灰和浅灰两个颜色，创建如图 2 - 4 - 40 所示的背景。

步骤11：调整图层顺序，确保灰色背景图层位于蛋椅图层的下方，如图 2 - 4 - 41 所示。

图 2 - 4 - 39 移动变换图像   图 2 - 4 - 40 矩形工具创建灰色背景   图 2 - 4 - 41 调整图层顺序

步骤12：将图片保存为 PSD 格式以便后续编辑，或者保存为其他格式如 JPEG 或 PNG，如图 2 - 4 - 42 所示。

其次使用快速选择工具抠取男士剃须刀为其更换背景。

步骤1：启动 Photoshop，打开剃须刀和蓝色背景素材的图片文件，如图 2 - 4 - 43 所示。

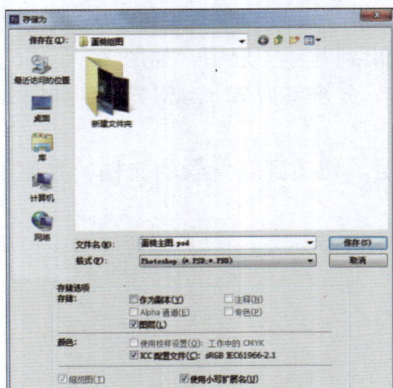

图 2 - 4 - 42 存储图片   图 2 - 4 - 43 打开素材

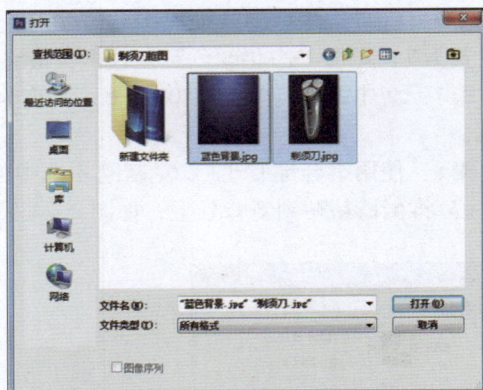

步骤2：单击快速选择工具，根据需要，调整快速选择工具的画笔大小以适应剃须刀的大小，如图 2 - 4 - 44 所示。

步骤3：在剃须刀的边缘开始拖动鼠标，快速选择工具会自动检测边缘。如果选择不准确，可以尝试单击并拖动以增加或减少选择范围，可以使用中括号"["和"]"键微调画笔大小，利用 Shift 键可以合并到选区，Alt 键则可以从选区中减去，如图 2 - 4 - 45 所示。

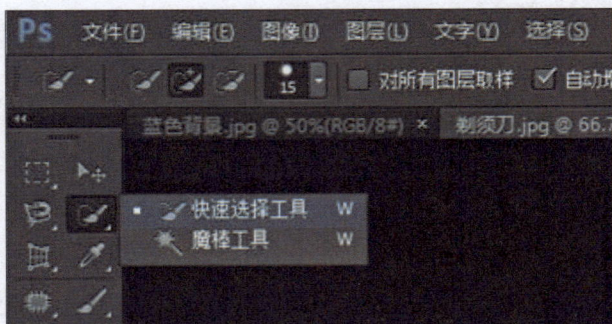

图 2 - 4 - 44 快速选择工具

步骤4：在工具栏上单击调整边缘选项，使用滑块和选项调整边缘细节，例如平滑、羽化等。如果有杂边，使用"净化颜色"选项来清除边缘上的残留颜色，确保剃须刀边缘没有明显的锯齿或残留的旧背景颜色，如图 2 - 4 - 46 所示。

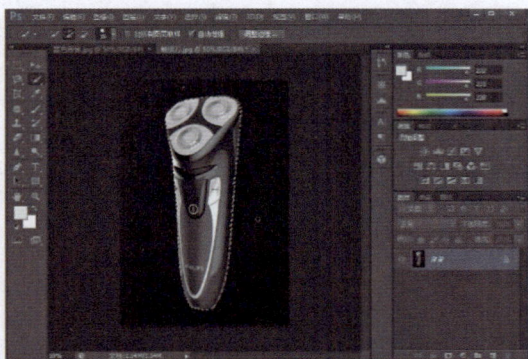

图 2 - 4 - 45　全选图像

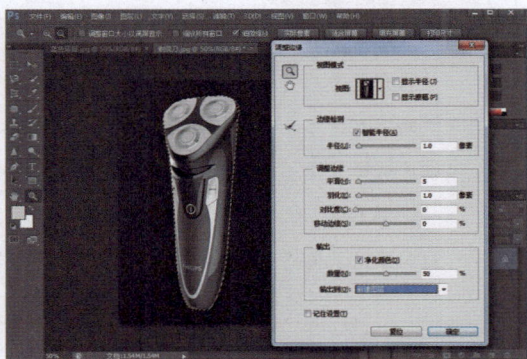

图 2 - 4 - 46　调整边缘

　　步骤 5：使用组合键 Ctrl + C 复制剃须刀所在的图层。切换到蓝色背景文档，并使用组合键 Ctrl + V 将剃须刀粘贴到新背景上，如图 2 - 4 - 47 所示。

　　步骤 6：使用移动工具（快捷键 V）和自由变换（组合键 Ctrl + T）工具调整剃须刀的大小和位置以适应新背景，如图 2 - 4 - 48 所示。

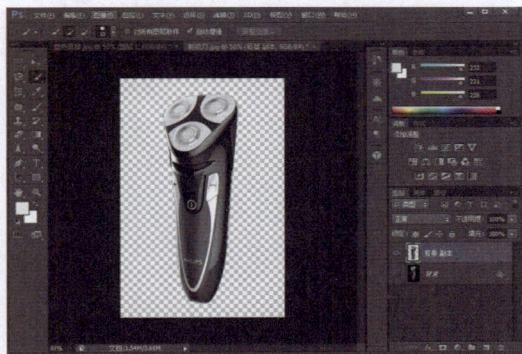

图 2 - 4 - 47　粘贴图像

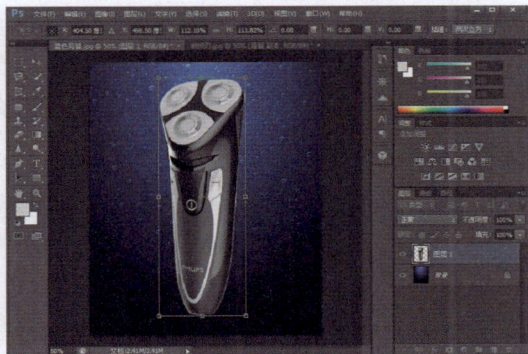

图 2 - 4 - 48　调整图像

　　步骤 7：为了更好地将剃须刀融合到背景中，为其添加一个投影，调整参数参考图 2 - 4 - 49 所示，最后将图片保存为合适的格式。

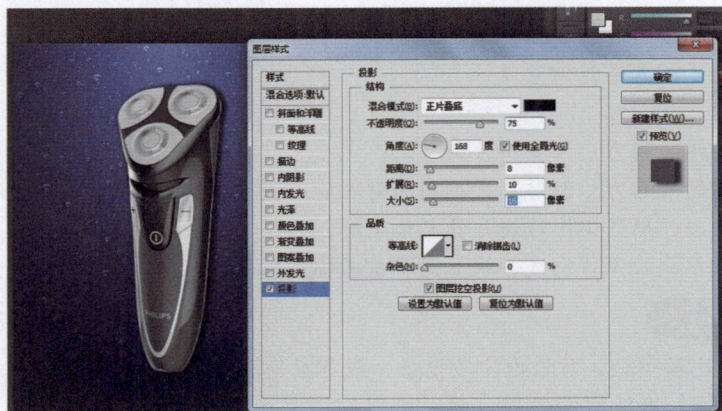

图 2 - 4 - 49　为剃须刀添加投影

【任务评价】

序号	维度	要求	分值	得分
1	打开文件	打开文件素材，了解素材的打开方式	10	
2	魔棒工具	能够选择合适的容差值抠取图像	35	
3	快速选择工具	能够使用快捷键增加或减少选区以选中对象	35	
4	画笔工具	能够使用快捷键调整画笔的大小	10	
5	自由变换工具	能够使用快捷键调整图片的大小	10	
		合计	100	

【任务拓展】

技术先锋：使用 AI 工具为产品去水印、抠图

扫描右侧二维码查看任务说明，下载任务素材，利用即梦 AI 平台有效为产品去水印、抠图。

使用 AI 工具为产品
去水印、抠图

【知识链接】

扫描右侧的二维码完成魔棒和快速选择工具的学习。

魔棒和快速
选择工具

任务三　复杂图像抠图

【学习目标】

知识目标：

1. 理解路径、锚点等钢笔工具的相关概念。
2. 了解不同类型的路径及其用途。
3. 熟悉钢笔工具的工作原理。

技能目标：

1. 能够使用钢笔工具精确绘制路径。
2. 能够使用钢笔工具进行精细抠图。
3. 能够利用钢笔工具进行创意设计。

素质目标：

1. 培养细致观察的能力，注重图片细节。
2. 增强解决问题的能力，面对复杂抠图问题时能够灵活应对。
3. 提升审美能力，确保抠图后图片的整体美感。
4. 培养耐心和专注的工作态度，确保高质量的抠图结果。

【任务描述】

当商品的轮廓比较复杂，背景也比较复杂，或背景与商品的分界不明显时，使用前面所讲的抠图方法都很难得到精准的抠图效果，此时可以使用路径抠图工具。钢笔工具是常用的路径抠图工具，使用钢笔工具可以快速勾勒出商品的轮廓，将其转化为选区，达到精准抠图的目的。

【任务分析】

本任务需要抠取的是瓷器花瓶，从图片可以看出背景较为复杂。选择钢笔工具完成此次的抠图任务。

【任务准备】

硬件要求：一台足够运行 Photoshop 软件的电脑。

实操要求：素材图（本任务所有素材皆可从课程素材库中下载）。

【任务实施】

步骤1：启动 Photoshop，打开包含花瓶的图片，如图 2 – 4 – 50 所示。为了保护原始图像，使用组合键 Ctrl + J 复制背景图层。

步骤2：在工具栏中选择钢笔工具，在选项栏中确保钢笔工具处于"路径"模式，如图 2 – 4 – 51 所示。

图 2 – 4 – 50　打开图像

图 2 – 4 – 51　选择钢笔工具

步骤3：在使用钢笔工具抠图时，先放大图像，以便精准勾勒花瓶的轮廓，然后在花瓶上选区比较平坦的地方创建第一个锚点，如图 2 – 4 – 52 所示。

步骤4：继续沿着花瓶的边缘添加更多的锚点，在这个过程中可以按住 Ctrl 键使用直接选择工具调整锚点的位置，对于复杂的曲线，可以按住 Alt 键来调整控制柄的方向，以便更精确地匹配花瓶的边缘，如图 2 – 4 – 53 所示。

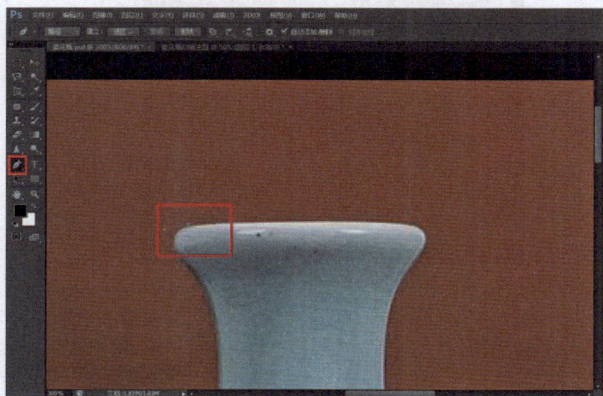

图 2 – 4 – 52　创建第一个锚点

图 2 – 4 – 53　创建更多锚点

步骤5：完成一圈后，将鼠标指针放在第一个锚点上，确保路径的起点和终点相接，形成封闭路径，当出现一个小圆圈时，单击以闭合路径，如图2-4-54所示。

步骤6：在路径面板中，你会看到你刚刚创建的路径。右击路径，在弹出的快捷菜单中选择"建立选区"命令（或者单击路径面板底部的"将路径作为选区载入"按钮，也可以建立选区），如图2-4-55所示。

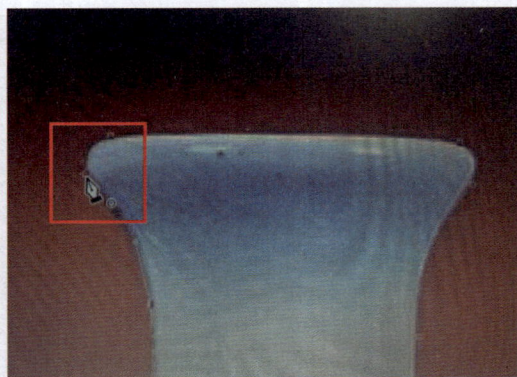

图2-4-54 闭合路径

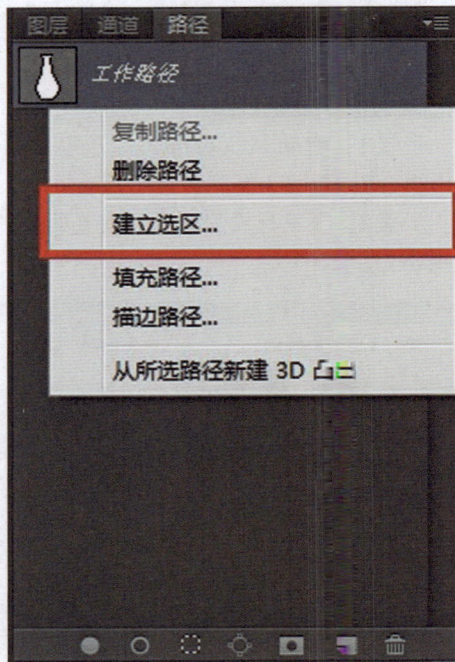

图2-4-55 将路径载入选区

步骤7：在弹出的对话框中，设置适当的羽化半径（如1像素），然后单击"确定"按钮，路径会转换为闪烁的虚线选区，如图2-4-56所示。

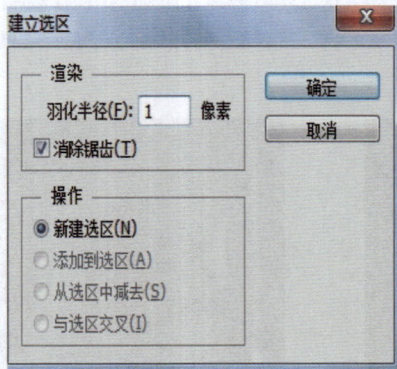

图2-4-56 羽化半径

步骤8：选中花瓶后，使用组合键Ctrl+C复制选区，然后新建一个空白画布，再用组合键Ctrl+V将抠出的花瓶粘贴复制在白底图上，如图2-4-57所示。

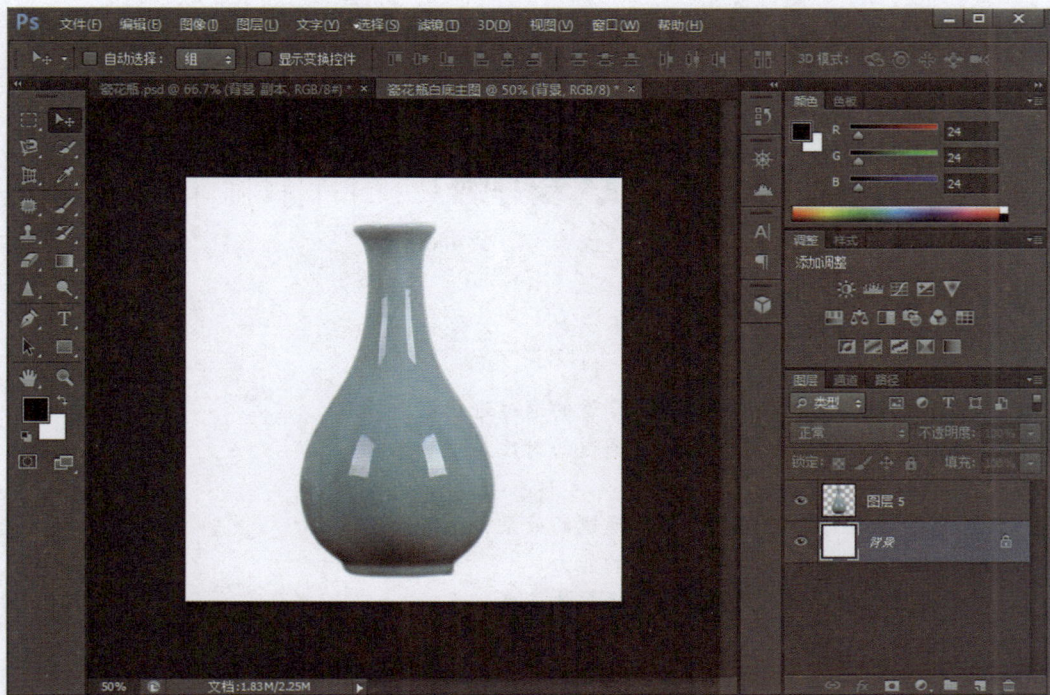

图 2 - 4 - 57 复制图像到新背景

步骤9：可以使用移动工具调整瓷花瓶在白底图上的位置。如果需要，也可以使用自由变换工具调整花瓶的大小和角度。接着检查瓷花瓶在白底图上的效果，确保没有明显的边缘问题或需要改进的地方。如果花瓶边缘还需要微调，可以使用橡皮擦工具（快捷键E）来手动修正。最终选择合适的文件格式保存处理后的图像。

【任务评价】

序号	维度	要求	分值	得分
1	钢笔工具	能正确选择钢笔工具创建路径	20	
2	抠图准确性	抠图时边界精确贴合目标物体轮廓	20	
3	抠图完整性	目标物体的所有可见部分都被准确地包含在内，没有遗漏重要的细节或部分	30	
4	边界平滑性	边界平滑，无明显的锯齿状；边界与物体轮廓过渡自然	30	
		合计	100	

【任务拓展】

下载任务素材，扫描二维码查看任务步骤，完成透明物体抠图拓展任务操作。

透明物体抠图步骤

【知识链接】

扫描右侧的二维码完成钢笔工具小技巧的学习。

用好钢笔工具的小技巧

任务四 毛发物体抠图

【学习目标】

知识目标：

1. 了解 Photoshop 通道的基本概念。

2. 理解 Photoshop 通道的工作原理。

技能目标：

1. 能够根据毛发物体的特点选择最合适的通道进行抠图。

2. 能够使用色阶、曲线等工具调整通道的对比度。

素质目标：

1. 培养批判性思维，分析对比不同通道的效果，选择最优方案。

2. 培养创造性地解决复杂抠图问题的能力。

3. 提升审美能力，确保抠图后图片的整体美感。

【任务描述】

毛发抠图通常指的是在图像编辑中，将图像中人物或其他对象的毛发部分从背景中分离出来，以便可以将其放置在不同的背景上或进行其他类型的图像处理。这项任务颇具挑战性，因为毛发通常非常细小且与背景的对比度不高。现需要你对一张人物图片进行毛发抠图，为了完成这项任务，可以运用 Photoshop 中的抠图工具和通道色阶调节等高级技术来实现对人物毛发的有效分离。

【任务分析】

在对毛发抠图前，要掌握通道面板，知道如何选择不同的通道进行调节色阶，将通道的图像对比度拉开，达到最佳效果。最后使用加深、多边形套索等工具对人物进行抠图。

【任务准备】

硬件要求：一台足够运行 Photoshop 软件的电脑。

实操要求：素材图（本任务所有素材皆可从课程素材库中下载）。

【任务实施】

步骤 1：单击"文件→打开"命令，如图 2–4–58 所示。

步骤 2：选择素材，单击"打开"按钮，如图 2–4–59 所示。

步骤 3：打开后，将原有的"背景层"复制一个副本出来，如图 2–4–60 所示。

步骤 4：选择"通道面板"，将红、绿、蓝三个通道中头发与背景明暗反差最大的通道进行复制。这里选择"绿色"通道，复制为"绿副本"通道（原则是选择

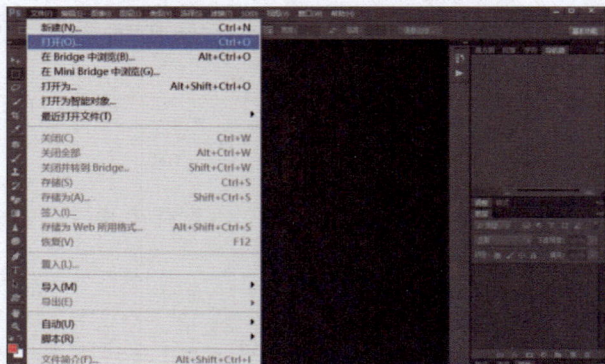

图 2–4–58　打开命令

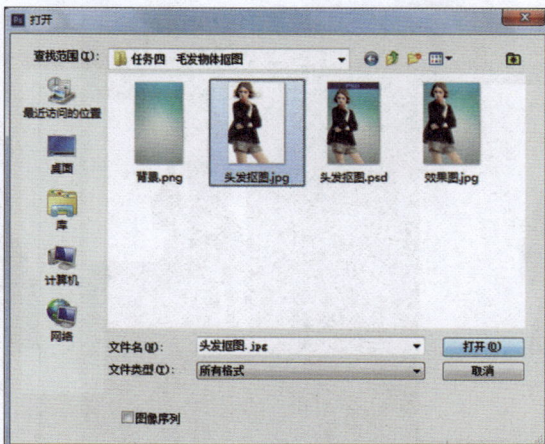

图2-4-59 选择素材

图2-4-60 复制背景层

黑、白两色层次分明，发丝较完整的一个通道，选择头发与背景明暗反差最大的通道，选择此通道制作选区，由于"Alpha1"通道白色是选择区而黑色不是，所以要将保留的部位变成白色并制作成选区），如图2-4-61和图2-4-62所示。

步骤5：选择"绿副本"通道，按组合键Ctrl+I反相，执行"图像→色阶"命令，将通道的图像对比度拉开，调整黑场使背景更黑，调整灰场使发丝的细节更丰富，如图2-4-63所示。

步骤6：选择"加深"工具，对黑色背景进行加深操作，使黑色背景变得更黑（参数根据效果灵活调整，不用照搬参数）。提示：选择"阴影"只会对黑色背景起到加深作用，对白色的发丝不起作用，画笔硬度在0~3像素，流量在15%以下，这项操作需反复试验才可得出好的效果，如图2-4-64、图2-4-65所示。

步骤7：选择"多边形套索"工具沿着人物边缘创建选区（如果对抠图的精度有要求，可以使用"钢笔"工具沿着人物边缘绘制路径，创建选区），在选区内填充白色，如图2-4-66、图2-4-67所示。

图 2-4-61 选择"绿色"通道

图 2-4-62 复制为
"绿副本"通道

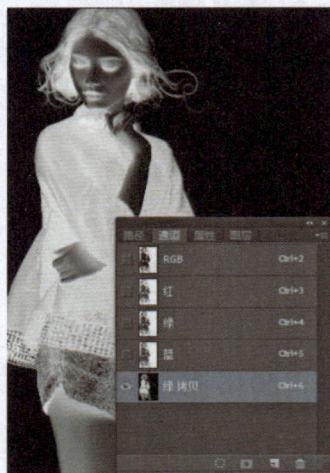

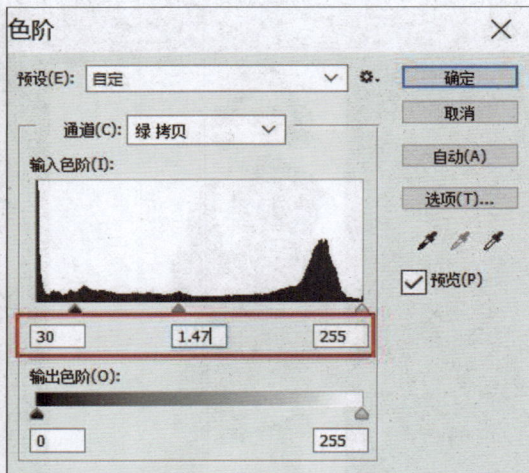

图 2-4-63 色阶调整

图 2-4-64 "加深"工具

图 2-4-65 图像加深

图 2-4-66 "多边形套索"工具

图 2-4-67 填充图像

步骤 8：确定修复后，拖动"绿色拷贝通道"至"选区载入"按钮，得到人物的选区，如图 2-4-68 所示。

步骤 9：返回图层，将原有的"背景"图层删掉，在复制的背景图层上添加"矢量蒙版"，如图 2-4-69 所示。

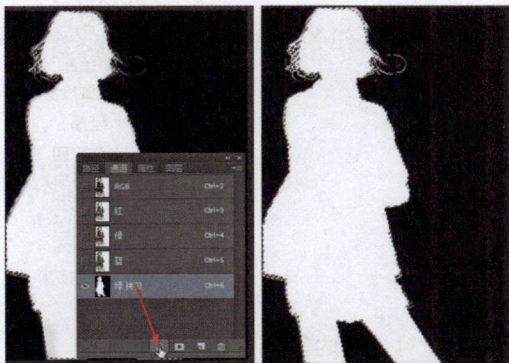

图 2-4-68 绿色通道"载入选区"

图 2-4-69 "删除"背景图层并在复制的背景图层上添加"矢量蒙版"

步骤 10：在"背景"图层下面，添加一个"渐变图层"给模特换下背景，就能看出最终效果了，如图 2-4-70 所示。

图 2-4-70 效果图

111

【任务评价】

序号	维度	要求	分值	得分
1	打开文件	打开文件素材，了解素材的打开方式	10	
2	通道面板	掌握通道面板，与背景明暗反差最大的通道	20	
3	色阶	调节好色阶，拉开通道图像的对比度	10	
4	加深工具	掌握加深工具；加深黑色背景，达到效果	10	
5	画笔工具	画笔大小精准掌控，画笔过渡柔和不生硬	15	
6	多边形套索工具	掌握多边形套索工具，框选多边形图像	10	
7	渐变工具	掌握渐变工具，颜色自然、协调不突兀	10	
8	矢量蒙版	掌握矢量蒙版，控制好图层的变化	15	
		合计	100	

【任务拓展】

　　扫描右侧的二维码，查看任务步骤，下载任务素材，完成给任务添加投影图拓展任务。

给人物添加投影
（教学视频）

【知识链接】

　　扫描右侧的二维码完成通道知识的学习。

PS 中的通道技术

【项目知识检测】

【单选题】

1. 下列哪种工具最适合选择背景色单一且与前景有明显对比度的区域？（　　　）

A. 魔棒工具　　　　　　　　　　　　B. 快速选择工具

C. 钢笔工具　　　　　　　　　　　　D. 套索工具

2. 在进行精确抠图时，哪一个工具是最适合用来绘制平滑曲线路径的？（　　　）

A. 魔棒工具　　　　　　　　　　　　B. 快速选择工具

C. 钢笔工具　　　　　　　　　　　　D. 选框工具

3. 下列哪个工具最适合用来选择具有直线边缘的简单形状？（　　　）

A. 魔棒工具　　　　B. 快速选择工具　　　　C. 钢笔工具　　　　　　D. 选框工具

4. 在使用选框工具时，如何确保选区为正方形或圆形？（　　　）

A. 按住 Shift 键　　　　B. 按住 Alt 键　　　　C. 按住 Ctrl 键　　　　D. 按住 Space 键

【多选题】

1. 下列哪些选项是使用魔棒工具时可以调整的参数？（　　　）

A. 容差　　　　　　　B. 连续性　　　　　　C. 羽化　　　　　　D. 消除锯齿

2. 使用钢笔工具创建路径时，以下哪些操作是正确的？（　　　）

A. 单击以创建角点　　　　　　　　　　B. 按住鼠标拖动以创建平滑点

C. 使用方向键微调锚点位置　　　　　　D. 按住 Shift 键添加或删除锚点

【判断题】

1. 魔棒工具的容差值越小，选择的颜色范围就越广。 （　　）
2. 使用快速选择工具时，可以通过增加画笔大小来更快地扩展选区。 （　　）
3. 钢笔工具只能用来绘制直线路径，不能绘制曲线。 （　　）
4. 魔棒工具和快速选择工具都可以快速选取图像中相似的颜色区域。 （　　）
5. 使用钢笔工具创建的路径可以转换为选区，用于更精细的图像编辑。 （　　）

扫描二维码查看答案

项目五　文字——丰富图片内容

　　小李是电商专业的优秀毕业生，刚刚进入职场，成为一名电商设计公司的设计师。小李在校期间学习成绩优异，尤其对电商设计感兴趣，能够熟练地对图片进行处理。入职后，小李接到了第一份任务，为客户设计宣传海报。小李很快完成了产品图素材的处理，但面对大量的产品描述信息，应该如何取舍？如何迎合产品的风格？重要信息又该如何突出显示？为此，小李请教了有多年电商设计经验的同事老张，发现其中大有学问。很多优秀的海报设计都是简洁但不简单，需要的是细节的处理，以更好地向消费者传递信息，这离不开精细的排版和适当的文字特效。

任务一　文案排版设计

【学习目标】

知识目标：

1. 了解标题、价格、优惠信息等电商文案的常见版式。
2. 熟悉电商平台的规范用语。
3. 熟知电商文案的排版原则。

技能目标：

1. 能够熟练使用 Photoshop 中的文字、形状、画笔等工具。
2. 能够提炼产品营销词，并完成文案排版设计。
3. 能够根据产品特性选择合适的文案风格。

素质目标：

1. 具有法治意识和版权意识，了解各类字体的版权范围。
2. 遵守市场规范，在营销宣传中自觉维护市场公平竞争。

【任务描述】

文案排版是店铺装修的核心工作之一，需要在遵循功能性的前提下，进行美感的提升，让买家快速获取重要信息。文案排版需要结合运营目标进行关键文字的提炼，根据店铺和产品风格选择合适的字体和颜色，通过调整文字大小和位置，结合形状工具，实现主次分明、错落有致、和谐统一并具有一定美感的效果。本任务需要进行现代风、国潮风两种风格的产品宣传海报文案排版设计，并有效传递年货节优惠信息。

【任务分析】

文字的颜色、粗细、方向等都会影响电商广告的风格，要做到协调统一。可以多浏览不同风格的优秀电商设计作品，从中寻找灵感。

【任务准备】

素材准备：海报素材、字体安装文件、商品介绍文档。

知识准备：电商文案排版相关知识。

电商文案排版

【任务实施】

步骤1：打开"素材"文件夹，安装字体素材"三极泼墨体.ttf"。打开商品介绍文档"文案020501.doc"。

步骤2：打开 Photoshop 软件，在英文输入法状态下，使用组合键 Ctrl + O 打开海报素材"素材020501.jpg"，如图2-5-1所示。

步骤3：选择"直排文字工具"，单击海报背景窗户的位置进入文字编辑状态，输入"苦"字，在选中文字内容的情况下调整字体，将字体大小设置为150点，字体系列选择"三极泼墨体"，字体颜色设置为黑色，输入完成后单击选项栏中的"√"提交编辑，操作过程如图2-5-2所示，再分别输入"丁""茶""小""叶"四个字，

图2-5-1 打开海报素材

其中"小""叶""茶"四个字的字体大小设置为150点，"丁"的字体大小设置为80点，选择"移动"工具，按照由右向左的阅读顺序调整文字的位置，如图2-5-3所示。

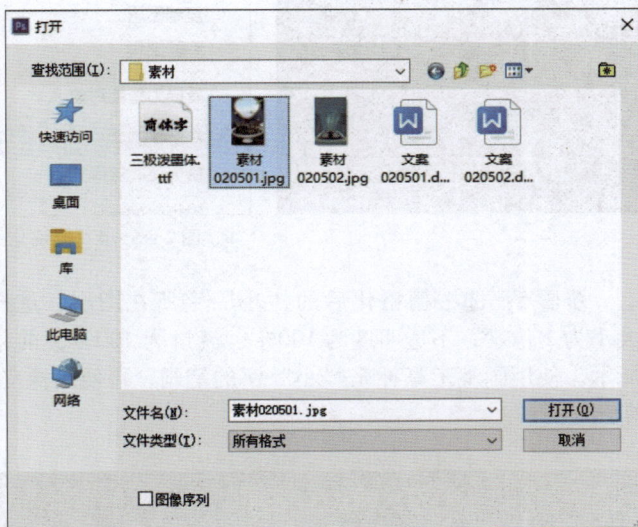

图2-5-2 文字工具设置

步骤4：选择"小"字所在图层，右击，在弹出的快捷菜单中选择"栅格化图层"命令，如图2-5-4所示。

图 2 - 5 - 3　输入文字

图 2 - 5 - 4　栅格化图层

步骤 5：选中栅格化后的"小"字所在图层，选择"画笔"工具，笔刷类型使用硬笔刷，大小为 2 像素，不透明度为 100％，流量为 100％，前景色设置为黑色，操作过程如图 2 - 5 - 5 所示。使用画笔工具补充"小"字的笔画，再使用橡皮擦工具进行调整，前后对比如图 2 - 5 - 6 所示。

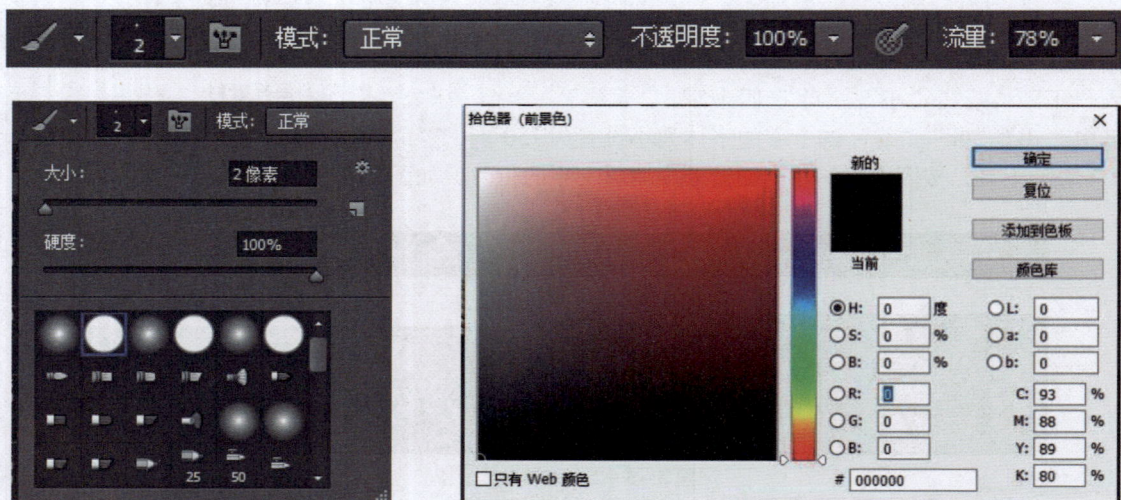

图 2 - 5 - 5　画笔预设

步骤 6：创建新图层，命名为"印章 1"，选中新图层，选择画笔工具，单击菜单栏中的

图 2-5-6 笔画调整效果对比

"窗口"，勾选"画笔"复选框，打开画笔面板，画笔笔尖形状选择圆角，大小为 40 像素，其他参数设置如图 2-5-7（a）所示。将前景色设置为红色#ff0000，在"小"字上方画出印章的形状，如图 2-5-7（b）所示。

步骤 7：选择直排文字工具，在印章上方输入"余庆"两个字，字体大小设置为 30 点，字体系列选择华文行楷，字体颜色设置为白色，如图 2-5-8 所示。

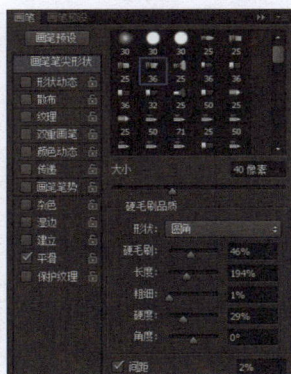
（a）

（b）

图 2-5-7 印章绘制

图 2-5-8 印章文字

步骤 8：选择圆角矩形工具，工具模式选择"形状"，无填充，描边颜色设置为红色#ff0000，大小为 5 点，宽度为 50 像素，高度为 50 像素，半径为 3 像素。在"丁"字左侧绘制圆角矩形，操作过程如图 2-5-9 所示。

图 2-5-9 圆角矩形绘制

步骤9：选择圆角矩形所在图层，右击，在弹出的快捷菜单中选择"栅格化图层"命令，选中栅格化后的圆角矩形图层，选择橡皮擦工具，打开画笔面板，画笔笔尖形状选择喷枪，大小为50像素，其他参数设置如图2-5-10所示。用橡皮擦在圆角矩形上涂抹，效果如图2-5-11所示，再将笔尖形状改为柔角30，调整圆角矩形的边框，参数设置及效果如图2-5-12所示。

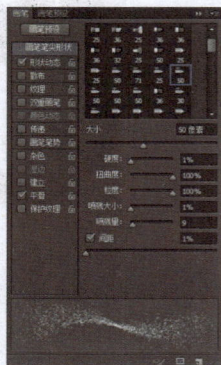

图2-5-10　橡皮擦笔尖预设1

图2-5-11　擦除效果1

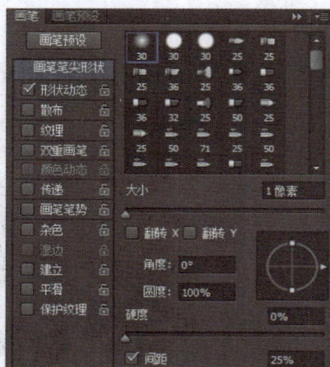

图2-5-12　擦除效果2

步骤10：选择"直排文字工具"，在圆角矩形内输入"手工制作"四个字，单击菜单栏中的"窗口"，勾选"字符"复选框，打开字符面板，字体大小设置为14点，字体系列选择宋体，字体颜色设置为红色#ff0000，字距设置为260，行距设置为20点，参数设置及效果如图2-5-13所示。

步骤11：选择"直排文字工具"，字体大小设置为18点，字体系列选择黑体，字体颜色设置为黑色，在"茶"字下方输入"会复活的茶叶　苦尽甘来　甘醇如露品人生"，并在空格处换行，使用组合键Alt+"↑↓"调整行距，Alt+"→←"调整字距，效果如图2-5-14所示。

步骤12：选择直线工具，工具模式选择"形状"，填充颜色设置为黑色，无描边，粗细为1像素，按住Shift键在文字右侧画三条直线，操作过程如图2-5-15所示。

步骤13：选择"直排文字工具"，字体大小设置为24点，字体系列选择宋体，字体颜色设置为黑色，在"小叶"右侧输入"核心产区　嫩芽采摘""匠心手作　地道品质"两列产品卖点文字，使用组合键Alt+"↑↓"调整行距，Alt+"→←"调整字距，效果如图2-5-16所示。

步骤14：选择直排文字工具，字体大小设置为24点，字体系列选择宋体，字体颜色设置为红色ff0000，分别输入"心""产""品""芽"四个字，覆盖在卖点文字对应的文字上，效果如

图 2 − 5 − 17 所示。

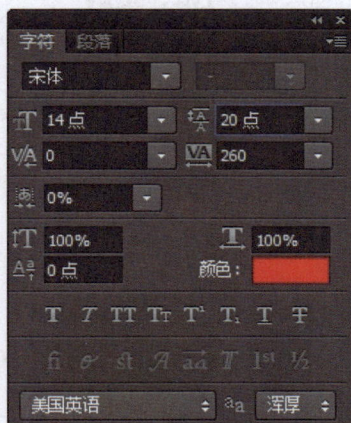

图 2 − 5 − 13　印章文字

图 2 − 5 − 14　描述文字

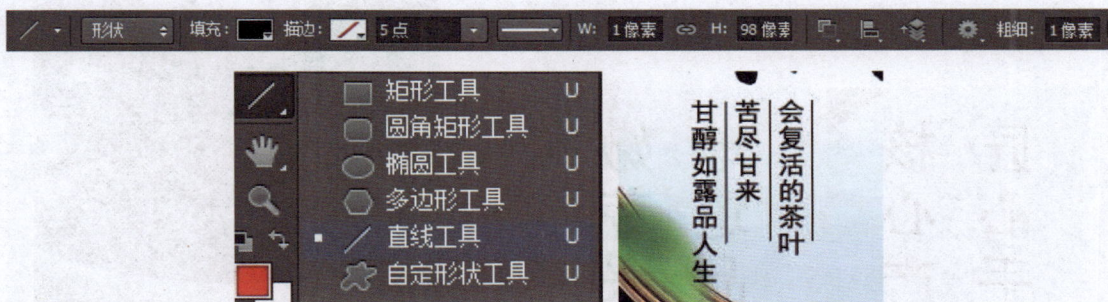

图 2 − 5 − 15　添加线条

图 2 − 5 − 16　卖点文字

图 2 − 5 − 17　红色文字覆盖

步骤 15：选择卖点文字及"心""产""品""芽"四个字所在图层，右击，在弹出的快捷菜单中选择"栅格化图层"命令，选择橡皮擦工具，打开画笔面板，画笔笔尖形状选择"硬边圆"，大小为 3 像素，擦除相应的笔画，擦除位置参考图 2 − 5 − 18，最终效果如图 2 − 5 − 19 所示。

步骤 16：海报文案排版最终效果如图 2 − 5 − 20 所示，按组合键 Shift + Ctrl + S，分别保存一份 PSD 格式和 JPG 格式的海报文件。

图 2-5-18　擦除笔画

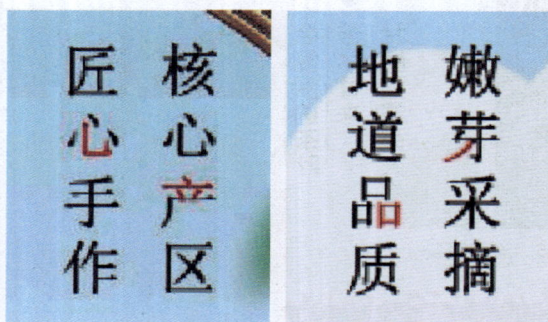

图 2-5-19　笔画拼接效果

图 2-5-20　最终海报

【任务评价】

序号	维度	要求	分值	得分
1	文字工具	文案排版可读性强	40	
2	形状工具	能正确使用形状工具	20	
3	橡皮擦工具	能使用橡皮擦工具调整图像	20	
4	画笔工具	能选择正确的笔刷完成排版设计	20	
		合计	100	

【任务拓展】

　　扫描右侧的二维码完成拓展任务：车载香薰海报文案排版

车载香薰海报
文案排版

【素养园地】

一"字"千金，字体也有版权

在办公软件、Photoshop 等软件中，设计文字字体时可以有多种字体样式供人们选择，例如微软雅黑、方正系列字体、思源系列字体、汉仪系列字体等。在众多的字体中，有的可以免费商用，而有的仅供个人免费使用，如需商用则要支付相应授权费获取授权，否则构成侵权！企业在商业活动中不乏字体侵权的情况。

在方正公司诉上海某贸易公司侵犯著作权纠纷一案中，方正公司发现该公司未经许可在其生产的多款产品外包装上的显著位置，使用方正平和简体的"自""然""之""子"四个单字。方正公司在多次尝试沟通未果的情况下，将被告诉至法院。法院判决被告停止在其产品包装中使用原告享有著作权的方正平和体单字；被告一次性赔偿方正公司 2.8 万元；并向原告方正公司书面赔礼道歉。

在汉仪公司诉某婴幼儿用品公司字体侵权案中，被告公司中文商标中的"笑""喜"二字构成侵权，被告应赔偿汉仪公司经济损失及合理支出 2.8 万元，并停止使用该商标。

字体侵权相关知识

任务二 特效文字制作

【学习目标】

知识目标：

1. 了解特效文字在电商视觉设计中的作用和重要性。

2. 区分不同的特效文字类型，如立体文字、光影效果文字、动态文字等。

3. 掌握图层样式的使用方法。

技能目标：

1. 能够熟练地在 Photoshop 中创建文本，并进行基本的编辑操作。

2. 能够使用图层样式为文字添加阴影、发光、渐变等效果。

3. 掌握如何使用变形工具来调整文字的形状，创造出独特的视觉效果。

素质目标：

1. 培养对色彩、构图和排版的审美意识。

2. 发挥创意，设计出具有个性和吸引力的特效文字。

3. 培养快速学习新工具和技术的能力，以适应不断变化的设计需求。

【任务描述】

本次任务是为电商宣传海报设计特效文字。设计过程中，应考虑文字的可读性、美观性以及与整体海报设计的协调性。最终作品应体现出创意与技术的结合，能够吸引目标消费者的注意力，并有效传达活动信息。

【任务分析】

为确保特效文字设计与产品特性和宣传主题相匹配，需要选择合适的文字风格和特效，综合运用文字工具、图层样式和变形工具等，创造出具有立体感、光影效果或其他视觉特效的文字。同时，还需注意文字的排版布局，确保其在海报中的视觉效果既突出又不过分抢眼，以实现最佳的宣传效果。

【任务准备】

素材准备：海报素材、字体安装文件、活动宣传文档。

知识准备：特效文字作用与设计原则

特效文字作用与
设计原则

【任务实施】

步骤1：打开"素材"文件夹，安装"阿里妈妈方圆体.ttf"。

步骤2：打开 Photoshop 软件，在英文输入法状态下，使用组合键 Ctrl + O 打开海报素材"特效文字素材 020501.jpg"。

步骤3：选择"横排文字工具"，如图 2 - 5 - 21 所示，单击海报，进入输入状态，输入主标题"母婴特惠"，在编辑状态下，使用组合键 Ctrl + A 全选文字，如图 2 - 5 - 22 所示，打开字符面板，将字体系列选为"阿里妈妈方圆体"，字体大小设置为 120 点，字体颜色设置为#daccf0，字距设置为 60 点，设置完成后使用组合键 Ctrl + Enter 提交编辑，参数设置及效果如图 2 - 5 - 23 所示。

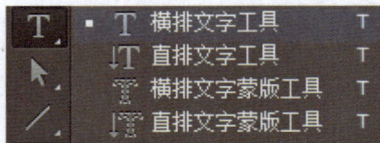

图 2 - 5 - 21 横排文字工具

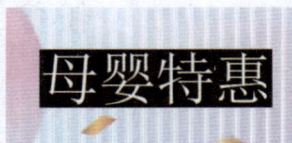

图 2 - 5 - 22 全选文字

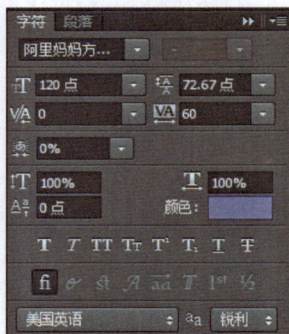

图 2 - 5 - 23 编辑文字

步骤4：选择移动工具，同时选中文字图层和海报背景图层，单击选项栏中的"水平居中分布"按钮使标题文字水平居中，操作界面如图 2 - 5 - 24 所示。

图 2 - 5 - 24 水平居中

步骤5：选中文字图层，使用组合键 Ctrl + J 复制一层，将图层副本置于下方，选中文字图层副本，选择横排文字工具，将字体颜色改为#ba96f2，再次选择移动工具，按两次键盘上的"↓"，向下移动 2 像素，如图 2 - 5 - 25 所示，选中文字图层副本，复制一层置于下方，将字体颜色改为#8c4def，向下移动3像素，如图2-5-26所示。

图2-5-25 标题副本

图2-5-26 标题副本2

步骤6：选中文字图层副本2，复制一层置于下方，将字体颜色改为#6711ef，向下移动3像素。选中文字图层副本3，右击，在弹出的快捷菜单中选择"混合选项"命令，如图2-5-27所示，在打开的图层样式窗口中选择内发光，混合模式选择滤色，不透明度选择75，设置由白色到透明的渐变色，大小为1像素，再选择投影，混合模式选正片叠底，颜色为#481795，角度为90，距离为3，大小为7，具体参数设置如图2-5-28所示。添加图层样式前后的效果对比如图2-5-29所示。

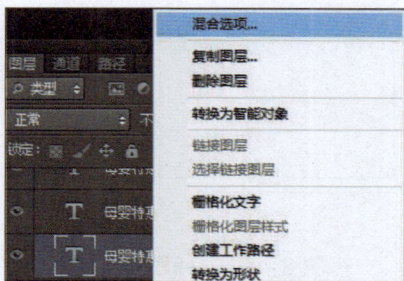

图2-5-27 打开混合选项

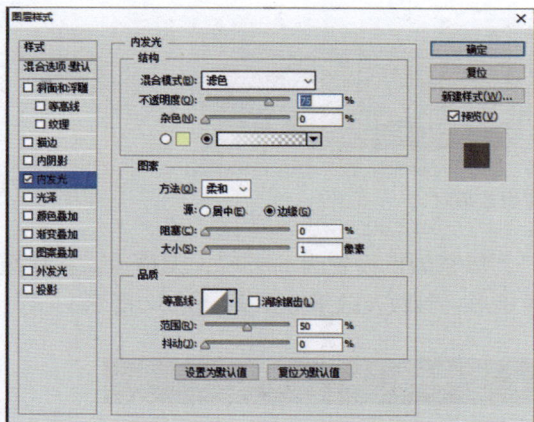

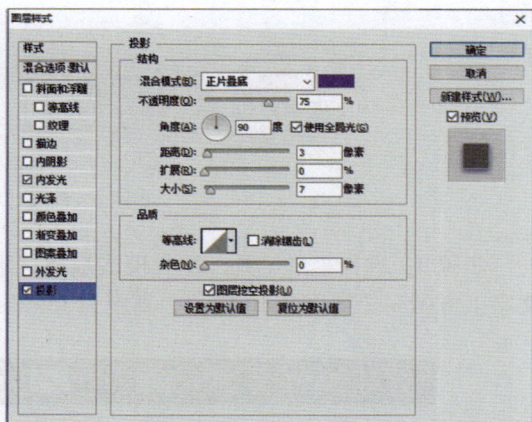

图2-5-28 图层样式

图2-5-29 图层样式添加效果对比

步骤7：选中所有文本图层，使用组合键Ctrl+G编组，组名为"标题"，选中"标题"组，右击，在弹出的快捷菜单中选择"混合选项"命令，打开图层样式窗口，选择描边，大小为16像素，位置选择外部，混合模式选择正常，颜色为#9d9ce8，选择斜面和浮雕，样式为内斜面，方法为平滑，深度为100%，方向为上，大小为4像素，具体参数设置如图2-5-30所示。

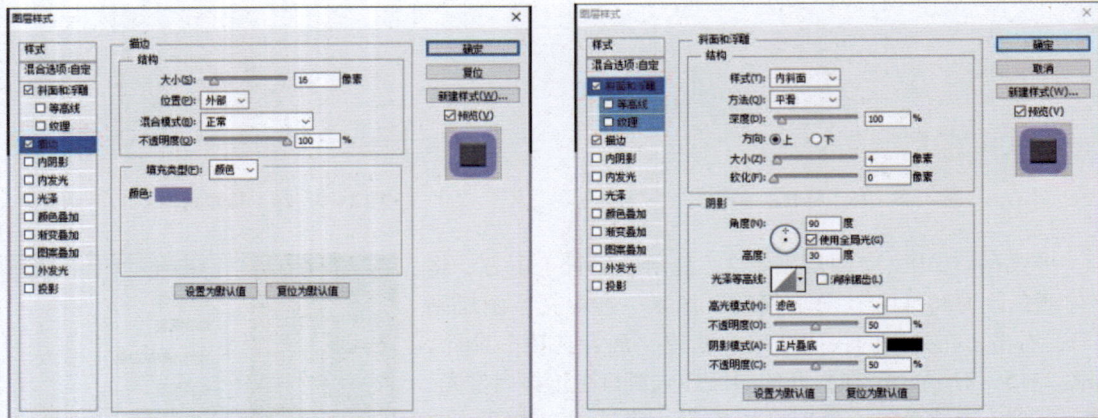

图 2 – 5 – 30　图层组样式

步骤 8：将"标题"组复制一份，置于下方，选中副本图层组，在英文输入法状态下使用快捷键 V，切换到移动工具，按住 Shift 和↓，向下移动 10 像素，双击"标题副本"组的图层样式"描边"，进入图层样式窗口，将描边颜色改为#6537ae，前后效果对比如图 2 – 5 – 31 所示。

图 2 – 5 – 31　图层组效果对比

步骤 9：选择矩形工具，工具模式选择"形状"，填充颜色设置为 ba93e2，无描边，在标题文字上方画一个宽度为 10 像素，高度为 156 像素的矩形，参数及效果如图 2 – 5 – 32 所示。

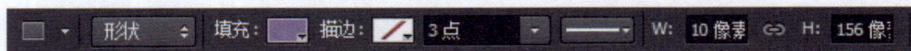

图 2 – 5 – 32　矩形条

步骤 10：双击矩形图层，打开图层样式窗口，选择斜面和浮雕，样式为内斜面，方法为平滑，深度为 120%，方向为上，大小为 5 像素，软化为 2 像素，具体参数设置如图 2 – 5 – 33 所示，复制一份，对称地置于右侧，效果如图 2 – 5 – 34 所示。

步骤 11：选择圆角矩形工具，工具模式选择"形状"，填充颜色设置为#a0a2ed，无描边，在标题文字上方画一个宽度为 275 像素，高度为 50 像素，半径为 30 像素的圆角矩形，再将填充颜色设置为#eaedfc，在圆角矩形上方画一个宽度为 250 像素，高度为 40 像素，半径为 30 像素的

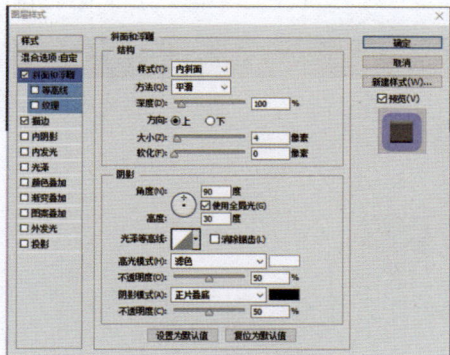

图2-5-33　参数设置

图2-5-34　装饰条效果

圆角矩形，同时选中两个圆角矩形所在图层，使用快捷键 V 切换到移动工具，单击选项栏中的水平居中对齐和垂直居中对齐，参数如图 2-5-35 所示，效果如图 2-5-36 所示。

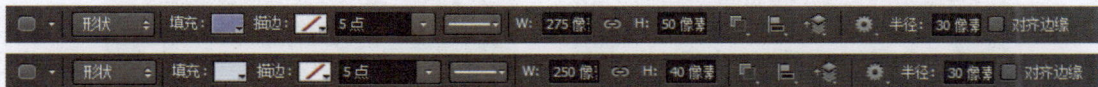

图2-5-35　圆角矩形参数

图2-5-36　圆角矩形效果

步骤12：选择"横排文字工具"，输入文字"母婴狂欢　宠爱升级"，将字体系列选为黑体，字体大小设置为 24 点，字体颜色设置为#857ead，使用组合键 Alt +"← →"调整字间距，同时选中文字图层和圆角矩形，单击选项栏中的水平居中对齐和垂直居中对齐，效果如图 2-5-37 所示。

步骤13：选择矩形工具，工具模式选择"形状"，无描边，填充颜色设置为#9f96e7、#d0d6f6、#9f96e7 的三色渐变，渐变角度为 -110，缩放为 200%，具体参数如图 2-5-38 所示，在标题文字下方画一个宽度为 750 像素，高度为 100 像素的矩形，参数设置及效果如图 2-5-39 所示。

图2-5-37　输入文字

图2-5-38　渐变设置参数

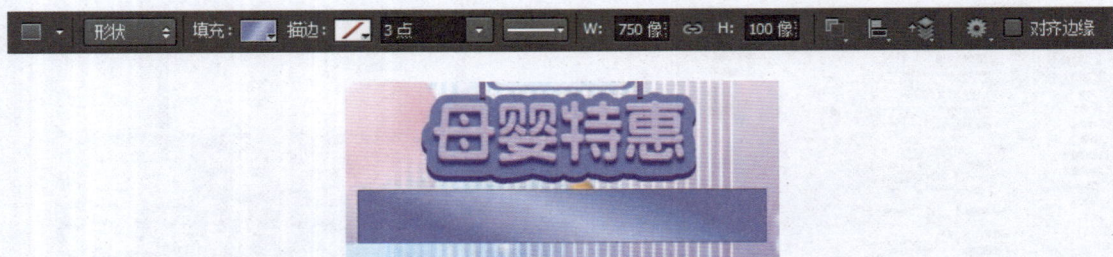

图 2 - 5 - 39　渐变矩形绘制

步骤 14：选择矩形所在图层，使用组合键 Ctrl + T 进入变换模式，单击选项栏中的"变形模式切换"按钮进入变形模式，选择旗帜，弯曲值为 50.0%，然后单击选项栏中的"√"提交变换，参数设置如图 2 - 5 - 40 所示，效果如图 2 - 5 - 41 所示。

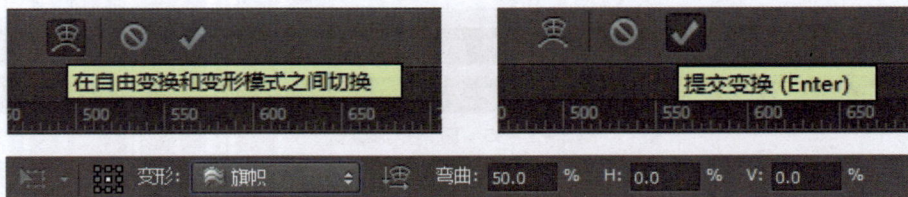

图 2 - 5 - 40　变形操作

步骤 15：选中矩形图层，选择矩形工具，单击选项栏中的路径操作，选择"减去顶层形状"命令，如图 2 - 5 - 42 所示，再选择钢笔工具，工具模式选择"路径"，如图 2 - 5 - 43 所示，分别单击矩形的左上角和左下角创建锚点，再在两个锚点中间偏右的位置创建一个锚点，最后回到第一个锚点，当鼠标指针右下角出现"。"时单击，闭合路径，在操作过程中可

图 2 - 5 - 41　旗帜变形效果

以按住 Ctrl 键的同时单击锚点，调整三个锚点的位置，形成彩带尖角形状，如图 2 - 5 - 44 所示，按照同样的方法勾出右侧的尖角，按住 Enter 键确认路径，彩带效果如图 2 - 5 - 45 所示。

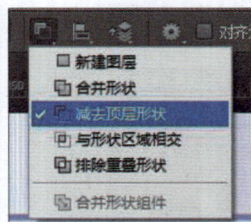

图 2 - 5 - 42　路径操作选项

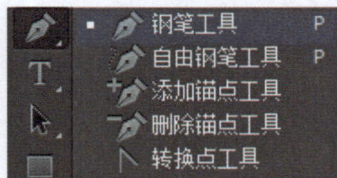

图 2 - 5 - 43　钢笔工具

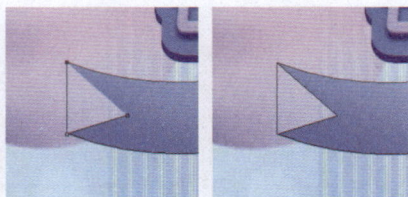

图 2 - 5 - 44　路径绘制

步骤 16：使用快捷键 P 选择钢笔工具，工具模式选择"路径"，单击彩带的左侧创建锚点，再在矩形中段的位置单击，并按住鼠标左键不松手，向右上方拖动鼠标，使路径弧度与彩带弧度相吻合，松开鼠标，完成第二个锚点的创建，再按照同样的方法单击矩形的右侧创建第三个锚点，形成开放路径，如图 2 - 5 - 46 所示。

图 2-5-45　彩带效果

图 2-5-46　开放路径绘制

步骤 17：选择横排文字工具，将字体系列选为黑体，字体大小设置为 48 点，字体颜色设置为#6537ae，将光标放至路径的左端，当光标上出现波浪线时单击创建路径文字，沿着路径输入文字"全场满 500 减 100/满 300 减 50"，当文字不能完全显示时，按住 Ctrl 键的同时，将光标放至末尾文字，当光标出现向左的箭头时，向右拖动鼠标，直至全部文字出现，如图 2-5-47 所示，使用组合键 Alt + "← →"调整字间距，如图 2-5-48 所示。

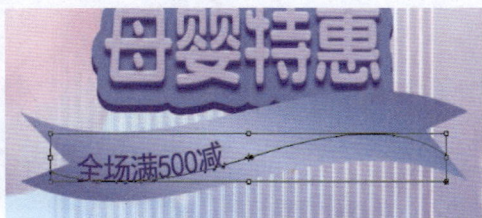

图 2-5-47　路径末端调整

图 2-5-48　路径文字效果

步骤 18：选择圆角矩形工具，工具模式选择"形状"，无填充，描边颜色设置为#9926a5，大小为 2 点，半径为 3 像素，在满减文字下方分别画一个宽度为 430 像素，高度为 50 像素和宽度为 420 像素，高度为 60 像素的圆角矩形，使用移动工具将两个圆角矩形交叉叠放，如图 2-5-49 所示。

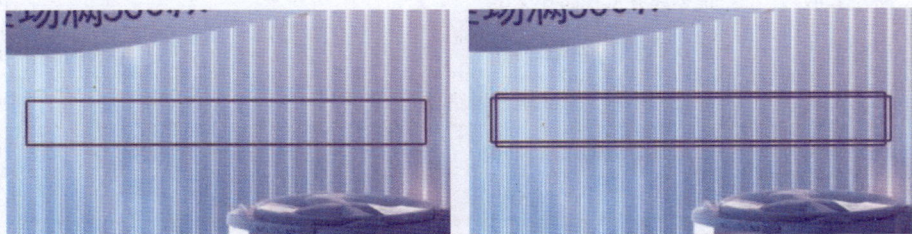

图 2-5-49　圆角矩形

步骤 19：选择直线工具，工具模式选择"形状"，填充颜色设置为#9926a5，无描边，粗细为 2 像素，按住 Shift 键在圆角矩形框左侧画一条直线，选择直线图层，使用组合键 Ctrl + J 复制一层，同时按住 Ctrl 和 Shift 键，将直线副本移动到圆角矩形的右侧，如图 2-5-50 所示，选择横排文字工具，输入"活动时间：8 月 20 日—9 月 2 日"，将字体系列选为黑体，字体大小设置为 28 点，字体颜色设置为#9926a5，使用组合键 Alt + "← →"调整字间距，

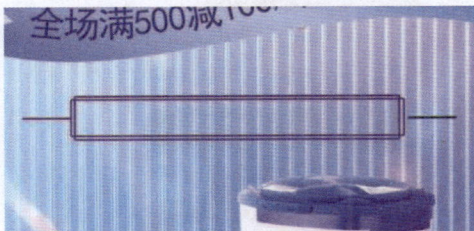

图 2-5-50　直线装饰

如图 2 – 5 – 51 所示。

步骤 20：海报特效文字最终效果如图 2 – 5 – 52 所示，使用组合键 Shift + Ctrl + S，分别保存一份 PSD 格式和 JPG 格式的海报文件。

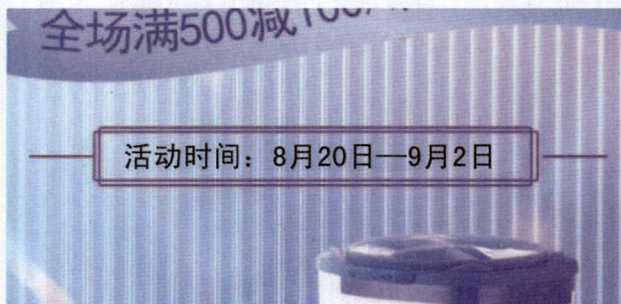

图 2 – 5 – 51　活动时间

图 2 – 5 – 52　最终效果

【任务评价】

序号	维度	要求	分值	得分
1	文字工具	文案排版可读性强	30	
2	路径文字	能创建并编辑路径文字	10	
3	形状工具	能正确使用形状工具	20	
4	钢笔工具	能使用钢笔工具正确绘制路径	20	
5	图层样式	能选择合适的图层样式	20	
		合计	100	

【任务拓展】

扫描右侧的二维码完成拓展任务：年货节零食海报特效文字制作

年货节零食海报
特效文字制作

【项目知识检测】

【单选题】

1. 特效文字在电商视觉设计中常用于哪方面？（　　　）

A. 产品说明书　　　　　B. 广告海报　　　　　C. 客户服务反馈　　　　　D. 产品使用手册

2. 在 Photoshop 中，使用文字工具创建的文字默认保存为哪个图层类型？（　　）

A. 形状图层　　　　　　B. 文本图层　　　　　　C. 像素图层　　　　　　D. 调整图层

5. 电商文案排版对用户体验的影响是（　　）。

A. 只影响信息传递效率　　　　　　　　B. 直接影响用户的购物体验

C. 与用户体验无关　　　　　　　　　　D. 只影响品牌形象

6. 电商文案排版的哪个原则直接影响着文案的秩序感？（　　）

A. 分层原则　　　　　　B. 对齐原则　　　　　　C. 对比原则　　　　　　D. 留白原则

7. 在电商文案排版中，哪个层级通常使用最大字号和醒目的字体？（　　）

A. 正文层级　　　　　　B. 强调层级　　　　　　C. 标题层级　　　　　　D. 辅助信息层级

10. Photoshop 中的文字工具允许用户创建哪种类型的文字？（　　）

A. 仅水平方向　　　　　B. 仅垂直方向　　　　　C. 水平和垂直方向　　　D. 仅倾斜方向

【多选题】

1. 特效文字的技术实现可以包括哪些方面？（　　）

A. 图层样式　　　　　　B. 剪贴蒙版　　　　　　C. 文字变形　　　　　　D. 动态效果

2. 电商文案排版应遵循哪些原则？（　　）

A. 对齐原则　　　　　　B. 分层原则　　　　　　C. 对比原则　　　　　　D. 留白原则

3. 在 Photoshop 中，使用文字工具创建文字后，如何调整文字的字号？（　　）

A. 使用图层面板　　　　B. 使用字符面板　　　　C. 使用工具栏　　　　　D. 使用选项栏

【判断题】

1. 特效文字设计时，应追求复杂性。　　　　　　　　　　　　　　　　　　（　　）

2. 特效文字在设计时，应与整体设计风格保持一致。　　　　　　　　　　　（　　）

3. 电商文案应该使用复杂用词和行业术语以显示专业性。　　　　　　　　　（　　）

4. 为了增加转化率，电商文案信息可以稍微夸大。　　　　　　　　　　　　（　　）

扫描二维码查看答案

项目六　特效——美化图片效果

【项目情境】

在竞争激烈的电子商务时代，商品图片的质量直接关系到消费者的购买欲望和店铺的销售业绩。为了提升店铺商品的吸引力，决定启动"光影之韵"项目，通过专业的图片处理技术，为店铺的商品图片带来独一无二的视觉体验，使商品在众多竞品中脱颖而出。

"光影之韵"项目旨在通过唯美的倒影效果、精致的素描手绘风格以及创意的图像融合技巧，将普通的商品图片转化为视觉艺术品，从而提升商品的美感与格调，增强消费者的购买欲望。

通过"光影之韵"项目的实施，将为店铺打造一系列独具特色的商品图片，这些图片不仅将商品的美感提升到一个新的高度，还能够吸引更多潜在消费者的关注。预计项目实施后，店铺的流量和转化率将有明显提升，从而带动销售业绩的增长。同时，这些精美的商品图片也将成为店铺品牌形象的重要组成部分，助力店铺在竞争激烈的市场中脱颖而出。

任务一　唯美倒影效果制作

【学习目标】

知识目标：
1. 理解倒影效果在商品展示中的作用和应用。
2. 掌握商品展示中合理应用倒影效果的原则。
3. 了解添加光效的方法。

技能目标：
1. 能够使用图像处理软件为平面商品创建倒影效果。
2. 能够使用图像处理软件为立体商品创建倒影效果。

素质目标：
1. 培养审美情趣和审美能力。

2. 增强文化自信，推动文化的传承与创新。

3. 树立绿色发展的理念，促进人与自然的和谐共生。

4. 树立法律意识、培养诚信品质、倡导社会正义。

【任务描述】

本任务需要在商品图片下方添加适当的倒影，并对倒影进行美化处理，使其与商品图片相融合，以增强商品展示的视觉效果。

【任务分析】

本任务需要选择合适的工具和方法，为商品添加逼真的倒影；同时，考虑如何调整倒影的亮度、透明度等参数，使其与商品图片相协调，并呈现出唯美的效果。在制作过程中，需要具备一定的审美观和创造力，以达到理想的效果。

【任务准备】

1. 准备 Photoshop 图像处理软件，并掌握软件的基本操作和常用工具。

2. 收集和整理相关的商品图片素材。

3. 了解基本的倒影制作和美化技巧。

4. 了解一些创意设计和图片美学的知识。

【任务实施】

步骤 1：为平面商品做一个倒影。打开 Photoshop 软件，按组合键 Ctrl + N 新建画布，设置其宽度为 800 像素，高度为 800 像素，分辨率为 72 像素/英寸，将名称命名为平面商品倒影，如图 2 - 6 - 1 所示。

步骤 2：置入需要制作倒影的素材图片，如图 2 - 6 - 2 所示。

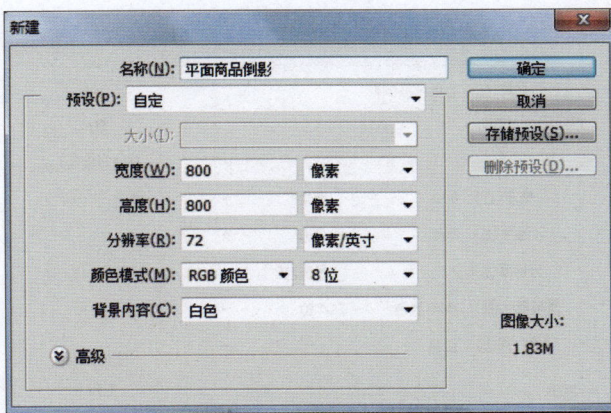

图 2 - 6 - 1　新建画布　　　　图 2 - 6 - 2　置入素材

步骤 3：复制产品图层，将新图层命名为"倒影"，按组合键 Ctrl + T 把倒影垂直翻转，如图 2 - 6 - 3 所示。

步骤 4：给倒影添加一个图层蒙版，在选中图层蒙版的状态下，选择渐变工具，选择线性渐变,设置渐变的颜色为黑白渐变,效果如图2-6-4所示。

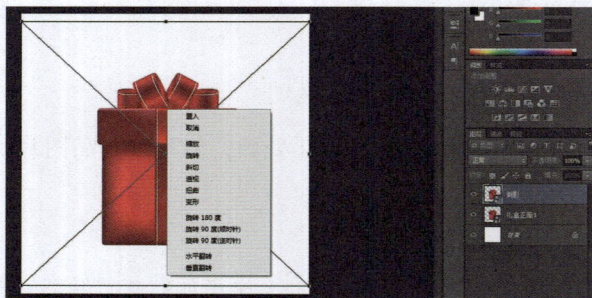

图2-6-3　复制图层并垂直翻转

图2-6-4　线性渐变

步骤5:通常来说倒影是模糊的,没有这么清晰,所以需要做一个模糊处理,选中倒影图层(注意:是选中倒影所在的图层,而不是倒影的图层蒙版),单击"滤镜→模糊→动感模糊"命令,在打开的"动感模糊"对话框中,设置动感模糊参数,角度为0度,也就是水平方向,距离为15像素,单击"确定"按钮,如图2-6-5所示。

步骤6:根据具体的需要再把倒影的不透明度降低一些,如图2-6-6所示。

图2-6-5　动感模糊

图2-6-6　降低图层不透明度

平面商品的倒影制作比较简单,接下来进行立体商品倒影的制作。

步骤1:新建空白文档,设置其宽度为800像素,高度为800像素,分辨率为72像素/英寸,将名称命名为立体商品倒影,如图2-6-7所示。

步骤2:置入立体商品素材图片,礼盒已提前抠了出来,选中立体礼盒图层,按组合键Ctrl+J复制图层,Ctrl+T自由变换,在选框中右击,在打开的快捷菜单中选择"垂直翻转"命令,如图2-6-8所示。

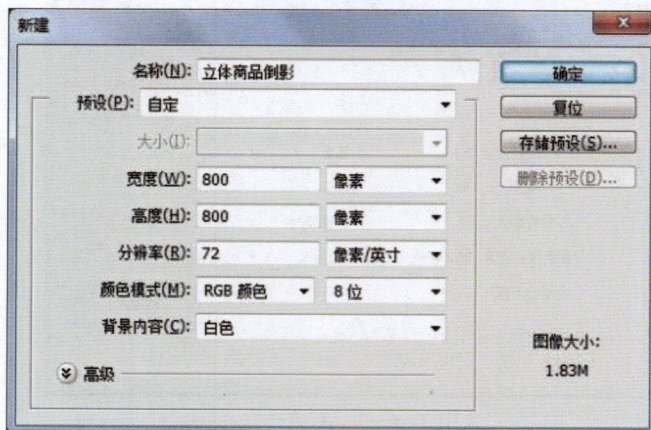

图2-6-7　新建画布

步骤3:放大图片,可以看到,立体礼盒和下边的倒影图层并没有贴合,单击位移小键盘,向上移动倒影图层,让礼盒的两个接触点刚好贴合,按Enter键确认,如图2-6-9所示。

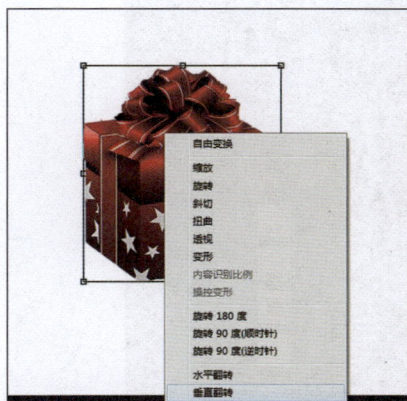

图 2-6-8　垂直翻转

图 2-6-9　贴合接触点

步骤 4：观察图像，可以看到立体礼盒的这两个面是有透视关系的，所以直接垂直翻转后，礼盒和它的倒影并不能完全贴合，如果要让倒影效果真实自然，那么需要给下方礼盒做一个处理。

选中下方礼盒，单击矩形选框工具，由两个礼盒的中心点出发，首先把下方礼盒的左半边框选出来，然后按组合键 Ctrl + J 复制选区，接着选中下方礼盒的右边部分，执行同样的操作，框选的时候一定要注意，左边与右边的衔接部分要刚好贴合，如图 2-6-10 所示。

图 2-6-10　框选左、右区域

步骤 5：单击图层面板上立体礼盒 2 副本图层前面的眼睛，隐藏这个复制图层。选中上一步骤复制出来的左半边部分，按组合键 Ctrl + T 自由变换，在选框中，右击，在打开的菜单中，选择"斜切"命令，如图 2-6-11 所示，选中左侧中间的那个锚点，向上拖拽，使它和上面的礼盒相贴合，按 Enter 键确认；同样地，复制图层的右边这部分，执行同样的操作。

步骤 6：同时选中复制出来的左半边和右半边图层，按组合键 Ctrl + E 合并图层，把它的名称改为倒影，选择橡皮擦工具，画笔硬度为 0，如图 2-6-12 所示，擦掉下方礼盒不需要的部分。

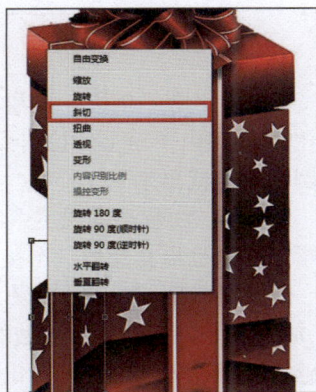

图 2-6-11　斜切效果图

图 2 – 6 – 12　橡皮擦擦除

步骤 7：单击"滤镜→模糊→动感模糊"命令，在打开的"动感模糊"对话框中，角度选择 0 度，距离为 5 像素，单击"确定"按钮，如图 2 – 6 – 13 所示。

图 2 – 6 – 13　动感模糊

步骤 8：给"倒影"图层添加蒙版，单击渐变工具，选择黑白渐变，如图 2 – 6 – 14 所示，按住 Shift 键由下至上，拉出由模糊到清晰的渐变效果，再适当地降低不透明度，这样一个镜面的倒影效果就出来了。

步骤 9：注意观察现实生活中的物体，会发现物体和接触面如桌面、地面等，产生一个接触阴影，这里也给礼盒做一个接触阴影。

新建一个图层，放在倒影图层下方，单击画笔工具，将画笔大小设置为 2 像素，硬度设置为 0，放大图像，在礼盒相接触的地方，画出两条黑色直线，然后给直线做一个动感模糊（因为做动感模糊，导致直线两端多出来的这部分，可以用橡皮擦直接擦掉），降低一些不透明度，如图 2 – 6 – 15 所示。

图 2 − 6 − 14　图层蒙版

步骤10：简单做一个背景。选择背景图层，吸取礼盒的颜色，借助渐变工具与矩形选框工具做两个线性渐变，效果图如图 2 − 6 − 16 所示。

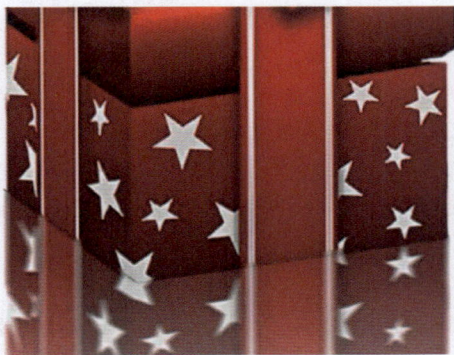

图 2 − 6 − 15　画笔工具绘制接触面线条

图 2 − 6 − 16　效果图

【任务评价】

序号	维度	要求	分值	得分
1	倒影真实度	倒影需准确地反映商品的形状、大小和位置，同时考虑光源的方向和强度，以及与商品材质相匹配的反射特性	20	
2	透视和比例	倒影需遵循正确的透视规则，倒影的透视是否与商品在场景中的位置和角度相匹配	30	
3	细节处理	商品上的纹理、图案或文字在倒影中的清晰度和对比度需适当，倒影边缘处理自然	20	
4	创意与美观	倒影需增强商品的视觉效果，提升整体的吸引力；设计具有创意，能够通过倒影传达特定的情感或风格	30	
合计			100	

城市地标建筑的
倒影之旅

【任务拓展】

扫描右侧的二维码完成拓展任务：

映像中国：城市地标建筑的倒影之旅

【知识链接】

扫描右侧的二维码完成倒影和光效知识的学习。

倒影和光效

【素养园地】

守住法律红线，拒绝 PS 作假

Photoshop（下文简称 PS）合成技术是一种数字图像处理技术，通过将两个或多个图像元素进行拼接、融合，以创建出全新的图像或效果。PS 合成技术在广告和设计、摄影后期处理、电影和游戏制作、科学研究和工程等许多领域都有广泛的应用，但是在现实生活中也出现了一些人利用此项技术作假。

PS 作假是指通过 Photoshop 等图像处理软件对图片进行修改，以达到欺骗他人的目的。

1. PS 作假的法律界定

根据《中华人民共和国刑法》的规定，虚假诈骗罪是指以欺骗的手段，骗取公私财物或者非法占有公私财物的行为。其中，"欺骗的手段"包括虚构事实、隐瞒真相、伪造文件、数据等。而 PS 作假就是一种虚构事实的手段，因此可以被认定为一种虚假诈骗罪。

2. PS 作假的刑事责任

如果通过 PS 作假的手段骗取了他人的财物，那么就构成了虚假诈骗罪。根据《中华人民共和国刑法》的规定，虚假诈骗罪的刑期为三年以下有期徒刑、拘役或者管制，并处或者单处罚金。

如果通过 PS 作假的手段，对他人的名誉、荣誉造成了损害，那么就构成了诽谤罪。根据《中华人民共和国刑法》的规定，诽谤罪的刑期为三年以下有期徒刑、拘役或者管制，并处或者单处罚金。

3. PS 作假的民事责任

如果通过 PS 作假的手段，对他人的名誉、荣誉造成了损害，那么被损害人可以向法院提起民事诉讼，要求侵权人承担民事责任。根据《中华人民共和国民法典》的规定，侵权人应当承担赔偿损失、恢复名誉、消除影响、赔礼道歉等民事责任。

PS 作假是一种违法行为，会对他人的名誉、荣誉造成损害。因此，在进行 PS 操作时，应该遵守法律法规和道德准则，尊重他人的权益和利益，不进行违法和有害的操作。

任务二　素描手绘效果制作

【学习目标】

知识目标：

1. 掌握素描手绘效果的基本原理。

2. 理解素描手绘效果在图片处理中的作用和应用。

技能目标：

1. 能够利用 Photoshop 软件完成商品素描手绘效果的制作。

2. 能够独立完成从构思到成品的整个制作流程。

3. 能够灵活运用多种工具和技巧进行素描效果的调整。

素质目标：

1. 弘扬中华优秀传统文化，增强文化自信。
2. 培养审美情趣和审美能力，提升美学素养。
3. 增强对党的认同感，激发爱国热情。
4. 培养创新意识，提升责任担当。

【任务描述】

素描作为一种传统的艺术形式，具有独特的魅力和审美价值。在现代数字媒体时代，素描手绘效果在图片处理中的应用越来越广泛，为人们带来了新的视觉体验。比如在制作产品详情页的时候，可能需要拥有一个简单的素描或者是手绘效果，但是由于没有时间进行手绘，此任务将使用 Photoshop 软件来制作产品简单的素描手绘效果。本任务旨在通过素描手绘效果的制作，引导学生了解传统艺术与现代技术的结合，培养审美素养和创新意识。

【任务分析】

1. 素描手绘效果制作：需要选择合适的工具和方法，将图片转换为素描手绘效果。
2. 调整与美化：考虑如何调整素描手绘效果的参数，如线条粗细、阴影等，以达到更好的视觉效果。
3. 审美和创造力：在制作过程中，需要具备一定的审美观和创造力，以达到理想的效果。

【任务准备】

1. 准备软件 Photoshop。
2. 收集和整理相关的图片素材。
3. 了解基本的素描手绘效果制作技巧。

【任务实施】

利用 Photoshop 创建产品手绘风格。在本任务中，要将一张鞋子的产品照片转化为素描手绘风格。

步骤 1：在 Photoshop 中打开鞋子的产品图片。使用裁剪工具调整图片构图，把它裁剪为 800 像素×800 像素的正方形，调整位置，采用中心构图，确保鞋子占据主要位置，如图 2-6-17 所示。

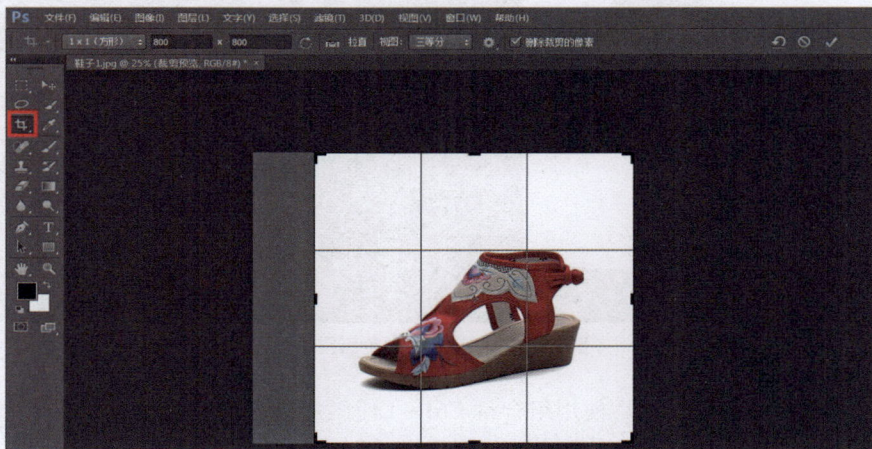

图 2-6-17 调整画布大小及构图

步骤2：使用组合键 Ctrl + J 复制一个相同的图层，如图 2 – 6 – 18 所示。

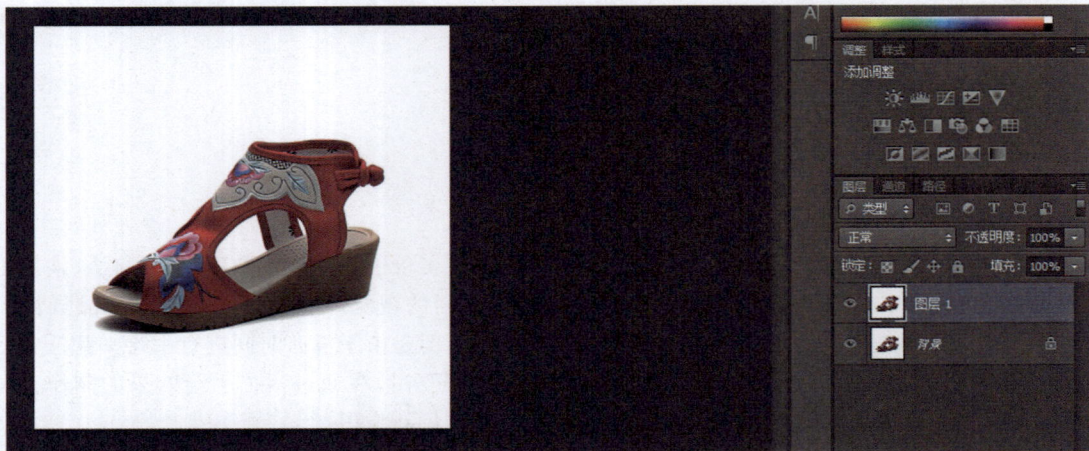

图 2 – 6 – 18　复制图层

步骤3：单击"图像→调整→去色"命令，将图片颜色转换为黑白，也可以使用组合键 Ctrl + Shift + U 为图片去色，去色完成之后发现图片颜色已经变成了黑白，如图 2 – 6 – 19 所示。

步骤4：使用组合键 Ctrl + J 复制当前图层以便后续操作，如图 2 – 6 – 20 所示。

步骤5：应用滤镜和效果，选中复制的图层，单击"滤镜→模糊→高斯模糊"命令，为图片添加轻微的模糊效果，这样做可以减少图片的细节，为后续的手绘效果做准备，如图 2 – 6 – 21 所示。

图 2 – 6 – 19　去色

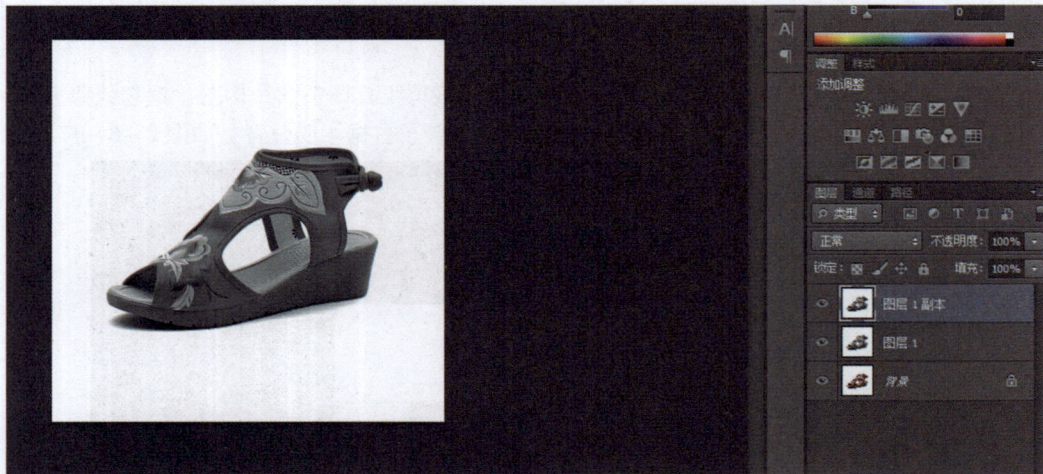

图 2 – 6 – 20　复制去色后图层

步骤6：再次复制图层，然后使用组合键 Ctrl + I 使图片变为反相（也可以单击"图像→调整→反相"命令），使图像变为负片效果，如图 2 – 6 – 22 所示。

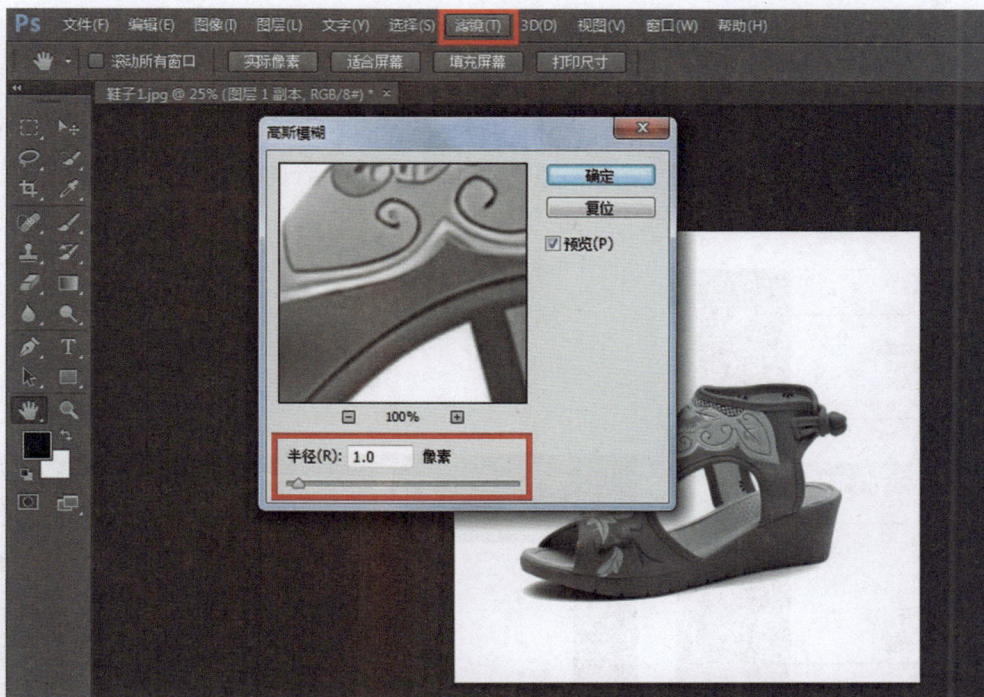

图 2－6－21　高斯模糊

步骤 7：将这个反相图层的混合模式设置为颜色减淡。此时，图像可能看起来非常亮，如图 2－6－23 所示。

步骤 8：选中反相图层，单击"滤镜→其他→最小值"命令，在打开的"最小值"对话框中调整半径参数来强调鞋子的边缘和细节，这里设置为 1 像素，这时可能在图像中出现了一些颗粒感，这是正常的，它将增加手绘效果的特征，如图 2－6－24 所示。

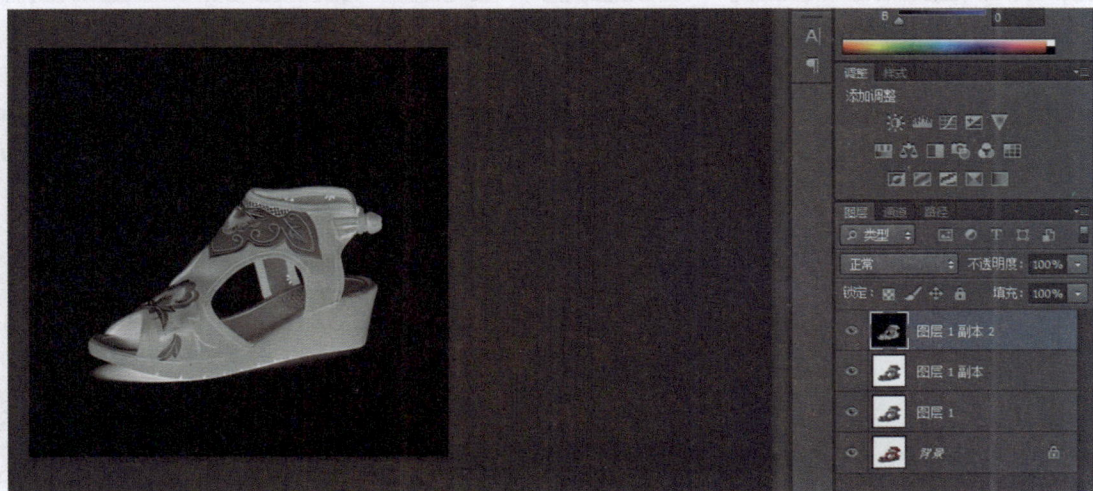

图 2－6－22　反相调整

步骤 9：合并可见图层（单击"图层→合并可见图层"命令），然后单击"图像→调整→色相/饱和度"命令。尽管图像现在是黑白的，但可以通过增加饱和度来为其添加一些色彩，如图

2－6－25、图2－6－27所示。

步骤10：单击"图像→调整→亮度/对比度"命令，在打开的"亮度/对比度"对话框中调整图像的亮度和对比度，使其看起来更加自然，如图2－6－27所示。

步骤11：保存和导出。当满意最终效果时，首先保存PSD源文件以备后用。然后按组合键Ctrl + Shift + S保存为JPEG格式或其他所需格式。在导出时，注意调整文件大小和质量设置以适应需求，如图2－6－28所示。

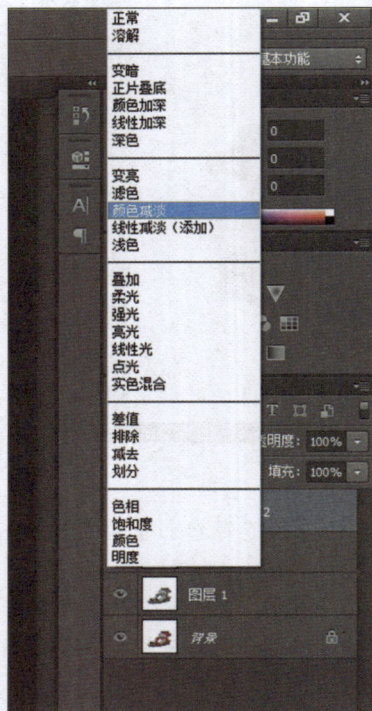

图2－6－23　调整图层混合模式

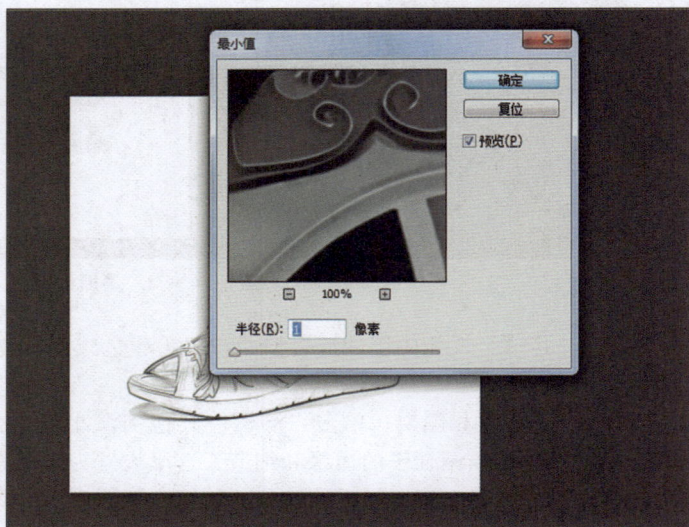

图2－6－24　最小值设置

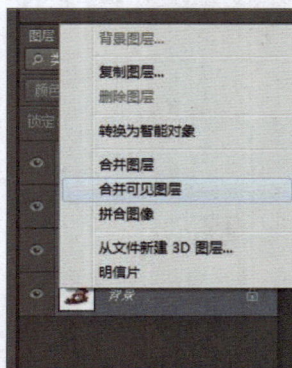

图2－6－25　合并
　　　　可见图层

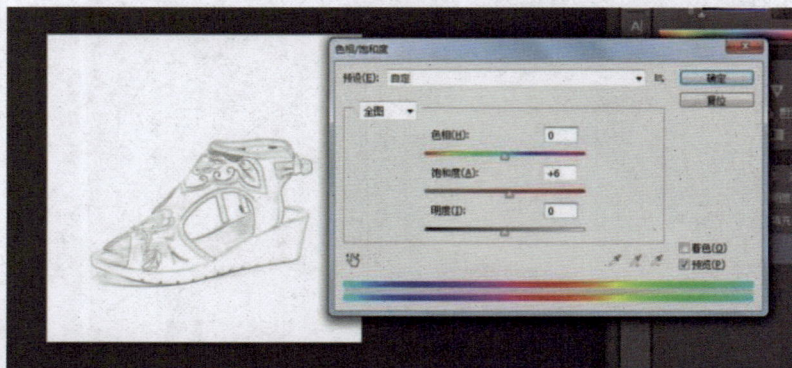

图2－6－26　色相、饱和度调整

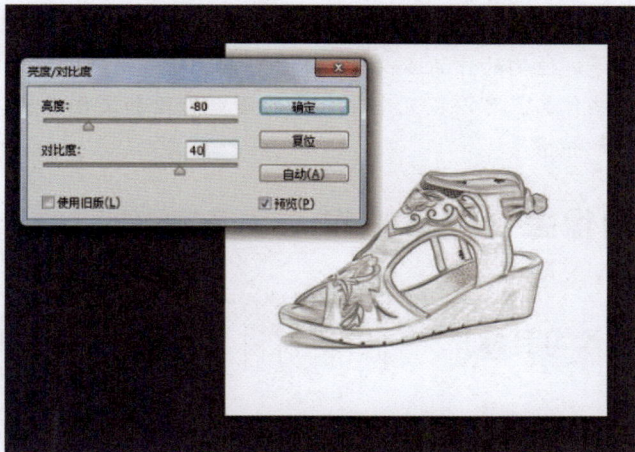

图 2-6-27 亮度、对比度调整

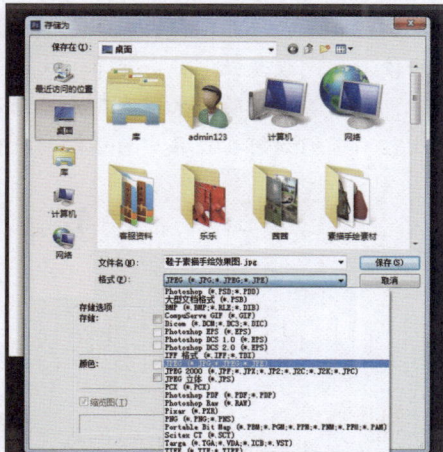

图 2-6-28 保存图片

【任务评价】

序号	维度	要求	分值	得分
1	素描效果	评价素描手绘效果的逼真程度和艺术感	20	
2	调整美化度	评价对素描手绘效果的调整和美化的程度及效果	20	
3	任务完成度	评价任务完成的整体情况，包括步骤的完整性和质量的稳定性	20	
4	创意性	评价在任务中体现的创意性和独特性	40	
	合计		100	

【任务拓展】

技术先锋：使用 AI 工具为图片添加创意效果

扫描右侧的二维码查看任务说明，下载任务素材，利用即梦平台 AI 算法为图片添加创意效果。

使用 AI 工具为图片
添加创意效果

【知识链接】

扫描右侧的二维码完成拓展任务：素描手绘效果的基本原理及应用

素描手绘效果的基本
原理以及应用

【素养园地】

我国素描大师作品中的时代精神

素描为一切造型艺术之基础，但草草了事，仍无功效，必须有十分严格之训练，积稿千百纸，方能达到心手相应之用。

——徐悲鸿《新国画建立之步骤》

中国的素描大师包括徐悲鸿、叶浅予、蒋兆和、吴作人、王式廓、冯法祀、李斛、全山石和尚沪生等，他们的作品都体现出了时代精神。例如，徐悲鸿的素描作品《自画像》表现出了对现实生活的关注和对人性的思考；叶浅予的素描作品《藏民》《舞蹈人物》等，表现出了对民族文化的热爱和对舞蹈艺术的深入探索；吴作人的素描作品《西藏组画》《齐白石像》等，表现出了对民族文化的尊重和对人物形象的深入刻画。

这些大师的作品不仅在艺术上具有高度的成就，而且在精神上代表了中国近现代历史的不同阶段，如民族复兴、社会变革、文化自信等。他们的作品不仅是艺术的传承，也是时代精神的传递，激励着后来的艺术家和观众。通过这些作品，可以窥见中国社会的历史变迁和文化发展，以及艺术家们如何在作品中表达对时代的认知和情感。

任务三　图像融合效果制作

【学习目标】

知识目标：
1. 掌握蒙版的分类和使用方法。
2. 熟悉蒙版的应用技巧。
2. 理解蒙版使用中的误区。

技能目标：
1. 能够使用蒙版制作图像融合效果。
2. 能够在实践操作中解决蒙版使用问题。

素质目标：
1. 践行社会主义核心价值观，树立正确的价值观和人生观。
2. 培养审美情趣和审美能力，提升美学素养。
3. 培养批判性思维。
4. 强化责任意识，为社会和谐稳定作出贡献。

【任务描述】

在电商图片设计制作中，图片合成是一项至关重要的技术，尤其是在电商海报的设计上。通过蒙版工具的运用，可以实现创意无限的设计效果。本任务将运用图层蒙版、剪贴蒙版以及文字蒙版来进行化妆品海报背景的合成。

【任务分析】

蒙版技术在电商图片设计，尤其是海报制作中扮演着重要角色，其精准的选择与隐藏功能能够实现素材的精细处理与无缝融合，营造出自然、专业的视觉效果。要确保合成图片边缘过渡自然、无明显拼接痕迹，关键在于准确绘制蒙版边缘。

【任务准备】

1. 图片素材：收集并准备好素材图片。
2. 图像编辑软件：安装并熟悉 Photoshop 软件，确保软件中包含蒙版、画笔、色彩调整等工具。
3. 硬件设备：确保有足够的计算机处理能力来处理高分辨率的图片。

【任务实施】

步骤 1：打开 Photoshop 软件，选择"文件"菜单中的"新建"命令，设置画布大小为 1 920 像素×750 像素，分辨率为 72 像素/英寸，如图 2-6-29 所示。

步骤2：将选定的森林背景素材图片拖拽到 Photoshop 画布中，或者通过"文件"菜单中的"置入"命令导入图片，如图 2-6-30 所示。

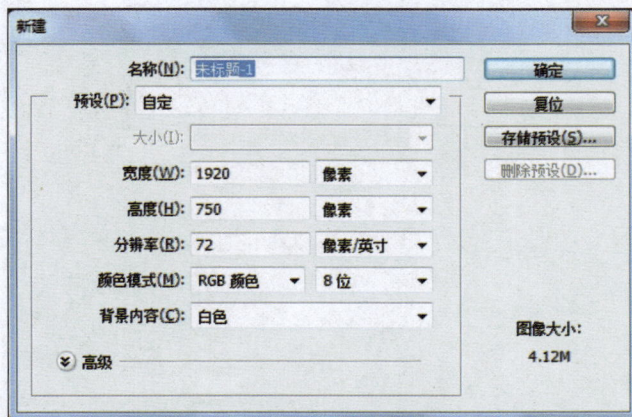

图 2-6-29　新建画布

图 2-6-30　置入素材

步骤3：添加一些森林元素。首先置入森林元素1-大树素材，在图层面板中，单击图层面板下方的"添加图层蒙版"按钮，或者使用组合键 Alt + Ctrl + G（Windows）创建蒙版，为这个图层创建一个图层蒙版，如图 2-6-31 所示。

步骤4：选择画笔工具，设置前景色为黑色，降低画笔的不透明度和流量，然后在蒙版上涂抹，隐藏不需要的部分。通过反复涂抹和调整画笔参数，使大树与背景自然融合，如图 2-6-32 所示。

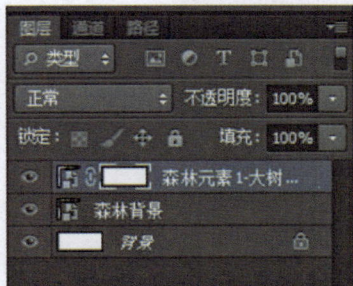

图 2-6-31　创建图层蒙版

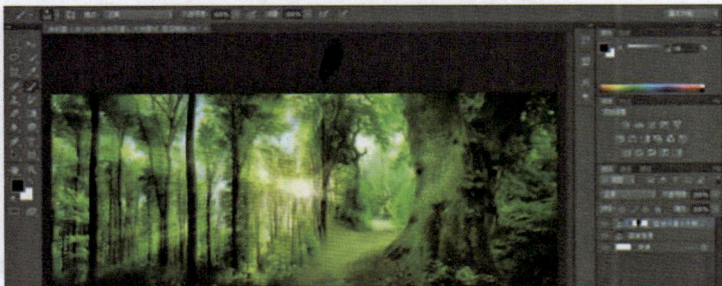

图 2-6-32　画笔工具涂抹

步骤5：在图层面板底部选择建立调整图层，使用色彩平衡工具进行调整。在"色彩平衡"中，增加青色和蓝色通道的数值，减少红色通道的数值，使整体色调偏向蓝绿色，如图 2-6-33 所示。

步骤6：选择建立调整图层，使用曲线工具进行调整。在曲线工具中，向上调整暗部区域的曲线，提亮背景中的阴影部分，如图 2-6-34 所示。

步骤7：导入森林元素2-蘑菇素材，调整图层的大小和位置后同样为其创建图层蒙版，并使用画笔工具涂抹使其和草地自然融合，如图 2-6-35 所示。

步骤8：调整该图层的透明度和混合模式。在图层面板中，拖动透明度滑块调整透明度；在混合模式下拉菜单中选择"强光"混合模式，提亮元素并增加梦幻感，如图 2-6-36 所示。

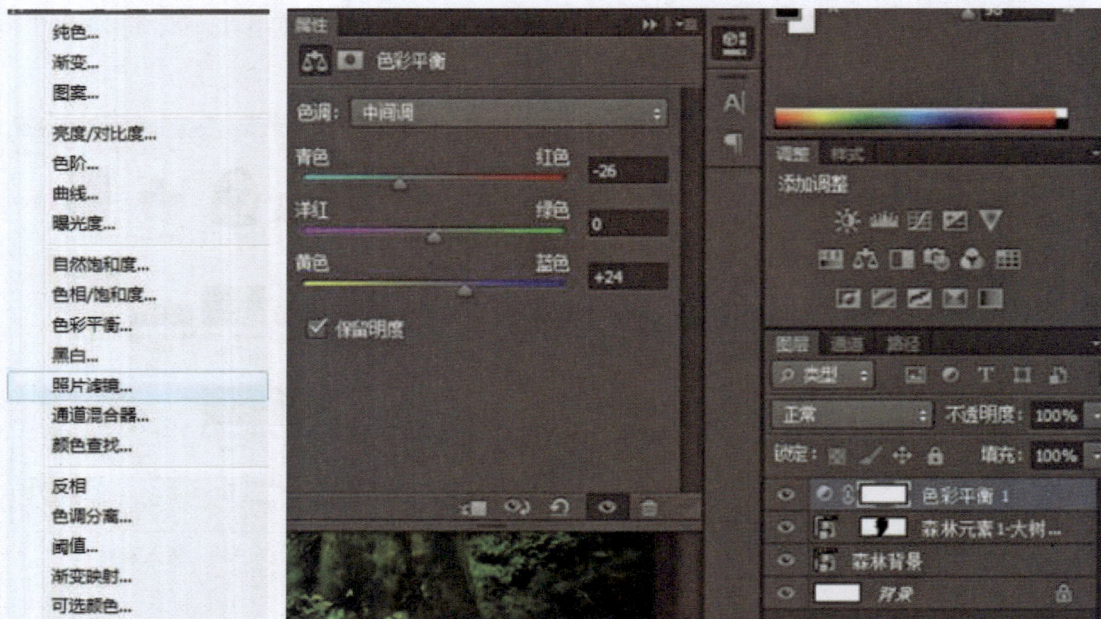

图 2-6-33 色彩平衡

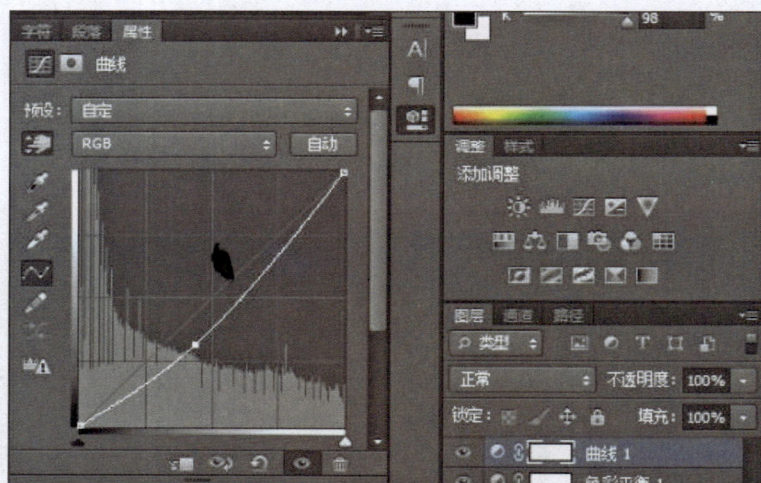

图 2-6-34 曲线调整

图 2-6-35 图层蒙版

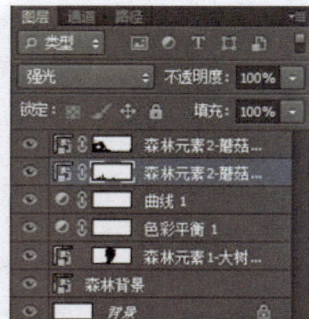

图 2-6-36 设置图层混合模式

步骤 9：置入光环素材图片，调整图层的大小和位置，并为其创建图层蒙版，使用画笔工具涂抹使其和背景自然融合，如图 2 - 6 - 37 所示。

图 2 - 6 - 37　置入光环素材

步骤 10：在形状工具中选择椭圆工具，按住 Shift 键创建一个和光环差不多大小的圆形，吸取森林背景中的绿色，为圆形填充绿色，如图 2 - 6 - 38 所示。

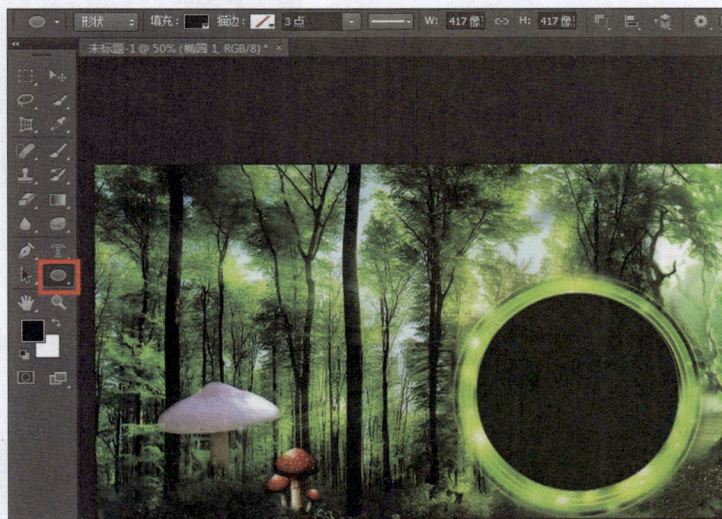

图 2 - 6 - 38　创建圆形形状

步骤 11：置入护肤品素材图片，确保该图层位于圆形图层上方，然后调整图层的大小和位置，如图 2 - 6 - 39 所示。

图 2 - 6 - 39　置入素材调整大小

步骤 12：选中护肤品图层，右击，在弹出的快捷菜单中选择"创建剪贴蒙版"命令，或者按住 Alt 键，将鼠标悬停在两个图层之间，直到出现一个小方框和箭头图标，然后单击，同样可以创建剪贴蒙版。此时，护肤品图层只会显示在形状图层定义的圆形区域内，如图 2 – 6 – 40 所示。

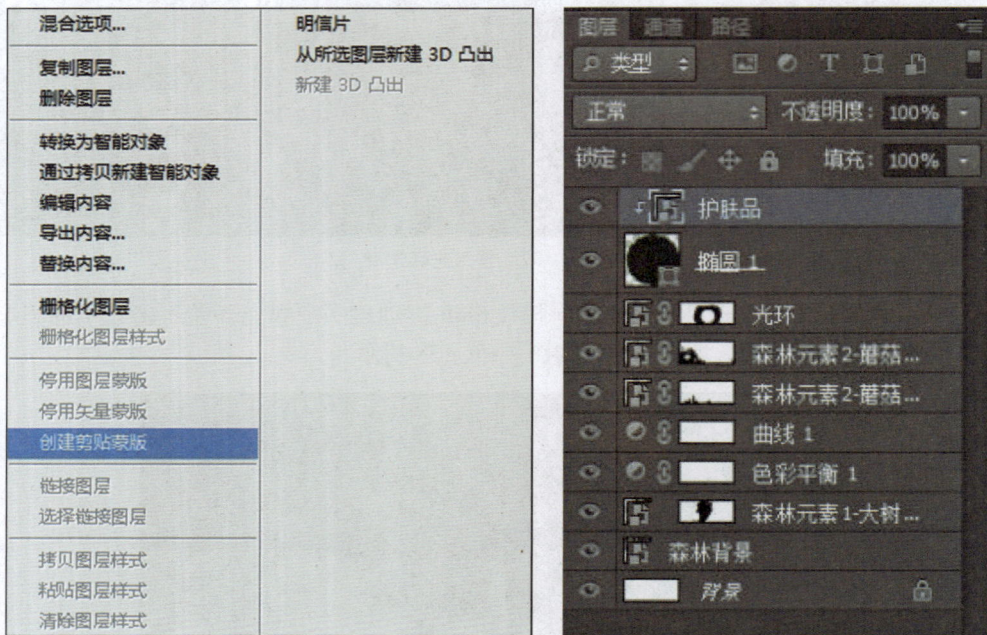

图 2 – 6 – 40　创建剪贴蒙版

步骤 13：导入森林元素 3 – 水滴素材，调整图层的大小和位置后同样为其创建图层蒙版，并使用画笔工具涂抹使其和背景自然融合，如图 2 – 6 – 41 所示。

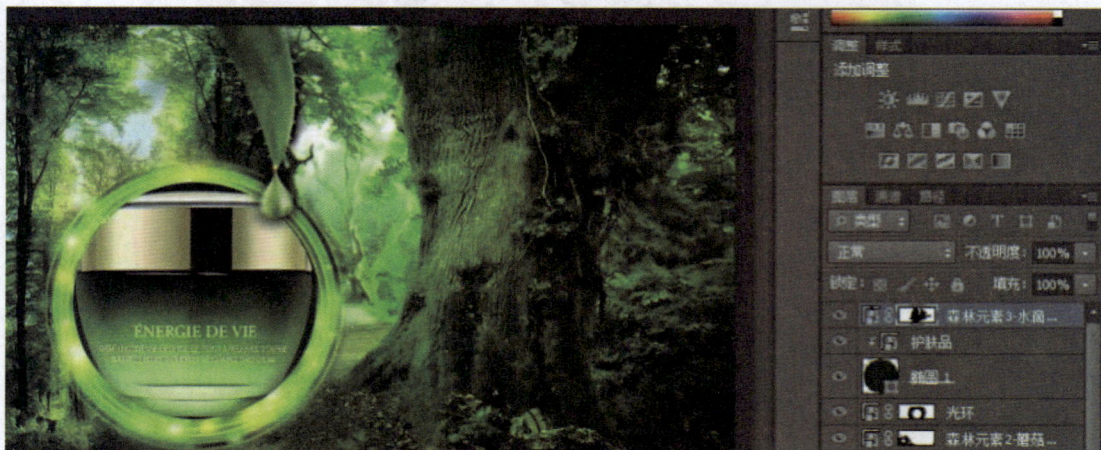

图 2 – 6 – 41　水滴素材与背景融合

步骤 14：在文字设计上，可以使用文字蒙版来制作具有创意的文字效果。新建图层，在文字工具中选择横排文字蒙版工具，使用黑体，输入文字"春色盎然，绿色护肤"，输入后会出现一个文字蒙版，如图 2 – 6 – 42 所示。

图 2 - 6 - 42　文字蒙版

步骤 15：打开春色的素材图片，使用组合键 Ctrl + A 全选，Ctrl + C 复制，然后转到文字蒙版上，在编辑菜单中，选择"选择性粘贴→贴入"命令，为文字进行创意设计，如图 2 - 6 - 43 所示。

图 2 - 6 - 43　贴入素材图片

步骤 16：使用画笔工具，设置前景色为白色，对文字局部进行涂抹，如图 2 - 6 - 44 所示。

图 2 - 6 - 44　画笔工具涂抹

步骤 17：使用图层样式，为文字设置光泽效果，选择混合模式为线性光，颜色可以吸取光环上的亮色，参数如图 2 - 6 - 45 所示。

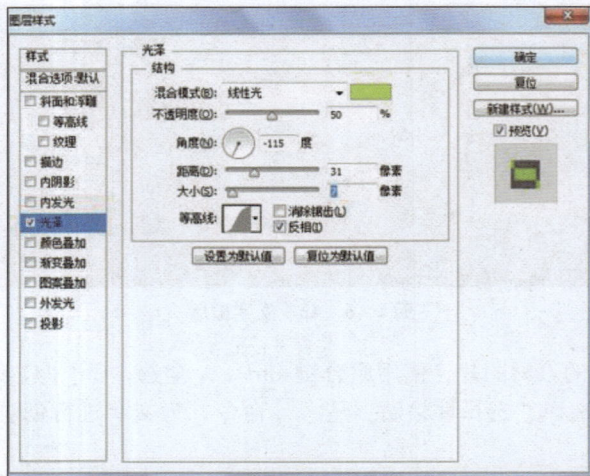

图 2 – 6 – 45　光泽效果

步骤 18：使用图层样式，为文字设置外发光效果，选择混合模式为滤色，参数如图 2 – 6 – 46 所示。

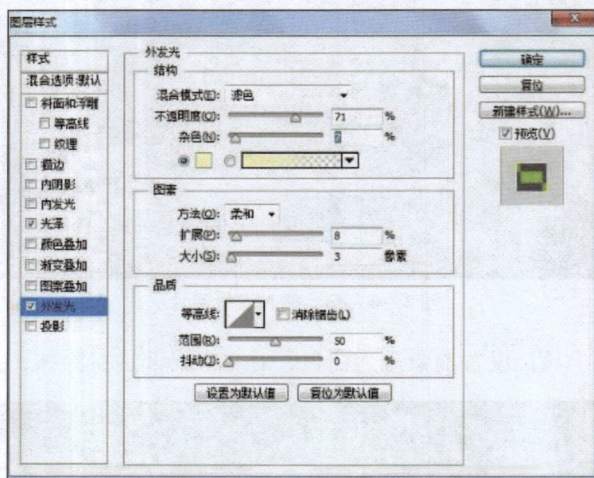

图 2 – 6 – 46　外发光效果

步骤 19：选择矩形形状工具，填充颜色为深绿色，调整图层不透明度为 60%，并将其置于文字图层下方，如图 2 – 6 – 47 所示。

图 2 – 6 – 47　矩形形状

步骤20：最终调整与细节增强。对整个图像调整色相、饱和度，以增强整体的色彩效果，如图 2 - 6 - 48 所示。

步骤21：仔细审查每个图层，确保它们的边缘过渡自然，没有突兀之处。可以使用涂抹工具或模糊工具对边缘进行柔化处理。最后，检查并修复可能存在的任何瑕疵或不需要的细节，确保图像整体看起来干净、整洁且富有吸引力。效果图如图 2 - 6 - 49 所示。

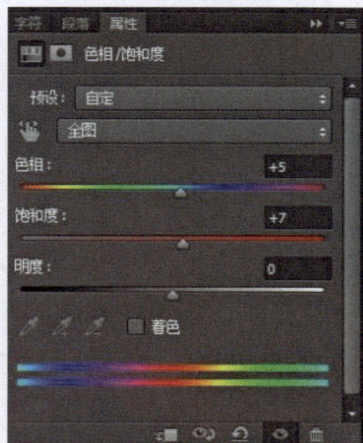

图 2 - 6 - 48　调整色相、饱和度

图 2 - 6 - 49　效果图

【任务评价】

序号	维度	要求	分值	得分
1	图层蒙版技术应用	精确、自然的隐藏与显现，良好层次感与深度构建，具备灵活编辑性	25	
2	剪贴蒙版技术应用	形状与内容精确契合，实现创新构图与视觉效果，有效梳理信息层次	25	
3	文字蒙版技术应用	文字与背景无缝融合，保持高可读性，强化整体设计一致性与主题表达	25	
4	视觉效果	合成图是否自然，是否有创意，能否吸引观众的注意力	25	
	合计		100	

【任务拓展】

扫描右侧的二维码完成拓展任务：利用蒙版制作"和谐共融"主题海报

利用蒙版制作"和谐共融"主题海报

【知识链接】

扫描下面的二维码完成各类蒙版的原理与使用技巧知识的学习。

各类蒙版的原理与使用技巧

图层蒙版的妙用

剪贴蒙版的妙用

【素养园地】

蒙版中的哲学体现

1. 和谐与统一的追求

蒙版技术通过平滑过渡、融合不同图像元素，体现了对和谐与统一的追求。在哲学上，这反映了宇宙万物相互联系、相互依存的原理。蒙版操作中的融合和过渡效果，就如同自然界和社会生活中的各种事物，尽管存在差异和多样性，但都能通过某种方式达到和谐共处。

2. 局部与整体的关系

在蒙版应用中，经常需要关注图像的局部调整，同时保持整体的一致性。这体现了哲学上局部与整体的辩证关系。局部的变化和调整需要服从整体的需要和效果，而整体的稳定和协调也需要依赖局部的精细处理。

3. 表象与实质的揭示

蒙版技术能够隐藏或显示图像的特定部分，从而揭示出图像的表象和实质。在哲学上，这反映了现象与本质、表象与实质的辩证关系。通过蒙版操作，设计师可以引导观众看到他们想要展现的图像部分，同时隐藏不重要的细节，从而更加突出主题和实质。

蒙版技术不仅是一种图像编辑和设计工具，更是一种蕴含着丰富哲学思想的载体。通过学习和运用蒙版技术，可以更好地理解世界、认识自我、探索未知。

【项目知识检测】

【单选题】

1. 倒影效果在商品展示中的主要作用是（　　　）。

A. 增强商品的文字描述　　　　　　　　　B. 模拟真实的光影效果，增强立体感

C. 隐藏商品的缺陷　　　　　　　　　　　D. 提高商品的价格

2. 在商品展示中，使用倒影效果时应遵循的原则不包括（　　　）。

A. 真实性原则　　　　　B. 美观性原则　　　　　C. 夸张性原则　　　　　D. 一致性原则

3. 在 Photoshop 中，以下哪种方法不能用来为商品添加光效？（　　　）

A. 使用图层样式　　　　B. 应用滤镜　　　　　　C. 自定义画笔　　　　　D. 删除图层

【多选题】

1. 在商品展示中合理应用倒影效果的原则包括（　　　）。

A. 真实性原则　　　　　B. 美观性原则　　　　　C. 适度性原则　　　　　D. 一致性原则

2. 使用 Photoshop 为商品添加光效的方法有（　　　）。

A. 使用图层样式　　　　B. 应用滤镜　　　　　　C. 自定义画笔　　　　　D. 素材合成

【判断题】

1. 倒影效果在商品展示中只是为了美观，没有其他实际作用。（　　　）

2. 在商品展示中，倒影效果的应用应该与商品的实际形状、尺寸和光影环境相匹配。（　　　）

3. 在同系列的商品展示中，倒影效果可以随意变化，以增加多样性。（　　　）

扫描二维码查看答案

模块三　视觉设计案例篇

项目一　店标设计与制作

【项目情境】

小边和阿彩，两位富有激情的创业者，决定携手开启自己的商业旅程。小边，一个土生土长的乡村孩子，怀揣着对家乡特产的热爱，希望在网上开设一家名为"鲜果"的店铺，将那些天然、美味、健康的农产品带给更多的人。而阿彩，一个时尚达人，凭借对潮流的敏锐触觉，计划打造一家专门销售女装的店铺，为都市女性提供优雅、时尚的着装选择。

在店铺正式开张之前，小边和阿彩决定为自己的店铺设计一款独特的店标。这个店标不仅仅是一个简单的标识，更是店铺形象和品牌理念的集中体现，对于后期的品牌宣传和推广至关重要。

通过精心设计的店标，小边和阿彩将为自己的店铺打造独特的品牌形象，吸引目标顾客的关注和喜爱。随着店铺的成长和发展，这个店标将成为品牌的重要标识，见证着他们创业梦想的实现。

任务一　农产品店铺店标设计与制作

【学习目标】

知识目标：

1. 熟悉各种类型店标的特点。
2. 掌握店标设计的要素。
3. 掌握店标设计的原则。
4. 全面理解国家乡村振兴战略的意义。

技能目标：

1. 能够熟练使用 Photoshop 设计店标。
2. 能够独立设计符合品牌定位的店标。
3. 能够阐述设计理念和思想。

素质目标：

1. 强化法治意识，遵守相关法律法规和行业规范。

2. 具有设计创意思维，提升美学涵养。

3. 增强社会责任感和使命感，助力乡村振兴。

4. 提升民族自豪感，传承中国传统文化。

【任务描述】

店标，也称为店铺标志，是一种独特的视觉符号，是店铺形象的重要组成部分，用于代表和识别特定的店铺、品牌或业务。它在商业环境中扮演着至关重要的角色，帮助消费者识别和记忆品牌，增强品牌的认知度和忠诚度。

本任务要为农产品网店设计一个独特、醒目且符合品牌调性的店标，旨在提升网店的品牌形象，突显产品的特性，同时起到宣传推广的作用。

【任务分析】

本任务要为销售水果的农产品店铺设计店标，在设计时，可以通过图案、颜色、字体等方式突出这些特色和优势，吸引消费者的注意力。

【任务准备】

1. 收集市场调研数据。

2. 收集设计灵感素材。

3. 收集字体样本。

4. 准备一台安装 Photoshop 软件的电脑。

【任务实施】

步骤 1：打开 Photoshop 软件，新建画布。

步骤 2：使用椭圆形状工具绘制图形，设置其填充颜色为无，描边为 50 像素，描边颜色为#f0a103，得到一个橙色的圆环，如图 3 - 1 - 1 所示。

步骤 3：为该圆环形状添加图层蒙版，然后选择黑色画笔工具，在圆环上涂抹，得到一个形如果实的半开放的形状，如图 3 - 1 - 2 所示。

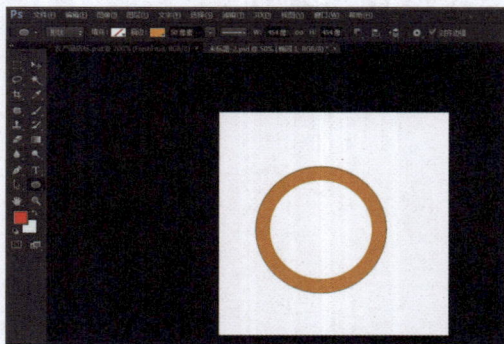

图 3 - 1 - 1　使用椭圆形状工具绘制圆环

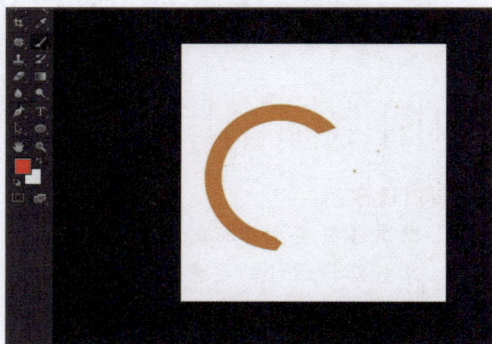

图 3 - 1 - 2　使用蒙版涂抹绘制

步骤 4：使用钢笔工具绘制路径，并将路径转化为选区，填充为红色#f30505，如图 3 - 1 - 3 所示。

步骤 5：使用自定义形状工具，选择叶子形状，填充颜色为#088740，如图 3 - 1 - 4 所示。

步骤 6：使用文字工具，输入汉字"鲜果"，设置字体为汉仪程行简，颜色设置为与叶子同样的绿色#088740，如图 3 - 1 - 5 所示。

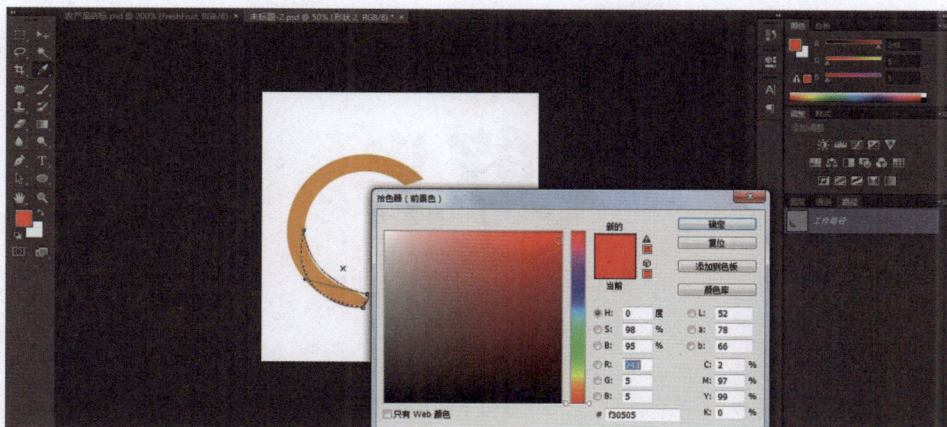

图 3-1-3　使用钢笔工具绘制路径

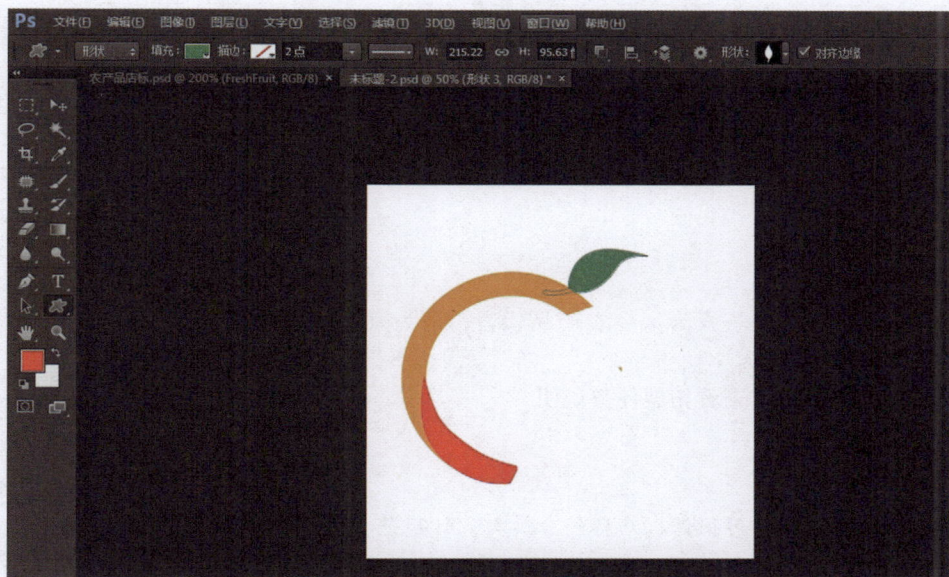

图 3-1-4　绘制叶子

步骤 7：使用文字工具，输入英文 FreshFruit，设置字体为 Arial，颜色同样设置为#088740，如图 3-1-6 所示。

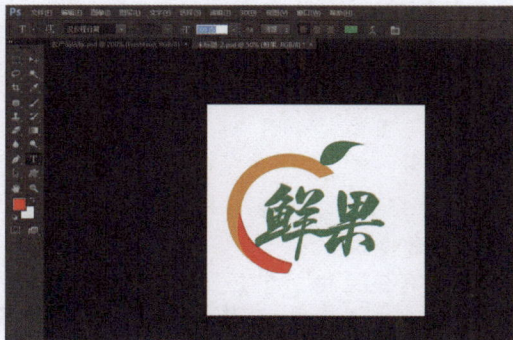

图 3-1-5　输入中文

图 3-1-6　输入英文

步骤8：这样名为鲜果的农产品店标就设计好了，最终效果如图3-1-7所示。

图3-1-7　农产品店标效果图

【任务评价】

序号	维度	要求	分值	得分
1	钢笔工具	使用钢笔绘制曲线不卡角	30	
2	文字工具	文案排版美观，可读性强	30	
3	形状工具	能正确使用形状工具	20	
4	色彩搭配	色彩搭配和谐	20	
合计			100	

【任务拓展】

专题任务：家乡美——我为家乡农产品代言，请为家乡的农产品设计一款具有代表性的店铺标志。

扫描右侧的二维码，查看拓展任务说明

家乡美——我为家乡
农产品设计店标

【知识链接】

扫描右侧的二维码学习微课：店标的分类与设计规范。

店标的分类与
设计规范

【素养园地】

扫描右侧的二维码完成标志中"中国风"图案内容的学习。

中国元素在标志设计中的传承与创新

作为一种视觉传达手段，标志设计既承载着企业的形象，也反映了文化底蕴。随着中国经济的崛起，越来越多的企业开始关注中国元素在标志设计中的应用。

1. 同仁堂标志

同仁堂标志中的图形主要包括圆形和对称的"双龙"图案，如图3-1-8所示。

首先，圆形是中国文化中传统的形状，寓意着圆满、完整和完美，传达了同仁堂品牌对于药品质量的高度追求和对消费者健康的承诺。

其次，"双龙"图案寓意着中药和龙都是中国独特的传统文化，有着重要价值。同时，两条龙也象征着"二龙戏珠"，有吉祥安泰、祝颂平安与长寿的禅意。整个图形标志赋予了同仁堂丰富的文化内涵，寓意深广，成了中国老字号商

标志中"中国
风"图案

图3-1-8　同仁堂标志

标之一。

最后，标志中的"同仁堂"三个字采用了传统的书法艺术形式，展现了中国文化的独特魅力和艺术美感。这种设计不仅传达了同仁堂品牌的传统医药文化内涵，也提升了品牌的形象和市场竞争力。

2. 老凤祥标志

老凤祥的标志是一个具有浓郁中国传统文化特色的设计，如图3-1-9所示。

首先，标志的主体是一个振翅高飞的凤凰图案。《说文解字》说："凤，神鸟也，见则天下大安宁"。自古以来，人们就将凤凰视为预示天下太平的祥瑞之鸟，凤凰在中国文化中是吉祥、幸福的象征，代表着高贵与尊荣。同时，凤凰又有"百鸟之王"的美誉，寓意着老凤祥作为珠宝行业的领军者，始终保持着卓越的地位。另外，腾飞的凤凰，寓意着企业的生意蒸蒸日上。

图 3-1-9 老凤祥标志

其次，老凤祥的标志还采用了中国传统的色彩搭配，以红色为主色调，象征着喜庆和活力，这也暗示着老凤祥带给人们的不仅是珠宝，更是一种美好的生活态度。这种色彩搭配不仅符合中国人的审美习惯，还能够吸引消费者的注意力。

中国元素在标志设计中的应用，既要传承传统文化，又要注重创新发展。通过融合现代设计手法、解构与重组、符号化等创新方式，将中国元素融入标志设计，可以使企业更具文化底蕴和品牌特色。在未来的标志设计中，中国元素将继续发挥重要作用，成为展现中华民族魅力的独特符号。

任务二　女装店铺店标设计与制作

【学习目标】

知识目标：

1. 熟悉店标的使用规范。

2. 掌握店标设计创意方式。

3. 了解店标的法律保护和版权问题。

技能目标：

1. 能够熟练使用 Photoshop 中的文字、形状、魔棒等工具。

2. 能够综合运用 Photoshop 中多种工具完成动态图片制作。

3. 能够进行店标的多平台适配设计。

素质目标：

1. 具有法治意识，遵守店标使用相关规范。

2. 具有设计创意思维，提升美学涵养。

3. 具有民族自豪感，传承中国传统文化。

【任务描述】

随着数字时代的来临和电子商务的蓬勃发展，品牌形象和视觉识别系统的重要性日益凸显。店标，作为品牌视觉识别系统的核心元素，其设计与展示方式直接影响着消费者对品牌的认知与记忆。传统的静态店标虽然经典，但在信息爆炸的今天，已经难以有效地吸引并维持消费者的注意力。

为了更好地适应数字环境，提升品牌形象，增强与消费者的互动，动态店标的设计与制作应运而生。本任务将为女装店铺设计 GIF 动态店标。在设计店标时可以凸显店铺的主营业务，使消费者更容易辨别店铺的商品类别。

【任务分析】

在设计和制作店铺店标时，可以首先明确店标设计的构思，然后搜集相应的素材，之后运用文字、素材图片、形状工具等进行创意设计，最终呈现出富有特点且符合店铺风格的店铺标识。

女装店铺店标的设计应凸显时尚、优雅和个性化。可以采用简约、流线型的图形，以及具有女性柔美特质的曲线和元素，如蕾丝、蝴蝶结等。色彩上，可以选择黑白色调或柔和的粉色、紫色系，营造出优雅、浪漫的氛围。同时，可以在设计中融入卖家的个人风格和时尚理念，使店标成为店铺独特风格的体现。

【任务准备】

1. 收集店标设计所需素材：根据店铺的定位、经营的品类，收集所需要的素材，图片格式为 GIF、JPG 和 PNG。

2. 准备相关工具：在设计店标之前，需要准备一台电脑和相应的设计工具。为了完成本任务，需要安装和熟悉 Photoshop 软件。

女装店标设计
与制作

【任务实施】

步骤 1：按组合键 Ctrl + N 新建画布，设置画布宽度为 80 像素、高度为 80 像素，分辨率为 72 像素/英寸，如图 3 - 1 - 10 所示。

步骤 2：选择矩形工具，关闭描边，填充粉色（颜色参数设置为#f6589f），创建宽度和高度均为 74 像素的矩形，如图 3 - 1 - 11 所示。

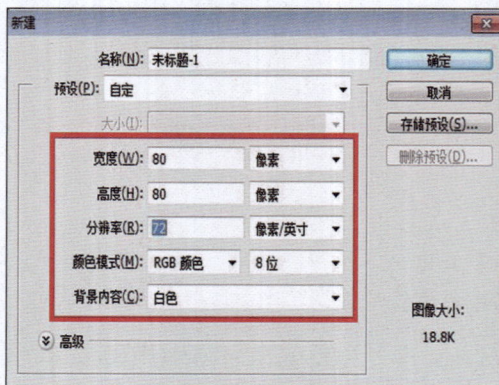

图 3 - 1 - 10　新建画布

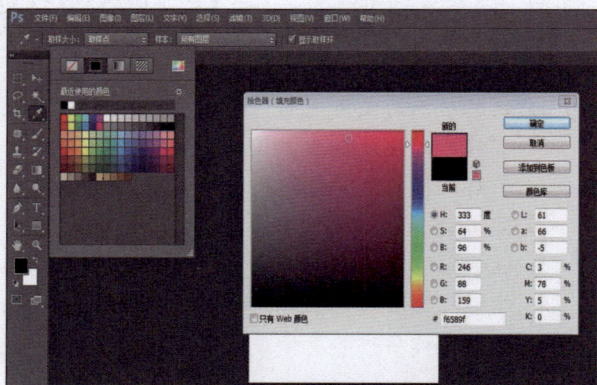

图 3 - 1 - 11　新建矩形并填充颜色

步骤 3：切换到选框工具上，选择背景图层，按住组合键 Ctrl + A 进行全选，如图 3 - 1 - 12 所示。

步骤 4：右击，在弹出的快捷菜单中选择"描边"命令，描边宽度为 1 像素，颜色设置为粉色，位置选择"内部"，单击"确定"按钮，如图 3 - 1 - 13 所示。

步骤 5：按组合键 Ctrl + D 取消蚂蚁线，置入女装素材，如图 3 - 1 - 14 所示。

步骤 6：把图层调整到最上方，栅格化该图层，如图 3 - 1 - 15 所示。

步骤 7：选择魔棒工具，全部选中图片背景，按 Delete 键删除，如图 3 - 1 - 16 所示。

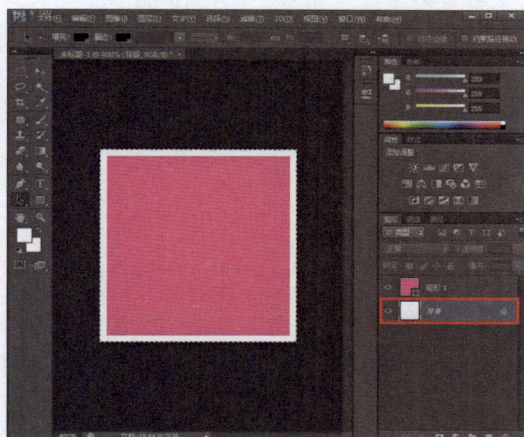

图 3 - 1 - 12　选择背景

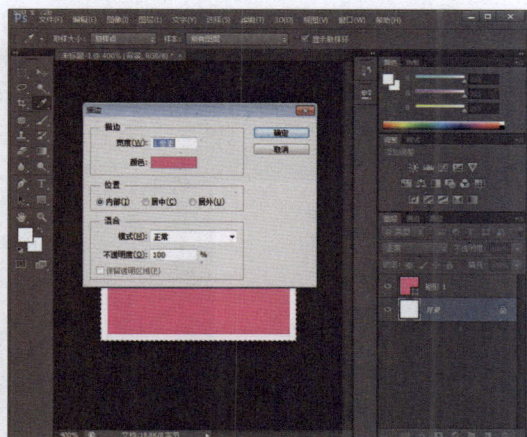

图 3 - 1 - 13　描边

图 3 - 1 - 14　置入素材

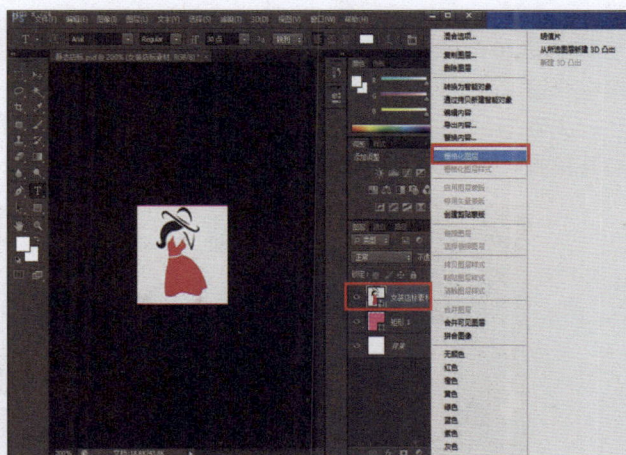

图 3 - 1 - 15　栅格化图层

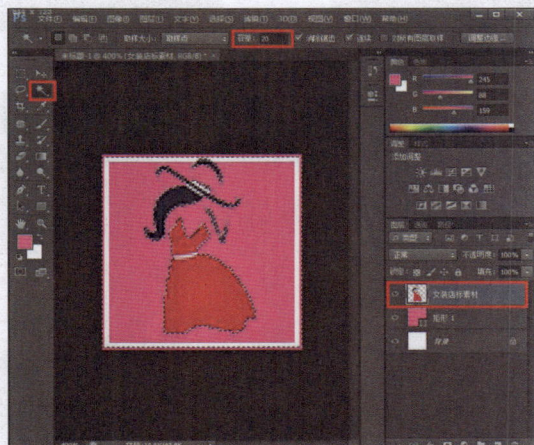

图 3 - 1 - 16　使用魔棒工作删除素材背景

步骤 8：使用文字工具，输入文字：YIZI。字体为 Arial，字号为 30 点，颜色设置为白色，调整它的位置，如图 3 – 1 – 17 所示。

步骤 9：存储店标，存储格式选择 JPG，名称为女装静态店标，如图 3 – 1 – 18 所示。

图 3 – 1 – 17　输入文字

图 3 – 1 – 18　存储静态店标

步骤 10：将这个静态店标转化为动态店标。首先按组合键 Ctrl + O 打开制作好的静态店标。按组合键 Ctrl + J，复制一个背景图层，如图 3 – 1 – 19 所示。

步骤 11：使用矩形工具，填充之前的粉色，创建宽度为 74 像素，高度为 74 像素的矩形。移动其位置，使其完全覆盖之前的矩形块，如图 3 – 1 – 20 所示。

图 3 – 1 – 19　复制背景图层

图 3 – 1 – 20　创建矩形

步骤 12：使用文字工具，输入店铺名称：忆姿女装。字体选择宋体，字号为 30 点，颜色为白色，如图 3 – 1 – 21 所示。

步骤 13：选中文字图层、形状图层和背景图层，合并图层，如图 3 – 1 – 22 所示。

步骤 14：选择窗口菜单，调出时间轴命令，创建帧动画，如图 3 – 1 – 23 所示。

步骤 15：单击图层前面的眼睛图标，关闭其中一个图层的可见性。在时间轴上显示不同的两个帧，如图 3 – 1 – 24 所示。

步骤 16：分别单击两个帧下面的数字，在展开的列表中选择时间 0.5。这个时间，可以根据需求进行调

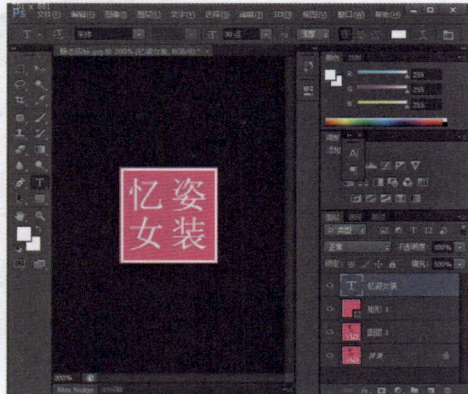

图 3 – 1 – 21　输入店铺名称

整，如果需要快速交替两个画面，这个时间就设置得短一点，反之，则时间设置得长一点，如图 3 - 1 - 25 所示。

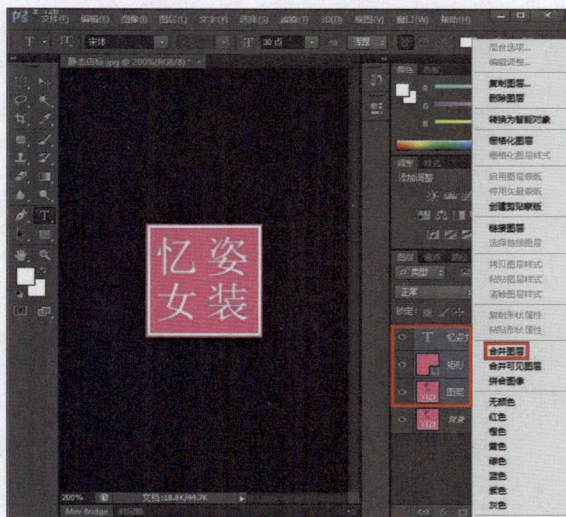

图 3 - 1 - 22　合并图层

图 3 - 1 - 23　创建帧动画

图 3 - 1 - 24　显示不同帧

步骤 17：单击时间轴面板左下角的循环选项选择框。选择循环选项"永远"，这样两个图层就会永远交替地进行显示，如图 3 - 1 - 26 所示。

图 3 - 1 - 25　设置交替时间

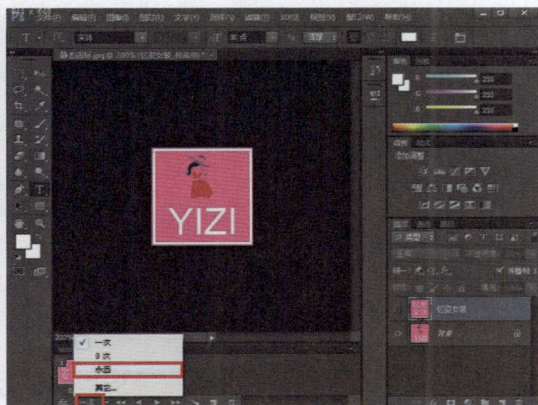

图 3 - 1 - 26　设置交替次数

步骤18：存储动态店标，存储时选择"存储为 Web 所用格式"，如图 3 - 1 - 27 所示。

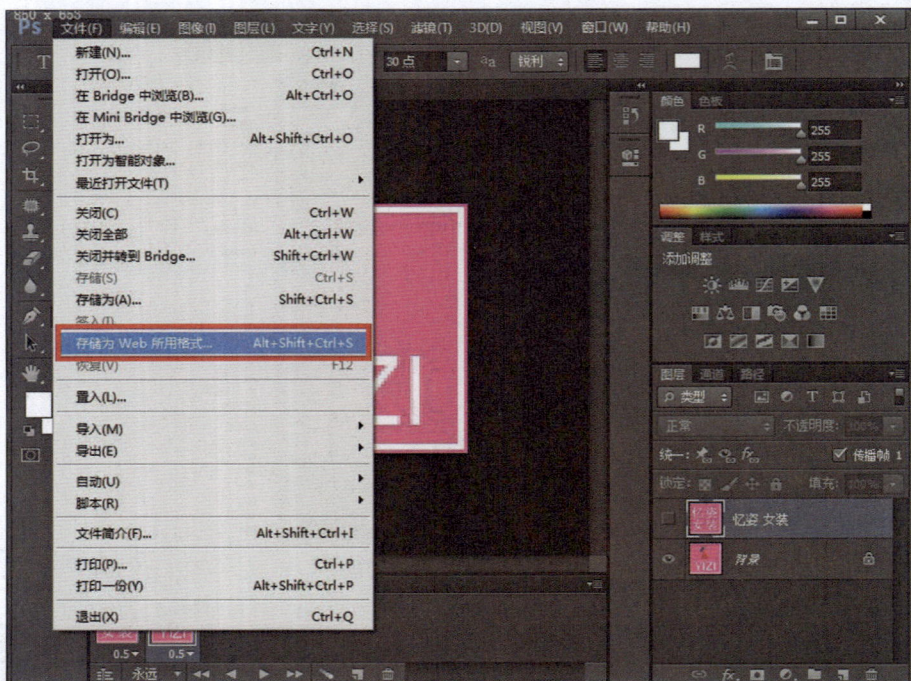

图 3 - 1 - 27　设置存储格式

步骤19：在弹出的如图 3 - 1 - 28 所示的对话框中，选择动态图片格式"GIF"，循环选择"永远"，单击"存储"按钮，在弹出的保存对话框中将格式为"仅限图像"，文件名为"女装动态店标"，单击"保存"按钮。

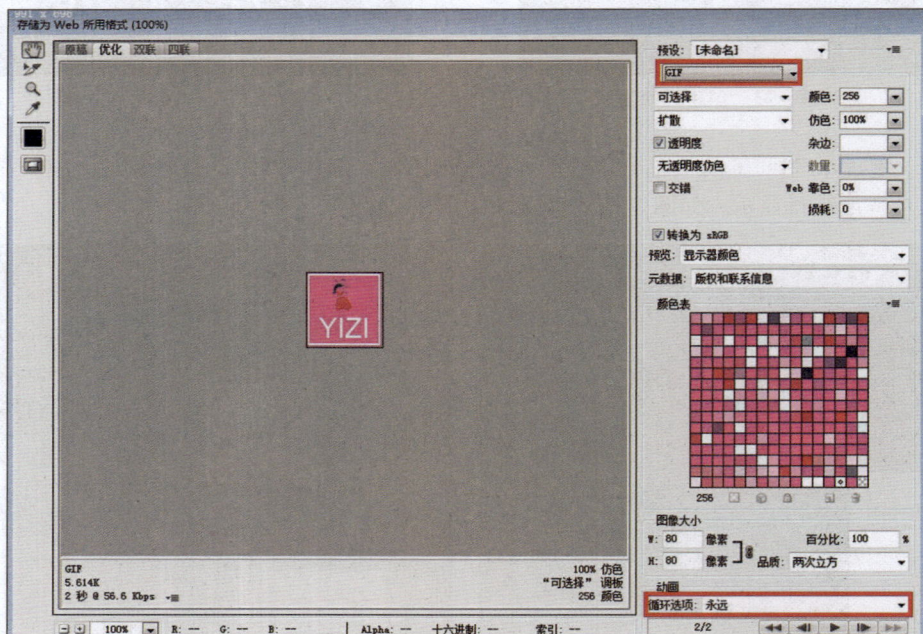

图 3 - 1 - 28　存储动态店标

【任务评价】

序号	维度	要求	分值	得分
1	抠图	抠图干净，内容完整	20	
2	文字工具	文案排版可读性强	20	
3	形状工具	能正确使用形状工具	20	
4	帧动画	能创建帧动画，完成动态店标制作	40	
		合计	100	

【任务拓展】

技术先锋：女装店铺店标 AI 定制

扫描右侧的二维码查看任务说明，通过 AIGC 技术，为女装店铺定制一款独特而富有创意的店铺标志。

女装店铺店标 AI 定制

【知识链接】

扫描右侧的二维码完成标志设计的创意方式的学习。

【素养园地】

标志设计的四种创意方式

"景德镇陶瓷老字号"原创徽标赏析

图 3-1-29 所示为景德镇陶瓷老字号徽标。这幅作品看似寥寥几笔，但构思时间较长，小小的图形中融合多重含义，体现设计主题的理念和风貌，具备个性和识别的特征，以简洁、明快的图形化语言与社会大众沟通，使徽标得以快速传递并形成品牌文化的沉淀。

首先，徽标主体结构为汉字"景"，代表标志归属地景德镇，篆书结构凸显历史文化底蕴深厚；融合"字号"汉字形态，象征标志的"老字号"含义，具有明显的识别特征，如图 3-1-30 所示。

"祥云"图案及背景的"开窗"结构均为景德镇古陶瓷常用的元素，代表了陶瓷属性，同时具有吉祥寓意，并代表它是对外展现景德镇陶瓷文化的一个"窗口"的内涵，如图 3-1-31 所示。

图 3-1-29 景德镇陶瓷老字号徽标

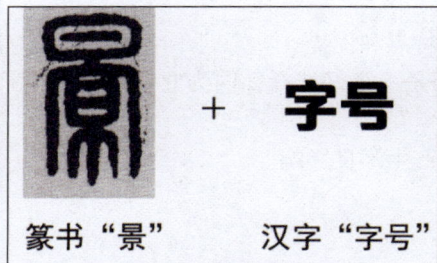

篆书"景"　　　　汉字"字号"

青花"祥云"　　　　陶瓷"开窗"

图 3-1-30 徽标主体结构的演变　　　　图 3-1-31 徽标背景的组成图案

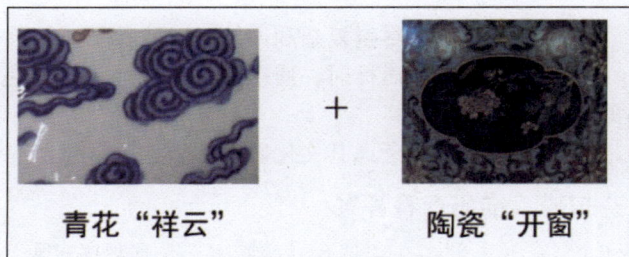

徽标整体结构方正，取自印章形态，为陶瓷器物常用"落款"形式；色彩采用青花蓝，是景德镇陶瓷的典型色彩。

在新的时代背景下，景德镇陶瓷老字号致力于创造一个既有历史底蕴又充满现代感的视觉标识。这个新徽标不仅是一种视觉符号的美学呈现，更是一种文化的传承和弘扬，展现了景德镇的深厚底蕴和独特魅力。

通过该徽标，景德镇向世界展现了一种新的形象：开放、包容、创新。这不仅是对自我的超越，更是对全球文化的尊重和融合，彰显了景德镇的国际视野和前瞻性思维。

通过该徽标，景德镇也向世界传递了一种精神：传承与创新并重，品质与时代同行。这不仅是对传统的坚守和创新，更是对未来发展的期许和追求，展现出景德镇的远见卓识和坚定信念，体现了景德镇的担当和追求。

【项目知识检测】

【单选题】

1. 下面哪种格式的店标是在淘宝店铺不能上传的？（　　　）

A. JPG　　　　　　B. PNG　　　　　　C. BMP　　　　　　D. GIF

2. 以下哪种是动态图片格式？（　　　）

A. JPG　　　　　　B. PNG　　　　　　C. BMP　　　　　　D. GIF

3. 哪种店标通常具有较强的视觉冲击力，但可能缺乏细腻的情感表达？（　　　）

A. 图形店标　　　　B. 文字店标　　　　C. 图文结合店标　　D. 动态店标

4. 当品牌名称较长或难以设计时，哪种店标类型更为适用？（　　　）

A. 抽象图形店标　　B. 具象图形店标　　C. 字母缩写店标　　D. 全文字店标

【多选题】

1. 店标设计原则有（　　　）。

A. 原创性　　　　　B. 统一性　　　　　C. 易识别性　　　　D. 合法性

2. 店标在设计上可以包含哪些设计要素？（　　　）

A. 品牌核心理念　　B. 图案与符号　　　C. 文字的可读性　　D. 色彩搭配

3. 标设计的主要目的是（　　　）。

A. 增加产品销量　　B. 吸引顾客注意　　C. 提升品牌形象　　D. 展示店铺特色

【判断题】

1. 作为淘宝店铺，为增强自己的宣传推广，可以使用天猫旗舰店的官方标志作为店标。
（　　　）

2. 店标设计应该尽量复杂和详细，以展示品牌的所有特点和优势。（　　　）

3. 在设计农产品店标时，使用绿色和棕色等自然色调是一个好选择，因为它们能够体现产品的天然和健康特性。（　　　）

4. 店标设计需要考虑其文化敏感性，避免引起误解或产生不良影响。（　　　）

扫描二维码查看答案

项目二　店招设计与制作

【项目情境】

　　阿彩已经开设店铺成功，最近为了提高店铺商品的销量，阿彩上架了一批新款商品，并且对商品图片进行了优化处理。

　　阿彩以为接下来店铺商品的销量会有很大提升，但是一个星期过去了，阿彩发现新商品居然一件都没有卖出去，销售效果很不理想。于是，阿彩通过搜索同类商品在其他店铺的销量，发现其他店铺的同类女装都卖得很好，与自己店铺的新款女装销量相比高了不少。是什么原因导致自己店铺的新款女装吸引不到消费者呢？难道是商品图片处理得不够美观？

　　于是，阿彩对这几家店铺进行了仔细查看，当阿彩进入店铺首页后，立即发现了自己店铺存在问题：店招没有做好。这几家销量很好的店铺店招不仅美观，还可以突出品牌，宣传推广店铺的活动。阿彩看了一下自己的店铺，店招完全没有新意。于是，阿彩吸取了这次的教训，对店招进行了重新设计。没过几天，阿彩发现店铺商品销量提升了不少。

任务一　农产品店铺店招设计与制作

【学习目标】

知识目标：

1. 了解在农产品店铺店招的主要功能。
2. 熟悉农产品店铺店招的使用规范。
3. 掌握农产品店铺店招的设计要点。

技能目标：

1. 能够根据产品特点、店铺形象设计出有创意的农产品店铺店招。
2. 能够应用店招完成店铺装修。

素质目标：

1. 具有法治意识，遵守店招使用相关规范。
2. 培养学生爱岗敬业、精益求精的工匠精神。
3. 培养学生求真务实、敢为人先的创新精神。

【任务描述】

网店的店招和实体店的招牌一样，是展示店铺形象的窗口，可以让顾客知晓店铺的名称、品牌、商品类型等信息。好的店招可以树立店铺良好的形象，提升店铺商品的档次，因此店招设计至关重要。本任务将为农产品店铺设计店招。在设计店招时，不仅需要凸显店铺的风格特点，还要展现出商品的定位。

【任务分析】

在设计和制作店铺店招时，首先确认店招图片的尺寸和格式要符合相关电商平台的要求；其次明确店招设计的构思，搜集相应的素材，之后运用文字、素材图片、形状工具等进行创意设计；最后呈现出富有特点且符合店铺风格的店招。

【任务准备】

设计与制作农产品店招时，首先要明确店铺定位，设计理念应体现出农产品的自然、健康、绿色等特点，同时色彩和字体是店招设计中不可忽视的元素，这些为农产品店招的设计与制作奠定了坚实的基础，确保最终呈现出符合店铺定位、市场需求且具有独特魅力的店招作品。

【任务实施】

步骤1：按组合键 Ctrl + N 新建画布，设置画布宽度为 950 像素、高度为 150 像素，分辨率为 72 像素/英寸，如图 3 - 2 - 1 所示。

步骤2：按组合键 Ctrl + O 打开素材，选取对应素材拖入合适位置，如图 3 - 2 - 2 所示。

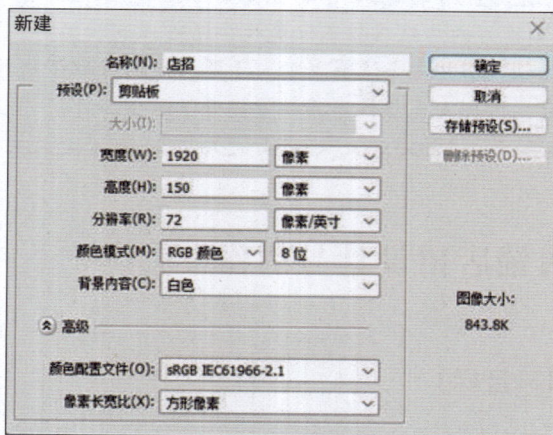

图 3 - 2 - 1　新建画布

图 3 - 2 - 2　打开素材

步骤3：按组合键 Ctrl + T，调整素材大小，如图 3 - 2 - 3 所示。

步骤4：其余素材重复步骤2、3进行摆放、调整，如图 3 - 2 - 4 所示。

步骤5：新建图层，选择工具栏文字工具，如图 3 - 2 - 5 所示。

步骤6：输入"福旺顺"和"官方旗舰店"，如图 3 - 2 - 6 所示。

图 3 - 2 - 3　调整大小

图 3 - 2 - 4 摆放、调整

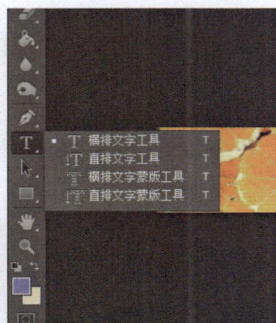

图 3 - 2 - 5 选择工具

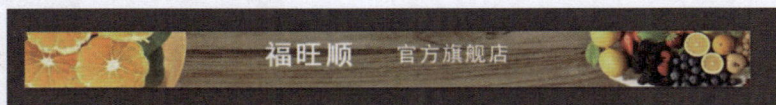

图 3 - 2 - 6 输入文字

步骤 7：按组合键 Ctrl + T，调整字体大小与位置，如图 3 - 2 - 7 所示。

图 3 - 2 - 7 调整文字

步骤 8：新建图层，选择工具栏自定义形状工具，如图 3 - 2 - 8 所示。

步骤 9：选择爱心形状，如图 3 - 2 - 9 所示。

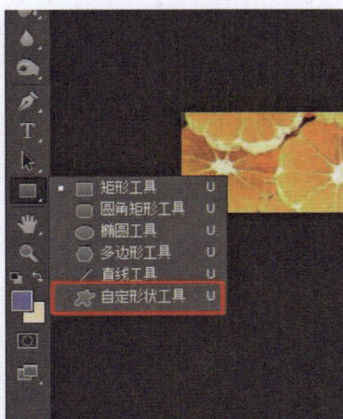

图 3 - 2 - 8 选择工具

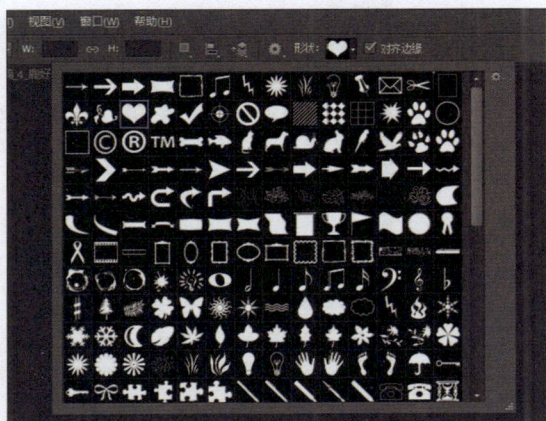

图 3 - 2 - 9 选择爱心

步骤 10：颜色填充为白色，按住 Shift 键拖动鼠标画出爱心图形，如图 3 - 2 - 10 所示。

步骤 11：将步骤 5、步骤 8 新建的图层选中，按组合键 Ctrl + G 创建新组，如图 3 - 2 - 11 所示。

步骤 12：选中"组 1"，右击，在弹出的快捷菜单中选择"混合选项"命令，如图 3 - 2 - 12 所示。

图 3 - 2 - 10   画出爱心图形

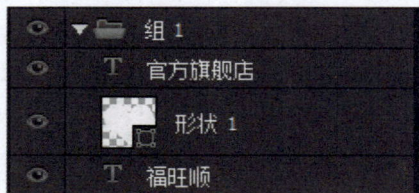

图 3 - 2 - 11   创建新组

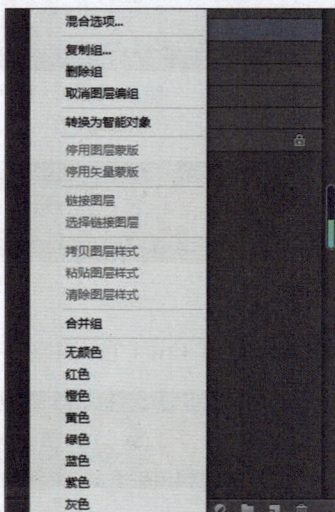

图 3 - 2 - 12   选择"混合选项"命令

步骤 13：调整合适的数值，单击"确定"按钮，如图 3 - 2 - 13 所示。

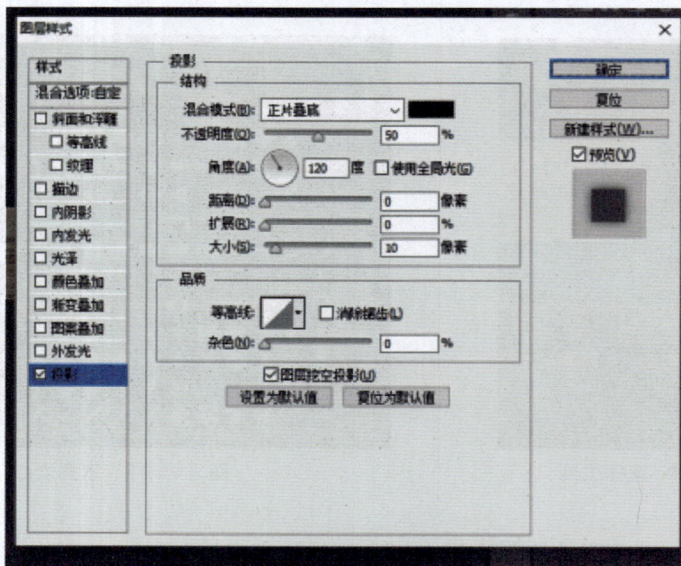

图 3 - 2 - 13   调整合适的数值

步骤 14：新建图层，在工具栏选择矩形工具，如图 3 - 2 - 14 所示。

步骤 15：矩形颜色填充为棕色，如图 3 - 2 - 15 所示。

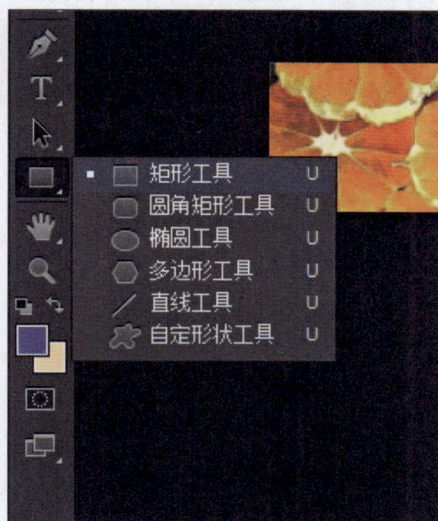

图 3 – 2 –14　新建图层并选择矩形工具

图 3 – 2 –15　填充颜色

步骤 16：绘制矩形大小，调整合适位置，如图 3 – 2 –16 所示。

图 3 – 2 –16　绘制矩形

步骤 17：新建图层，选择工具栏文字工具，如图 3 – 2 –17 所示。

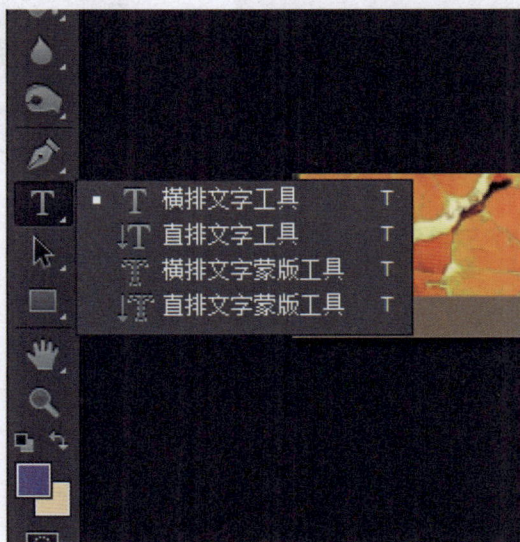

图 3 – 2 –17　文字工具

步骤 18：分别输入"所有产品""首页有惊喜""樱桃""苹果""橙子""草莓""火龙果""配菜""品牌故事"，如图 3 – 2 –18 所示。

图 3 – 2 – 18　输入文字

步骤 19：将步骤 18 中的所有图层选中，如图 3 – 2 – 19 所示。

步骤 20：按组合键 Ctrl + G 创建组，然后在工具栏选择移动工具，如图 3 – 2 – 20、图 3 – 2 – 21 所示。

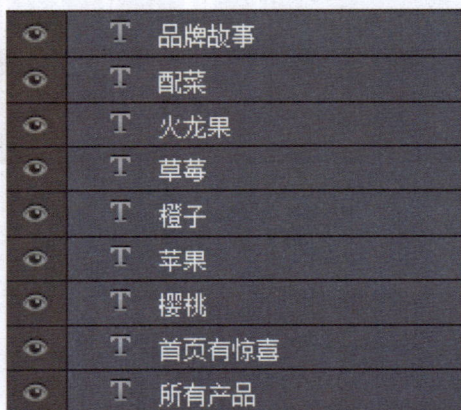

图 3 – 2 – 19　选中图层

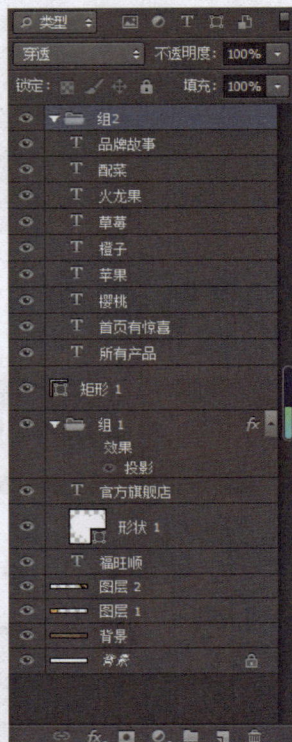

图 3 – 2 – 20　创建新组

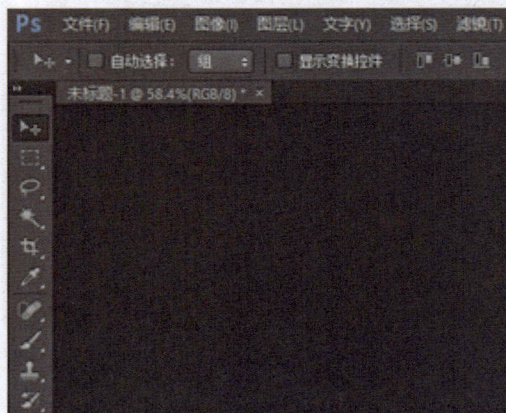

图 3 – 2 – 21　选择移动工具

步骤 21：单击"水平居中分布"按钮，如图 3 – 2 – 22 所示。

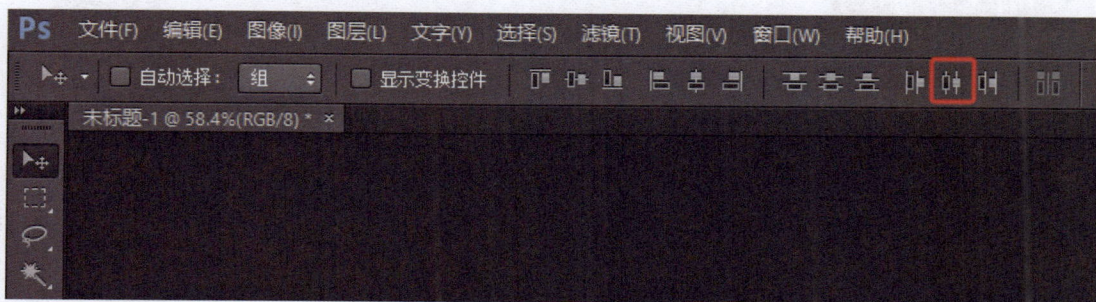

图 3 – 2 – 22　水平居中分布

步骤 22：按组合键 Shift + Ctrl + S 弹出"存储为"对话框，保存文件，如图 3 – 2 – 23 所示。

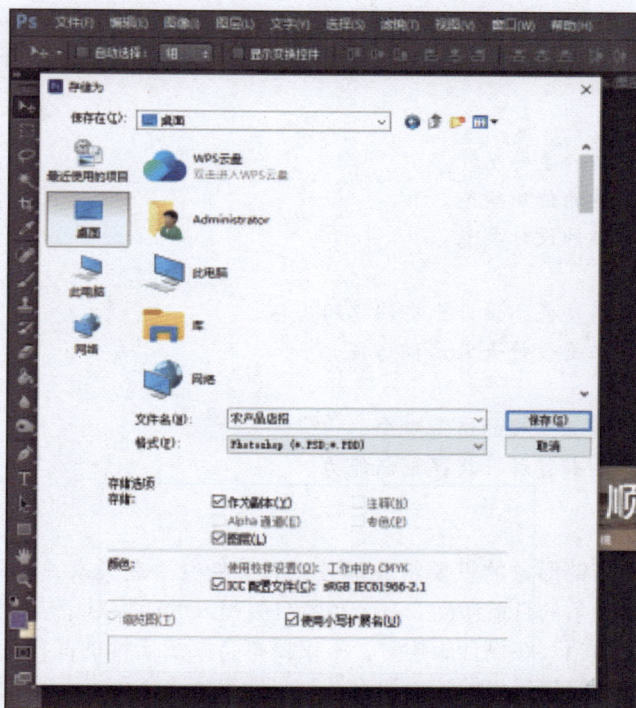

图 3 – 2 – 23　保存文件

【任务评价】

序号	维度	要求	分值	得分
1	质量	抠图干净，内容完整	20	
2	创意	内容突出农产品特色	20	
3	排版	文案排版可读性强	20	
4	贴合度	满足店铺的实际需求	40	
		合计	100	

【任务拓展】

专题任务：家乡美——我为家乡农产品代言，请为家乡的特色农产品设计店铺店招。扫描右侧的二维码，查看任务说明。

我为河北特色
农产品设计店招

【知识链接】

扫描右侧的二维码完成店招知识的学习。

店招

任务二　女装店铺店招设计与制作

【学习目标】

知识目标：

1. 了解女装店铺店招的主要功能。
2. 熟悉女装店铺店招的使用规范。
3. 掌握女装店铺店招的设计要点。

技能目标：

1. 能根据店铺形象、特色，设计出有创意的店招。
2. 能熟练运用各类工具设计女装店铺店招。

素质目标：

1. 增强法治意识，树立正确的道德观念。
2. 培养创新意识和创新精神，提高创新能力。

【任务描述】

淘宝店铺的店招是店铺形象的重要组成部分，对于吸引潜在买家、提升品牌知名度具有重要作用。随着女装市场竞争的日益激烈，一个独特且吸引人的店招对于店铺的成功至关重要。本任务将为女装店铺设计店招。在设计店招时，不仅要符合女装店铺的品牌定位和风格，如简约、时尚、甜美等，还要确保整体风格的统一和连贯，并且选择适合女装店铺的颜色搭配，以突出品牌形象。

【任务分析】

本任务旨在设计和制作一个具有吸引力、符合品牌形象的女装淘宝店铺店招，以提高店铺的点击率和转化率。在设计前需要明确女装店铺的目标市场和定位，根据店铺风格和品牌定位，进行店招设计。

【任务准备】

在开始女装店招的设计与制作前，首先要对店铺有清晰而明确的定位，其次拟定设计目标与理念，收集素材与灵感，确定女装店铺的设计风格与元素，为女装店铺店招设计与制作的顺利进行奠定坚实的基础，为女装店铺带来独特的视觉体验和品牌形象。

【任务实施】

步骤 1：按组合键 Ctrl + N 新建画布，设置画布宽度为 1 920 像素，高度为 150 像素，分辨率为 72 像素/英寸，如图 3 - 2 - 24 所示。

步骤 2：选择图形工具，如图 3 - 2 - 25 所示。

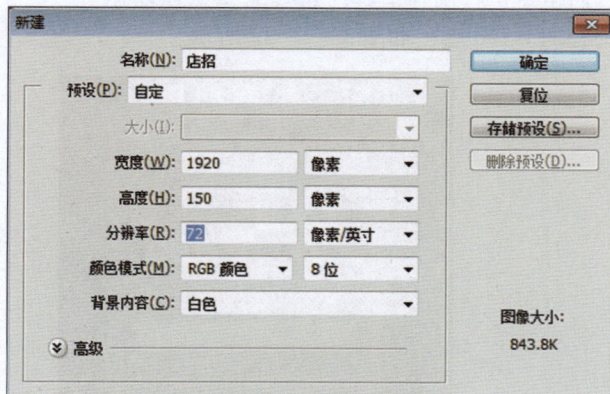

图 3 - 2 - 24　新建画布

图 3 - 2 - 25　选择图形工具

步骤 3：右击，选择矩形工具，如图 3 - 2 - 26 所示。

步骤 4：填充颜色选择绿色，在图形中画出适当大小的矩形，如图 3 - 2 - 27 所示。

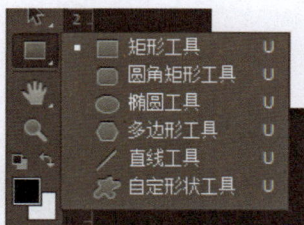

图 3 - 2 - 26　选择矩形工具

图 3 - 2 - 27　画出矩形

步骤 5：按组合键 Ctrl + O 打开素材，选取对应素材拖入合适位置，如图 3 - 2 - 28 所示。

步骤 6：按组合键 Ctrl + T，调整素材大小，如图 3 - 2 - 29 所示。

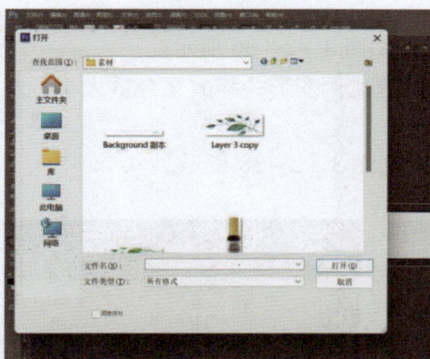

图 3 - 2 - 28　打开素材

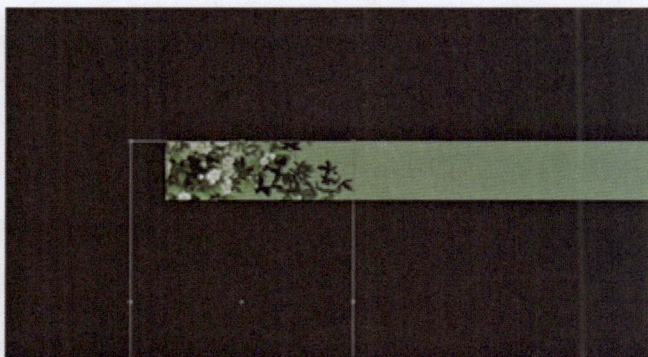

图 3 - 2 - 29　调整大小

步骤 7：其余素材重复步骤 5、6 进行摆放、调整，如图 3 - 2 - 30 所示。

图 3-2-30　摆放、调整

步骤 8：新建图层，选择图形工具，右击，选择椭圆工具，如图 3-2-31 所示。

步骤 9：调整色彩为渐变色，角度为径向 -140 度，如图 3-2-32 所示。

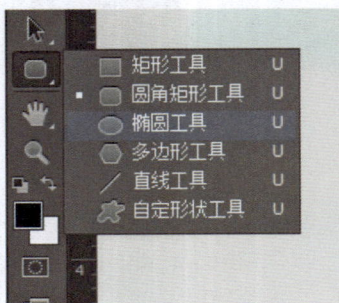

图 3-2-31　选择工具

图 3-2-32　调整颜色

步骤 10：绘制出想要的图形，如图 3-2-33 所示。

步骤 11：选择钢笔工具，如图 3-2-34 所示。

步骤 12：调节形状，如图 3-2-35 所示。

图 3-2-33　绘制圆形

图 3-2-34　选择工具

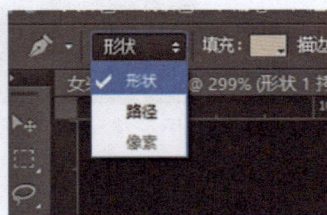

图 3-2-35　调节形状

步骤 13：新建图层，填充色为黄色，绘制出想要的图形，如图 3-2-36 所示。

步骤 14：复制图层，按组合键 Ctrl + T 变型，按住 Shift 键等比例变形，缩放至合适大小，并调整颜色，如图 3-2-37 所示。

步骤 15：新建图层，选择工具栏文字工具，输入 LOGO，如图 3-2-38 所示。

图 3-2-36　新建图层

图 3-2-37　复制图层

图 3-2-38　输入 LOGO

步骤 16：新建图层，选择工具栏中的圆角矩形工具，创建半径为 10 像素、颜色为黄色的圆角矩形，如图 3 - 2 - 39 所示。

步骤 17：新建图层，选择工具栏中的文字工具，输入"春季上新"，如图 3 - 2 - 40 所示。

步骤 18：新建图层，选择工具栏中的矩形工具，绘制合适大小的长方形，如图 3 - 2 - 41 所示。

图 3 - 2 - 39　创建圆角矩形　　　图 3 - 2 - 40　输入文字　　　图 3 - 2 - 41　绘制小长方形

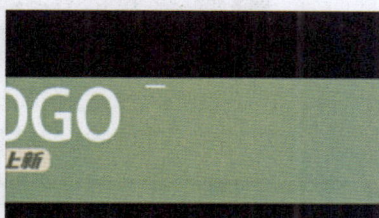

步骤 19：按组合键 Ctrl + J 复制图层，向下移动至合适位置，如图 3 - 2 - 42 所示。

步骤 20：新建图层，选择工具栏中的矩形工具，绘制合适大小的长方形，如图 3 - 2 - 43 所示。

步骤 21：新建图层，选择工具栏中的文字工具，输入"春日新品·钜惠来袭"，如图 3 - 2 - 44 所示。

图 3 - 2 - 42　复制图层　　　　图 3 - 2 - 43　绘制形状　　　　图 3 - 2 - 44　输入文字

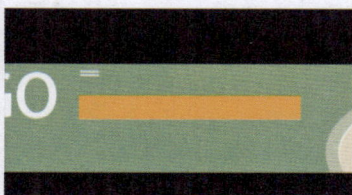

步骤 22：新建图层，选择工具栏中的文字工具，输入 NEW ARRIVAL，如图 3 - 2 - 45 所示。

步骤 23：新建图层，选择工具栏中的矩形工具，绘制合适大小的长方形，如图 3 - 2 - 46 所示。

步骤 24：新建图层，选择工具栏中的文字工具，输入"专区节上九折"，如图 3 - 2 - 47 所示。

图 3 - 2 - 45　输入英文　　　　　　图 3 - 2 - 46　绘制长方形

步骤 25：新建图层，选择工具栏中的矩形工具，绘制合适大小的长方形，如图 3 - 2 - 48 所示。

图 3-2-47 输入文字

图 3-2-48 绘制长方形

步骤 26：新建图层，选择工具栏中的文字工具，输入"首页/所有宝贝…"。

步骤 27：完成店招制作，如图 3-2-49 所示。

图 3-2-49 完成制作

步骤 35：按组合键 Shift + Ctrl + S，弹出"存储为"对话框，保存文件，如图 3-2-50 所示。

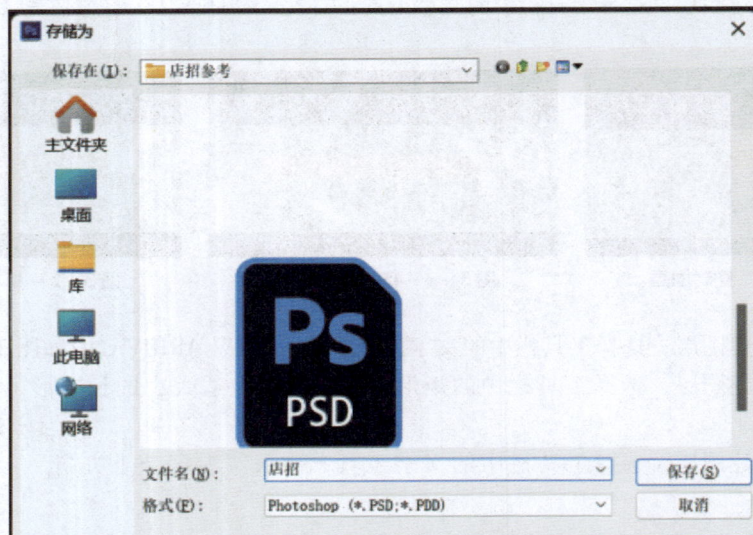

图 3-2-50 保存文件

【任务评价】

序号	维度	要求	分值	得分
1	吸引力	视觉效果吸引力强	20	
2	创意	内容突出女装产品特色	20	
3	排版	文案排版可读性强	20	
4	贴合度	满足店铺的实际需求	40	
		合计	100	

【任务拓展】

扫描右侧的二维码观看操作步骤，下载任务素材，完成年货节店招设计与制作。

年货节店招
设计与制作

【项目知识检测】

【单选题】

1. 就淘宝而言，通栏店招的尺寸通常为（　　　）。

A. 1 920 像素 ×150 像素
B. 950 像素 ×150 像素
C. 800 像素 ×800 像素
D. 520 像素 ×280 像素

2. 在设计店铺店招时，以下哪个元素是必不可少的？（　　　）

A. 店铺促销信息
B. 店铺联系方式
C. 店铺品牌标志
D. 店铺商品展示

3. 以下哪种元素不宜在店招中过多使用？（　　　）

A. 品牌 Logo
B. 促销信息
C. 动画效果
D. 店铺名称

4. 制作店招时，以下哪项不是必须考虑的因素？（　　　）

A. 店铺类型
B. 目标客户
C. 店主喜好
D. 行业规范

5. 店招的尺寸通常根据什么来确定？（　　　）

A. 店主意愿
B. 店铺面积
C. 平台规定
D. 设计师喜好

【多选题】

1. 店招设计时，以下哪些因素应当考虑？（　　　）

A. 目标客户群体
B. 店铺主营商品
C. 竞争对手的店招设计
D. 店铺所在平台的整体风格

2. 店铺店招通常包含哪些内容或元素？（　　　）

A. 店铺名称
B. 店铺 Logo
C. 促销信息或广告语
D. 店铺的联系方式

3. 在设计店铺店招时，以下哪些内容或元素应当避免？（　　　）

A. 使用过于复杂的字体
B. 在店招中展示过多的商品图片
C. 在店招中使用过于刺眼的颜色
D. 忽略店铺的品牌特色

4. 店招的布局设计应遵循哪些原则？（　　　）

A. 平衡感
B. 层次感
C. 焦点突出
D. 统一性

【判断题】

1. 店招的尺寸大小可以随意选择，不受任何限制。（　　　）

2. 店招中的字体选择应优先考虑美观性，而非可读性。（　　　）

3. 店招的布局应遵循平衡和对称的原则，以保持整体美观。（　　　）

4. 店招设计是一个独立的过程，不需要与其他店铺元素进行协调。（　　　）

扫描二维码查看答案

项目三　海报设计与制作

在这个竞争激烈的市场中，一个出色的宣传海报不仅能够有效地吸引潜在顾客，还能提升店铺的知名度和品牌形象。小边和阿彩深知这一点，因此他们决定各自为自己的店铺设计一款具有吸引力和影响力的商品宣传海报。

对于"鲜果"店铺，海报需要展现出农产品的天然、新鲜和健康特性，同时也要传递出小边对家乡的热爱与对品质的执着。而对于女装店铺，海报则需要展现出现代女性的独立、优雅和时尚气质，同时也要体现出阿彩对于潮流和品质的敏锐把握。

通过这两款精心设计的宣传海报，小边和阿彩希望能够吸引更多的目标顾客，提升店铺的销售额和市场份额。为此他们需要了解电商海报设计的规则和技巧，以便制作出有吸引力的、符合营销目标的海报。

任务一　农产品海报设计与制作

【学习目标】

知识目标：

1. 掌握海报设计的流程和原则。
2. 熟悉常见的电商海报版式和设计风格。
3. 掌握海报设计中的配色技巧和字体选择技巧。

技能目标：

1. 能够结合农产品的特点、劳动节的意义以及市场需求，进行创意海报设计。
2. 能够合理安排海报中各个元素的位置和关系进行海报布局。
3. 能够根据海报的主题选择合适的字体和色彩。
4. 能够避免出现一些常见的海报设计问题。

素质目标：

1. 培养对农产品和劳动价值的认识，提升设计中的文化内涵和社会责任感，弘扬劳动精神。
2. 践行社会主义核心价值观，树立正确的价值观和人生观。

3. 具有诚信经营的意识、能够勇于承担社会责任。

4. 传承中国传统文化。

【任务描述】

随着五一劳动节的临近，为弘扬劳动精神，同时借助节日氛围推动网店农产品的销售，网店计划举办一系列促销活动，重点推广优质农产品。为了有效地传达活动信息并吸引潜在顾客，需要设计一款具有吸引力和节日氛围的农产品促销海报。这款海报将作为网店劳动节期间的主要宣传工具，用于提升农产品销量及网店品牌知名度。

【任务分析】

本任务的农产品海报在设计上可以突出有机、健康、绿色的特点，同时融入五一劳动节元素，展现出对劳动者的敬意和感恩。整体风格应简洁大气，重点突出特惠信息，以吸引潜在客户并促进销量提升。

【任务准备】

1. 学习海报设计的原则。

2. 学习海报设计的误区。

3. 学习海报设计流程。

4. 准备电脑并安装设计软件 Photoshop。

5. 收集并整理与劳动节和本任务中设计的农产品水果相关的图片、符号等素材。

6个3原则　　　　　海报设计的误区　　　　　海报设计流程

【任务实施】

步骤1：打开 Photoshop 软件，使用组合键 Ctrl + N 新建画布，在弹出的"新建"对话框中，设置画布宽度为1 920像素，高度为900像素，分辨率为72像素/英寸，色彩模式为RGB颜色，背景内容选择白色，如图3－3－1所示。

步骤2：选择矩形形状工具，设置矩形形状的填充颜色参数为#83c717，参数如图3－3－2所示。

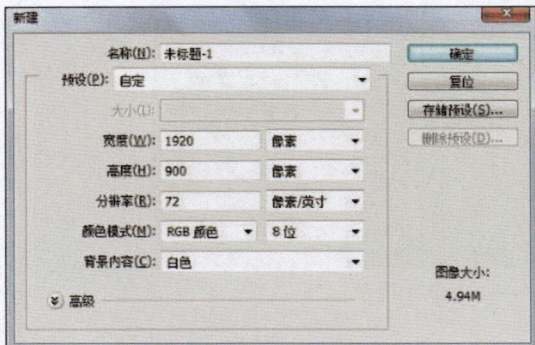

图3－3－1　新建画布

图3－3－2　填充形状颜色

步骤3：在绿色背景上添加光晕效果，首先在图层面板底部单击"创建新图层"按钮，创建一个新图层。选择"椭圆选框工具"，在画布上绘制一个圆形选区，设置前景色为#a0e32b，按下组合键 Alt + Delete 填充选区，如图 3 – 3 – 3 所示。

步骤4：选择"滤镜→模糊→高斯模糊"命令，在弹出的对话框中调整半径值，使光晕边缘柔和过渡，参数如图 3 – 3 – 4 所示。

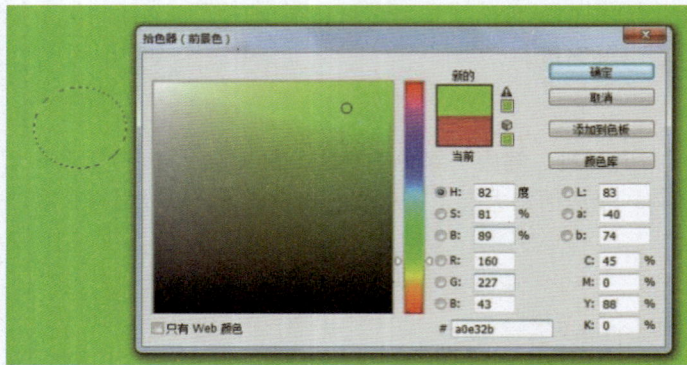

图 3 – 3 – 3　创建前景色

图 3 – 3 – 4　高斯模糊

步骤5：在图层面板中，将光晕图层的不透明度降低至80%左右，使效果自然而不刺眼，如图 3 – 3 – 5 所示。

步骤6：按住 Alt 键复制几个出来，调整大小和位置，效果如图 3 – 3 – 6 所示。

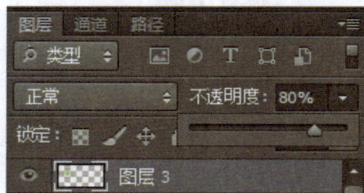

图 3 – 3 – 5　降低图层不透明度

图 3 – 3 – 6　复制圆形

步骤7：用同样的方法继续创建光晕，设置颜色参数为#dd4d59，并进行高斯模糊，设置图层模式为实色混合。复制一个出来，调整两个光晕的位置，分为位于左上角和右上角，效果如图 3 – 3 – 7 所示。

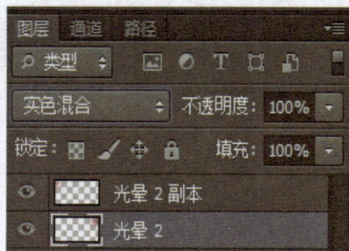

图 3 – 3 – 7　设置图层混合模式为实色混合

步骤8：置入牛奶素材图片，在图层面板中，将牛奶图层的混合模式改为滤色，使牛奶与背景更好地融合，同时保持透明感，如图 3 – 3 – 8 所示。

| 正常 |
| 溶解 |
| 变暗 |
| 正片叠底 |
| 颜色加深 |
| 线性加深 |
| 深色 |
| 变亮 |
| 滤色 |
| 颜色减淡 |
| 线性减淡（添加） |
| 浅色 |

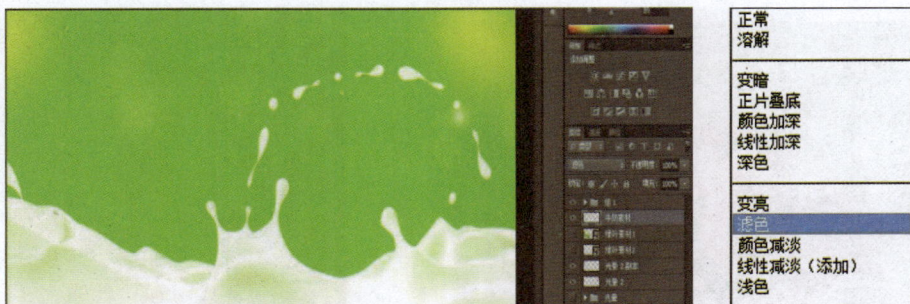

图 3 - 3 - 8　设置牛奶图层混合模式为滤色

步骤 9：分别置入绿叶素材 1 和绿叶素材 2，调整绿叶的大小和位置，如图 3 - 3 - 9 所示。

图 3 - 3 - 9　置入绿叶素材

步骤 10：置入草莓素材，栅格化图层后，选择魔术棒工具，设置容差为 30，删除草莓素材的背景，如图 3 - 3 - 10 和图 3 - 3 - 11 所示。

图 3 - 3 - 10　置入草莓素材

图 3 - 3 - 11　魔棒删除草莓素材的背景

步骤 11：选中草莓图层，按住组合键 Ctrl + T 进入自由变换模式，调整其大小和位置，使草莓占据适当面积，按 Enter 键确认变换，并将该图层置于牛奶图层上方显示，如图 3 - 3 - 12 所示。

步骤 12：在图层下边新建色相/饱和度调整图层，使草莓看起来更加鲜亮诱人，参数设置如图 3 - 3 - 13 所示。

步骤 13：在工具栏中单击文字工具（快捷键 T），在文字工具中，选择横排文字蒙版工具，输入 51。然后打开草莓素材 2，全选，复制，在编辑菜单中使用"选择性粘贴→贴入"命令（或者使用组合键 Alt + Shift + Ctrl + V）将草莓 2 素材内容贴入 51 文字蒙版中，如图 3 - 3 - 14 所示。

图 3 – 3 – 12　自由变换

图 3 – 3 – 13　新建色相/饱和度调整图层

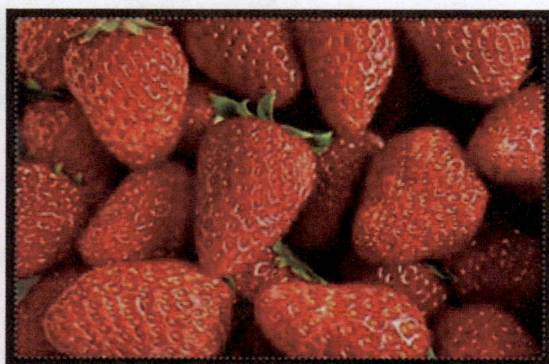

图 3 – 3 – 14　将草莓 2 素材贴入 51 文字蒙版中

步骤 14：继续使用文字工具输入"牛奶草莓"。设置样式：字体为华文琥珀，字号为 175，颜色参数为#fefefd，如图 3 – 3 – 15 所示。

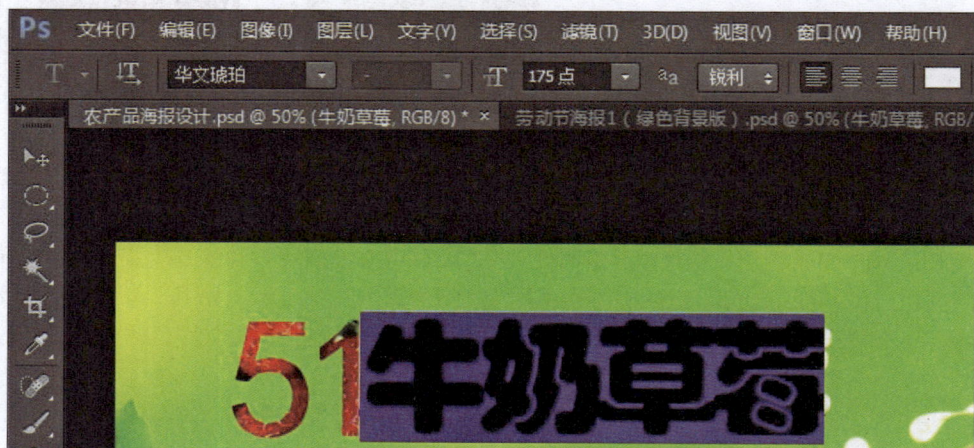

图 3 – 3 – 15　设置牛奶草莓文字样式

步骤 15：在图层面板中双击文字图层，打开"图层样式"对话框，添加斜面与浮雕、内发光、外发光、投影等特效，以增加立体感，参数设置如图 3 – 3 – 16 ~ 图 3 – 3 – 19 所示。

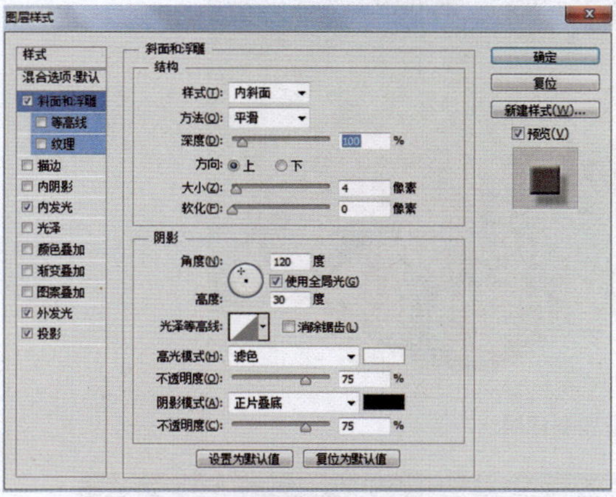

图 3 – 3 – 16　设置图层样式——斜面与浮雕

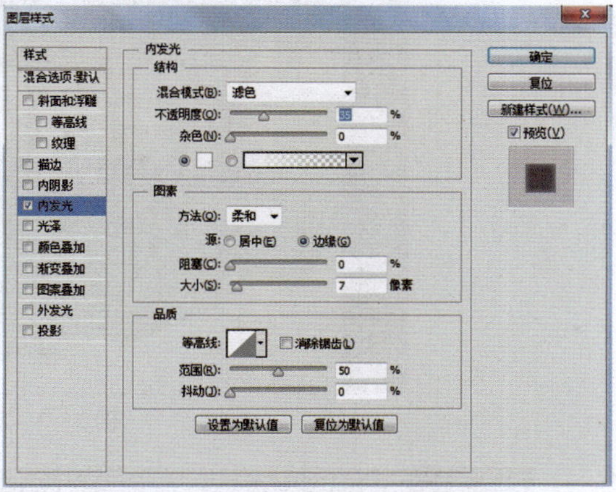

图 3 – 3 – 17　设置图层样式——内发光

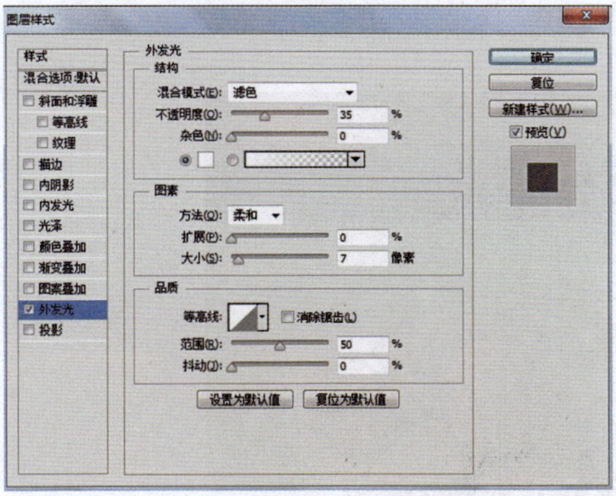

图 3 – 3 – 18　设置图层样式——外发光

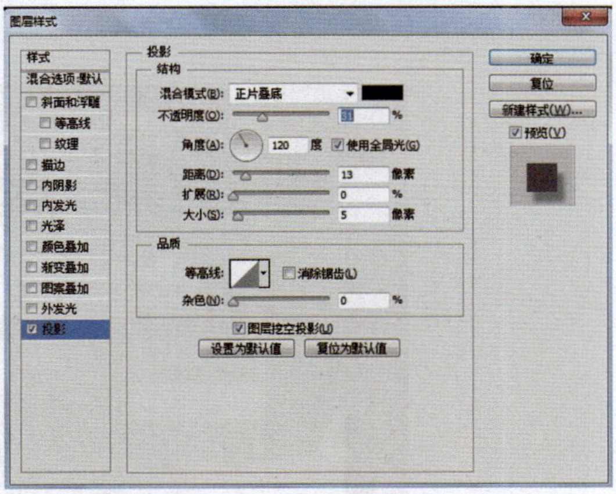

图 3 – 3 – 19　设置图层样式——投影

步骤 16：添加副标题。使用文字工具在标题下方单击并输入"致敬劳动者，甜蜜共分享"。调整副标题的字体、字号、颜色和对齐方式，使之与标题形成对比但又保持协调。副标题的字号通常比标题小一些，颜色略淡或使用不同色调以区分，如图 3 – 3 – 20 所示。

步骤 17：使用形状工具（见图 3 – 3 – 21），选择圆角矩形，设置半径为 50 像素，填充颜色为白色，在副标题下方绘制形状。

步骤 18：选中刚才的圆角矩形图层，按住 Alt 键，复制一个出来，取消填充颜色，设置描边宽度为 3 点，描边颜色为白色，如图 3 – 3 – 22 所示。

步骤 19：添加促销文案，使用文字工具输入"买 1 斤送 1 斤"，设置字体为微软雅黑，字号为 46 点，颜色参数为 #6fb000，并放大数字 1 的字号，如图 3 – 3 – 23、图 3 – 3 – 24 所示。继续输入文字"限时抢购"，选择字体为微软雅黑，设置颜色为白色，字号为 52 点。

步骤 20：选择促销文案的图层，在图层面板最下方选择组工具或者使用组合键 Ctrl + G 将所选编成一组，并使用移动工具通过键盘上的方向键调整组的位置，如图 3 – 3 – 25、图 3 – 3 – 26 所示。

图 3 - 3 - 20　添加副标题

图 3 - 3 - 21　使用形状工具

图 3 - 3 - 22　复制圆形矩形并设置参数

图 3 - 3 - 23　输入促销文案

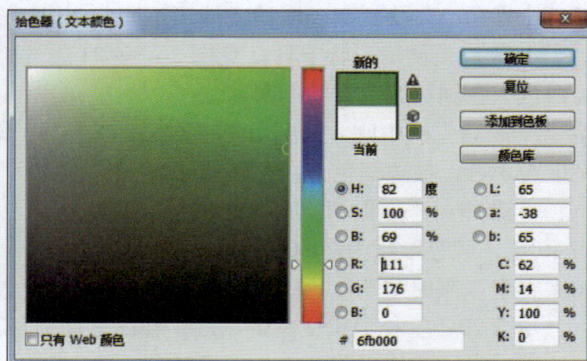

图 3 - 3 - 24　设置颜色

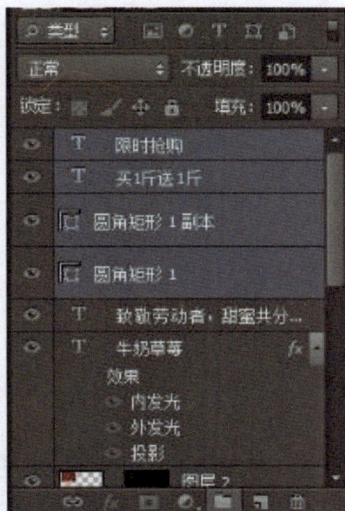

图 3 - 3 - 25　图层编组

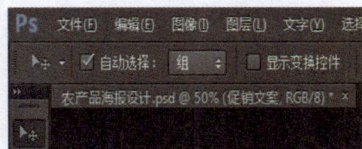

图 3 - 3 - 26　选择组

步骤 21：添加活动时间，在促销文案的下方，输入文字"活动时间：4.28—5.7"，设置合适的字号，确保时间信息清晰可读。选择与标题文案相同的颜色，以保持整体风格统一，如图 3 - 3 - 27 所示。

图 3 - 3 - 27　添加活动时间

步骤 22：检查并调整各部分文字的位置、间距、行距等，确保海报布局均衡，文字阅读流畅。注意避免文字与图像、其他文字重叠或遮挡重要信息。最终保存为 JPEG 格式。效果图如图 3 - 3 - 28 所示。

图 3 - 3 - 28　效果图

【任务评价】

序号	维度	要求	分值	得分
1	钢笔工具	使用钢笔绘制曲线不卡角	20	
2	文字工具	文案排版美观，可读性强	20	
3	形状工具	能正确使用形状工具	20	
4	蒙版工具	能正确使用图层蒙版、剪贴蒙版	20	
5	色彩搭配	色彩搭配和谐	20	
合计			100	

【任务拓展】

专题任务：家乡美——我为家乡农产品代言，请为家乡的有机农产品设计一张宣传海报。

扫描右侧的二维码，查看任务说明。

有机农产品电商
海报设计

【知识链接】

1. 扫描二维码学习"解锁视觉营销密钥——海报版式设计"。
2. 扫描二维码学习"海报设计中的配色技巧和字体选择技巧"。

解锁视觉营销密钥——
海报版式设计

海报设计中的配色
技巧和字体选择技巧

【素养园地】

二十四节气系列海报赏析

扫描右侧的二维码查看完整图片。

二十四节气是反映一年中自然现象和农事活动季节特征的二十四个节候，是中国古代劳动人民在长期的农耕社会生产、生活中所产生的智慧结晶，贯穿全年且极具中国传统特色，在农业生产方面起着指导作用。通过将这些节气融入海报，不仅展示了传统文化的魅力，也体现了对传统文化的传承。

二十四节气系列
海报赏析

在这几组二十四节气海报中，很多都体现了自然景观和生态元素，强调人与自然的和谐共生，符合绿色发展的精神。在海报设计中，运用创意和新颖的表现形式，将节气特点与产品特色相结合，体现了创新精神，如图3-3-29所示。

这些海报通过创意和视觉冲击力吸引顾客，提高了品牌知名度和产品销售量。同时，这些海报也弘扬了中国的传统文化和价值观，为消费者提供了一种全新的视觉体验。

二十四节气海报——国风篇　　　二十四节气海报——厨电篇　　　二十四节气海报——美食篇

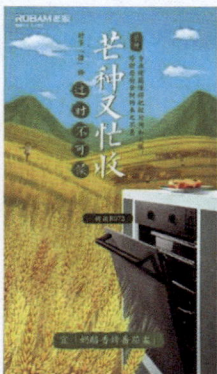

图 3-3-29　二十四节气海报

任务二　女装海报设计与制作

【学习目标】

知识目标：

1. 掌握海报设计技巧。

2. 了解四种国潮设计风格。

3. 熟悉女装品牌风格和市场趋势。

技能目标：

1. 能够结合节日氛围和女装品牌风格进行创意设计。

2. 能够针对特定主题进行海报设计。

3. 能够熟练使用 Photoshop 工具完成海报制作。

素质目标：

1. 深化文化传承自觉，培养坚定的文化自信。

2. 提升美学修养，塑造卓越美学品格。

3. 激发创新思维活力。

【任务描述】

本任务需要为某女装品牌设计一张 38 女神节主题的海报，用于吸引目标客户并促进节日销售。海报需要展现出节日氛围，同时与女装品牌形象相契合，达到吸引顾客的目的。

【任务分析】

本任务需要深入了解 38 女神节的含义、文化背景和传统元素。分析女装品牌的定位、品牌形象以及设计风格。研究节日期间的消费者需求和女装市场流行趋势。结合节日特色、品牌风格和市场趋势，构思独特的设计主题和表现手法，并考虑如何通过色彩、字体和图片的组合，创造出吸引人的视觉效果。

1. 收集关于 38 女神节的资料，了解其文化背景和传统元素。
2. 研究女装市场的流行趋势和节日期间的消费者需求。
3. 准备电商以及 Photoshop 软件。
4. 参考其他优秀的节日海报设计作品，了解其设计风格和表现手法。
5. 确定与品牌形象相符的颜色和字体。

【任务实施】

步骤 1：新建宽度为 1 920 像素，高度为 900 像素，分辨率为 72 像素/英寸的空白画布，如图 3 – 3 – 30 所示。

步骤 2：选择矩形形状工具，为其设置渐变填充，在渐变编辑器的 19% 的位置设置颜色参数为#fdbe83，66% 的位置设置颜色参数为#f4e5d9 的填充，参数如图 3 – 3 – 31 所示。

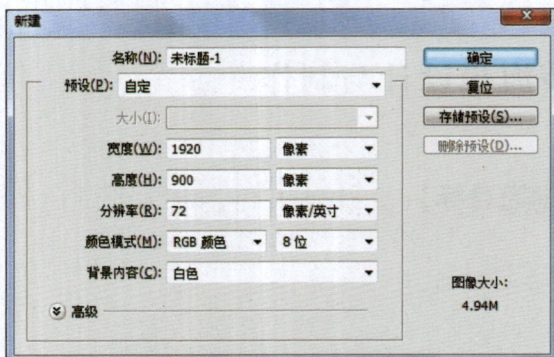

图 3 – 3 – 30　新建画布

图 3 – 3 – 31　设置渐变填充

步骤 3：置入丝带素材，移动到画布的左下角，为该图层添加图层蒙版，使用黑色画笔在蒙版上涂抹，擦除部分内容，如图 3 – 3 – 32 所示。

步骤 4：为丝带图层设置图层样式，选择投影，设置不透明度为 52%，角度为 141 度，距离为 10 像素，大小为 8 像素，混合模式选择正常，颜色参数为#490000。具体参数如图 3 – 3 – 33 所示。

步骤 5：复制一个丝带图层，强化丝带的效果，并使用黑色画笔在复制的图层蒙版上进行涂抹，擦除部分内容，如图 3 – 3 – 34 所示。

图 3 – 3 – 32　置入丝带素材

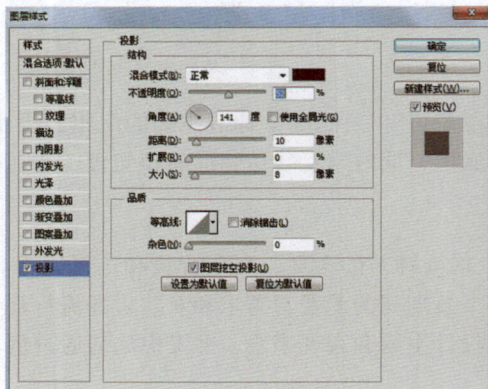

图 3 – 3 – 33　设置图层样式

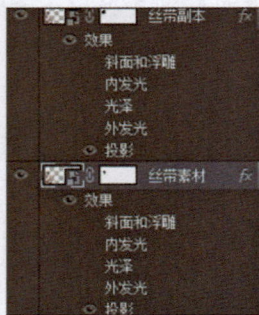

图 3 – 3 – 34　设置图层蒙版

步骤 6：使用钢笔工具绘制形状，填充红色（颜色参数为#a30504）。为该图层添加渐变叠加图层样式，渐变颜色参数分别为#e11f37，#830506，如图 3 - 3 - 35 和图 3 - 3 - 36 所示。

图 3 - 3 - 35 绘制红色形状

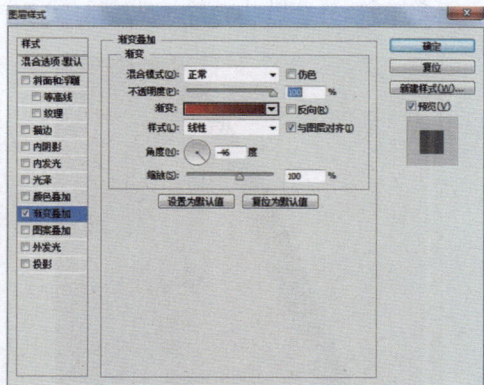

图 3 - 3 - 36 设置渐变叠加

步骤 7：使用钢笔工具绘制形状，填充红色（颜色参数为#770002），如图 3 - 3 - 37 所示。

步骤 8：为该图层添加渐变叠加图层样式。混合模式为正常，渐变颜色参数分别为#e11f37 和#740505，角度为 - 28 度。参数如图 3 - 3 - 38 所示。

图 3 - 3 - 37 钢笔绘制形状

图 3 - 3 - 38 设置渐变叠加

步骤 9：使用钢笔工具绘制形状，填充红色（颜色参数为#fd7485），如图 3 - 3 - 39 所示。

步骤 10：对图层使用"滤镜→模糊→高斯模糊"命令，模糊半径为 29 像素，参数如图 3 - 3 - 40 所示。

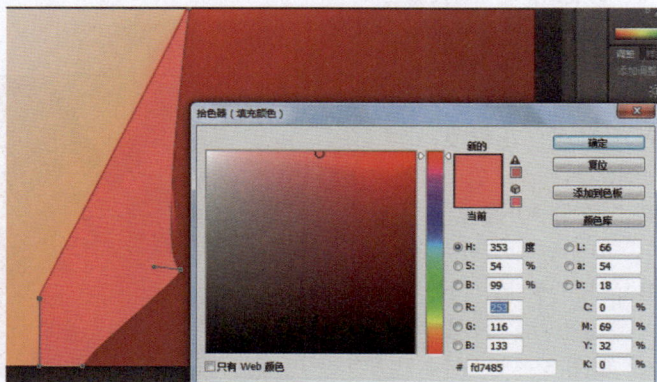

图 3 - 3 - 39 钢笔绘制形状并填充红色

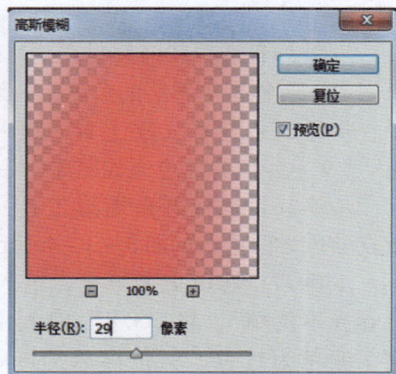

图 3 - 3 - 40 高斯模糊

步骤 11：为该图层添加图层蒙版，使用黑色画笔在蒙版上涂抹，擦除部分内容，营造出折角的高光效果，如图 3 − 3 − 41 所示。

步骤 12：置入鲜花素材，如图 3 − 3 − 42 所示，并移动到画面右下角。

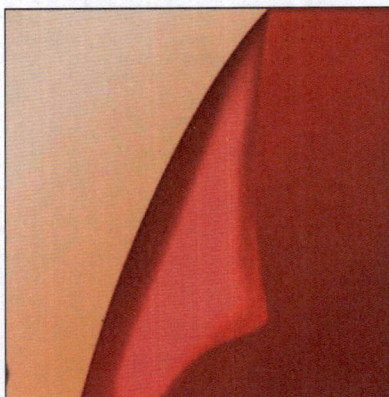

图 3 − 3 − 41　高光效果

图 3 − 3 − 42　置入鲜花素材

步骤 13：置入装饰素材，调整大小和角度，并设置图层样式为投影，参数如图 3 − 3 − 43 所示。

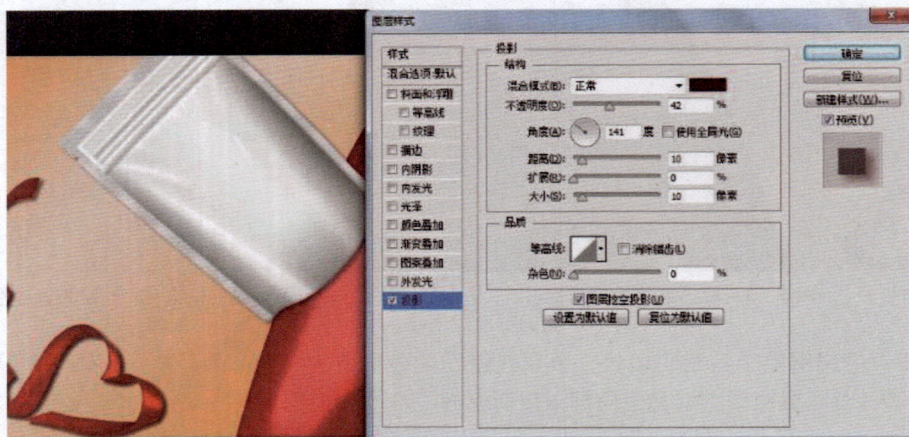

图 3 − 3 − 43　为装饰素材设置投影效果

步骤 14：选择装饰素材图层，按住 Alt 键并拖动出两个副本，调整副本图层的角度，效果如图 3 − 3 − 44 所示。

步骤 15：选择文字工具，输入"春色如许，花样女王"，文字颜色为白色，如图 3 − 3 − 45 所示。

步骤 16：选择圆角矩形工具，设置半径为 50 像素，填充颜色为白色，如图 3 − 3 − 46 所示。

步骤 17：选择文字工具，输入"单品 3.8 折起，不负春光不负卿"，将"3.8"放大字号，突出显示，设置文字颜色为红色，颜色参数为#ca192c，如图 3 − 3 − 47 所示。

图 3 − 3 − 44　复制装饰素材

图 3 - 3 - 45　输入文字

图 3 - 3 - 46　添加圆形矩形

步骤 18：使用椭圆形状工具，按住 Shift 键绘制圆形，并填充白色，将其复制 4 个并调整大小，如图 3 - 3 - 48 所示。

图 3 - 3 - 47　添加促销文字

图 3 - 3 - 48　绘制椭圆形状

步骤 19：置入女王节文字素材，如图 3 - 3 - 49 所示，调整大小和位置。

步骤 20：使用文字工具输入英文装饰文字，文字颜色为白色，调整文字大小，如图 3 - 3 - 50 所示。

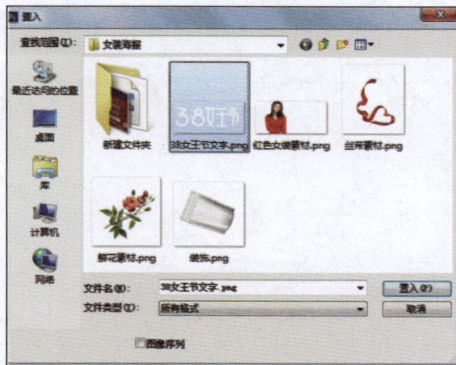

图 3 - 3 - 49　置入女王节文字素材

图 3 - 3 - 50　添加英文装饰文字

步骤 21：置入红色衬衣素材，调整图像的大小和位置后栅格化图层，如图 3 - 3 - 51、图 3 - 3 - 52 所示。

步骤 22：使用魔术棒工具，设置容差为 32，选中背景后删除，完成抠图，如图 3 - 3 - 53 所示。效果图如图 3 - 3 - 54 所示。

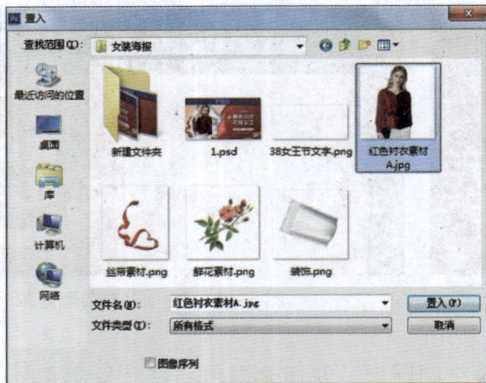

图 3 - 3 - 51　置入红色衬衣素材

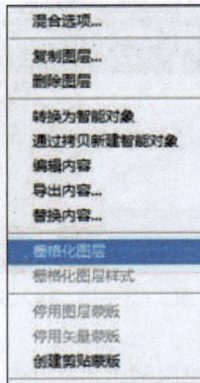

图 3 - 3 - 52　栅格化图层

图 3 - 3 - 53　魔棒抠图

图 3 - 3 - 54　效果图

【任务评价】

序号	维度	要求	分值	得分
1	钢笔工具	使用钢笔绘制曲线不卡角	20	
2	文字工具	文案排版美观,可读性强	20	
3	形状工具	能正确使用形状工具	20	
4	蒙版工具	能正确使用图层蒙版、剪贴蒙版	20	
5	色彩搭配	色彩搭配和谐	20	
		合计	100	

【任务拓展】

1. 下载任务素材,扫描下面的二维码查看微课视频任务步骤,完成女装海报设计拓展任务。

2. 扫描下面的二维码查看任务说明,利用 AI 生成内容(AIGC)技术完成年货节电商海报 AI 制作任务。

女装海报设计与制作

年货节电商海报 AI 制作任务单

【知识链接】

扫描二维码学习电商海报设计风格与技巧。

电商海报设计
风格与技巧

【素养园地】

如何应对 AI 设计工具带来的挑战

习近平总书记在致国际人工智能与教育大会的贺信中指出，人工智能是引领新一轮科技革命和产业变革的重要驱动力，正深刻改变着人们的生产、生活、学习方式，推动人类社会迎来人机协同、跨界融合、共创分享的智能时代。

随着人工智能（AI）技术的快速发展，电商设计领域也开始受益于 AI 的应用。有越来越多的 AI 电商设计工具问世，比如阿里国际数字商业集团发布的 Pic Copilot 和鹿班 AI。Pic Copilot 具有"多语言"和"懂电商"的特点，目前已上线的功能包括一键抠图、图片翻译、背景图生成等，能够快速生成适应不同国家市场、不同语言的营销卖点图。鹿班 AI 是基于图像的智能生成技术，可以改变传统的设计模式，在短时间内完成大量 banner 图、海报图和会场图的设计。还有一些 AI 生成艺术和设计工具，如 Midjourney、Stable Diffusion 等，这些工具能够根据文字描述或简单草图生成高质量的艺术作品和设计概念。

这些工具的出现为电商行业带来了巨大便利的同时，也为设计师带来了一些挑战。面对 AI 设计新工具，设计师可以从以下几个方面进行应对：

1. 深化专业知识和技能

熟练掌握各种设计软件和工具，了解最新的设计趋势和技术发展。通过不断学习和实践，增强自己在设计领域的专业性和竞争力。

2. 提升创意和创新能力

党的二十大报告中强调了创新的重要性，设计师应该注重提升自身的创意和创新能力。人工智能在处理重复性、机械化任务方面表现出色，但在创意和创新方面仍难以匹敌人类设计师。因此，设计师应专注于提升自己的创新思维，不断探索新的设计理念和表现手法，以应对人工智能的挑战。

面对 AI 设计新工具带来的机遇和挑战，设计师需要保持开放的心态，积极拥抱新技术，同时不断提升自己的专业素养和创意能力，以适应快速变化的设计行业。

【项目知识检测】

【单选题】

1. 根据版式设计，以下哪种类型最适合传达稳定和正式的感觉？（　　）

A. 自由排版型　　　　　　　　　　B. 对称型

C. 倾斜型　　　　　　　　　　　　D. 曲线型

2. 哪一种风格的海报设计强调使用线条、网格和电路图等元素？（　　　）

A. 剪纸风　　　　　　B. 中国风　　　　　　C. 科技风　　　　　　D. 国潮风

3. 根据设计风格描述，以下哪个选项不属于"极简风"特点？（　　　）

A. 色彩鲜艳、对比强烈　　　　　　　　　B. 简洁明了的字体

C. 单一或少量的色彩组合　　　　　　　　D. 注重空间感和呼吸感

【多选题】

1. 在进行电商海报设计时，以下哪些元素是需要考虑的？（　　　）

A. 文案内容　　　　B. 色彩搭配　　　　C. 图形和图像　　　　D. 字体选择

2. 哪些风格属于目前流行的电商海报设计风格？（　　　）

A. 中国风　　　　　　B. 国潮风　　　　　　C. 科技风　　　　　　D. 剪纸风

3. 对于"国潮"风格海报的描述，以下哪些是准确的？（　　　）

A. 融合了中国传统文化元素　　　　　　　B. 强调对传统文化的重新诠释和创新

C. 使用现代设计手法结合传统元素　　　　D. 旨在展现创意和个性

【判断题】

1. 电商海报的设计流程中，首先需要进行市场调研。（　　　）

2. 满版型版式设计适用于突出展示产品或营造特定氛围。（　　　）

3. 三角型版式设计不适合用于传达稳重感。（　　　）

4. 3D 风格海报设计不能用来展示电子产品。（　　　）

扫描二维码查看答案

项目四　主图设计与制作

经过一段时间的经营，小边和阿彩发现最近几个月店铺的销量出现了下降趋势，通过对近几个月经营数据的分析，发现虽然商品主图的展现量很大，但是点击率很低。

小边和阿彩通过对比分析自家店铺主图和销量高的网店主图，找到了自己店铺的主图虽然展现量大，但点击率低的原因，主要是因为主图设计缺乏吸引力，产品图不够清晰，主图内容烦琐，重点不突出。因此，小边和阿彩决定重新设计店铺的商品主图。

任务一　农产品店铺主图设计与制作

【学习目标】

知识目标：

1. 掌握主图的设计原则。

2. 熟悉农产品店铺主图设计要点。

3. 了解电商平台的主图设计规范。

技能目标：

1. 能够根据农产品的特点和卖点进行创意设计。

2. 能够熟练使用 Photoshop 中的各类工具完成农产品店铺主图制作。

素质目标：

1. 具有诚实守信意识，避免设计的农产品店铺主图失真。

2. 激发对美的感知，培养良好的审美观。

3. 培养创新思维和实践能力。

▶【任务描述】

清晰、真实的农产品店铺主图能够直观地展示产品的外观、色泽、品质等特点，使消费者在较短的时间内对农产品有一个全面的了解。而优秀的农产品店铺主图在视觉上可以给消费者带来冲击和新鲜感，从而引发消费者的兴趣和好奇心，增加农产品店铺主图的点击率，是吸引消费者注意、传递产品价值的关键环节，对于提升产品吸引力和市场竞争力具有至关重要的作用。本任务将为农产品店铺设计主图，在设计主图时需要准确地展现农产品的特点和优势，设计出美观、和谐、富有视觉冲击力的农产品店铺主图。

【任务分析】

在设计和制作农产品店铺主图时，首先需要了解农产品的种类、生长环境、品质特点等方面的知识，其次运用对色彩、构图、排版等视觉元素的敏锐度和把握力，综合运用这些元素，设计制作出美观、和谐且符合店铺风格的农产品店铺主图。

【任务准备】

知识准备：掌握色彩搭配、主图构图、文字排版等知识。

工具准备：相机、电脑、Photoshop 软件。

素材准备：高清农产品图片、产地背景图片、质量认证标识。

【任务实施】

步骤1：按组合键 Ctrl + N 新建画布，设置其宽度为 800 像素，高度为 800 像素，分辨率为 72 像素/英寸，如图 3 - 4 - 1 所示。

步骤2：单击图层面板中的"新建图层"图标，选择工具栏中的渐变工具，单击工具属性栏中的"渐变编辑器"，在打开的"渐变编辑器"对话框中进行设置，渐变的设置数值为 RGB（34，34，104）到 RGB（3，3，48），如图 3 - 4 - 2 所示，效果如图 3 - 4 - 3 所示。

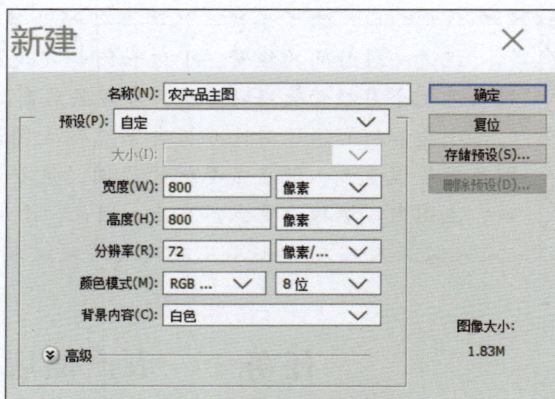

图 3 - 4 - 1　新建画布

图 3 - 4 - 2　渐变编辑器

图 3 - 4 - 3　新建图层并填充渐变色

步骤3：单击图层面板中"新建图层"图标，在工具栏中选择矩形选框工具，设置为固定大小，宽度为 750 像素，高度为 750 像素。单击工具栏中的渐变工具，渐变的设置数值为 RGB（255，251，239）到 RGB（253，233，209），如图 3 - 4 - 4 所示，填充矩形选框，效果如图 3 - 4 - 5 所示。

步骤4：单击工具栏中的椭圆选框工具，设置为固定大小，宽度为 70 像素，高度为 70 像素，将圆形选框先后放置在左上角、右上角，分别按下 Delete 键，效果如图 3 - 4 - 6 所示。

图 3 - 4 - 4 渐变参数设置

图 3 - 4 - 5 矩形效果

步骤 5：单击图层面板中"新建图层"图标，单击工具栏中的钢笔工具，绘制路径如图 3 - 4 - 7 所示。单击图层面板中的"路径"，将前景色设置为 RGB（255，248，235），单击工具栏中的画笔工具，设置为硬边圆、画笔大小为 7 像素，单击图层面板中的"用画笔描边路径"图标。将背景色设置为 RGB（12，22，54），单击图层面板中的"将路径作为选区载入"图标，按下组合键 Ctrl + Delete，填充背景色，按组合键 Ctrl + D 取消选区，效果如图 3 - 4 - 8 所示。

图 3 - 4 - 6 形状 1

图 3 - 4 - 7 绘制路径

图 3 - 4 - 8 形状 2

步骤 6：单击图层面板中的"新建图层"图标，单击工具栏中的钢笔工具，绘制路径如图 3 - 4 - 9 所示。单击图层面板中的"路径"图标，将前景色设置为 RGB（132，137，153），背景色设置为 RGB（17，31，80），单击工具栏中的画笔工具，设置为硬边圆，画笔大小为 7 像素。单击图层面板中的"用画笔描边路径"图标，单击图层面板中的"将路径作为选区载入"图标，按下组合键 Ctrl + Delete，填充背景色，按组合键 Ctrl + D 取消选区，效果如图 3 - 4 - 9 所示。

步骤 7：单击图层面板中的"新建图层"图标，单击工具栏中的钢笔工具，绘制路径如图 3 - 4 - 10 所示。单击图层面板中的"路径"图标，将前景色设置为 RGB（255，255，255），背景色设置为 RGB（44，60，108），单击工具栏中的画笔工具，设置为硬边圆，画笔大小为 7 像素。单击图层面板中的"用画笔描边路径"图标，单击图层面板中的"将路径作为选区载入"图标，按下组合键 Ctrl + Delete，填充背景色，按组合键 Ctrl + D 取消选区，效果如图 3 - 4 - 10 所示。

步骤 8：单击工具栏中的椭圆工具，设置半径为 70 像素，旋转渐变为 0 度，填充为渐变，从 RGB（24，39，71）至 RGB（79，113，167），描边为 RGB（244，223，178），效果如图 3 - 4 - 11 所示。

图 3 - 4 - 9　形状 3

图 3 - 4 - 10　绘制路径前修剪形状

图 3 - 4 - 11　形状 4

步骤 9：单击工具栏中的文字工具，选择黑体，字号为 30，输入文字"到手价"，设置图层样式，"斜面和浮雕"参数设置如图 3 - 4 - 12 所示，"内发光"参数设置如图 3 - 4 - 13 所示，"渐变叠加"参数设置如图 3 - 4 - 14 所示，效果如图 3 - 4 - 15 所示。

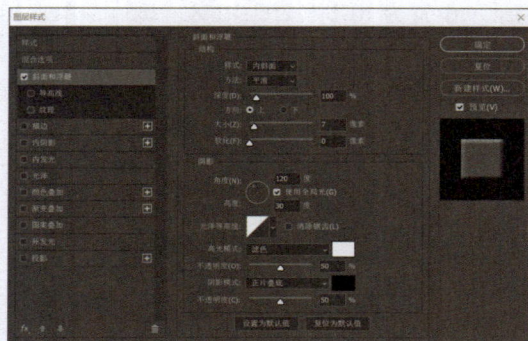

图 3 - 4 - 12　"斜面和浮雕"参数设置

图 3 - 4 - 13　"内发光"参数设置

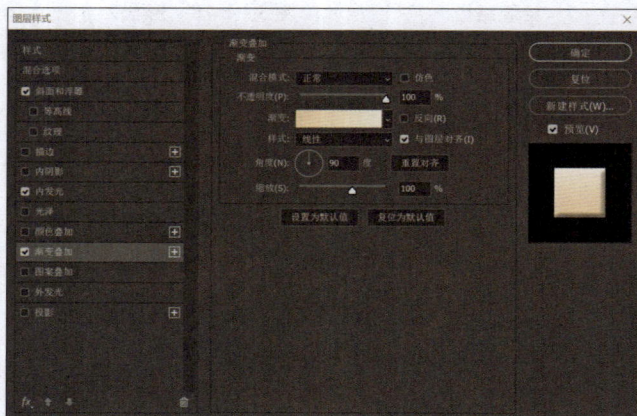

图 3 - 4 - 14　"渐变叠加"参数设置

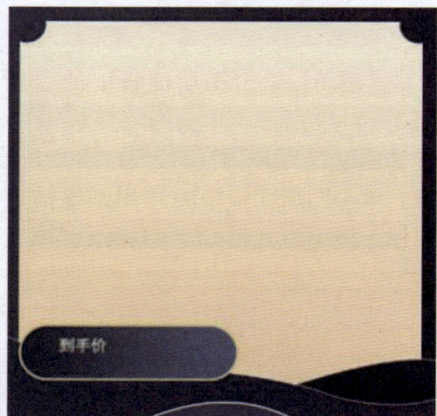

图 3 - 4 - 15　效果

步骤 10：单击工具栏中的文字工具，选择黑体，字号为 90，输入文字"29.9"；新建图层，输入文字"￥"，字号为 30；右击"到手价"图层，在弹出的快捷菜单中选择"拷贝图层样式"命令，分别右击"29.9""￥"图层，在弹出的快捷菜单中选择"粘贴图层样式"命令，效果如图 3 - 4 - 16 所示。

步骤 11：单击工具栏中的圆角矩形工具绘制圆角矩形，填充色为 RGB（40，59，126），无描边。复制圆角矩形，填充色为 RGB（255，249，236）。重复绘制几个不同形状的圆角矩形，调整它们的位置和角度，最终效果如图 3－4－17 所示。

步骤 12：新建图层，使用钢笔工具绘制路径，使用画笔工具描边，前景色设置为 RGB（185，44，28），效果如图 3－4－18 所示。复制图层，使用自由变换工具，右击，在弹出的快捷菜单中选择"垂直翻转"命令，移动图形位置，重复进行复制、移动图层操作，最终效果如图 3－4－19 所示。

图 3－4－16　复制图层样式　　　图 3－4－17　放置圆角矩形后的效果　　　图 3－4－18　绘制路径

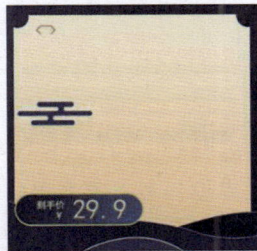

步骤 13：将"灯笼"的所有图层新建组，名称为"灯笼组"，复制"灯笼组"，得到"灯笼组副本"，如图 3－4－20。灯笼最后效果如图 3－4－21 所示。

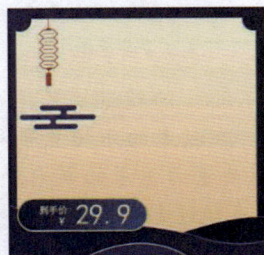

图 3－4－19　制作灯笼路径　　　图 3－4－20　复制"灯笼组"　　　图 3－4－21　灯笼最后效果

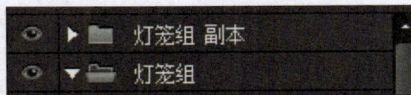

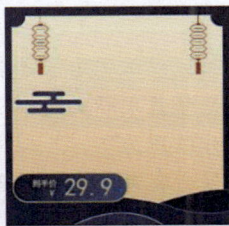

步骤 14：将农产品主图的文字素材放到主图中，如图 3－4－22 所示。

步骤 15：将农产品素材图（位置为项目四→任务一→农产品主图 1）放于主图中，如图 3－4－23 所示。

图 3－4－22　将文字放到主图中　　　图 3－4－23　将农产品素材图放于主图中

【任务评价】

序号	维度	要求	分值	得分
1	抠图	抠图干净，内容完整	20	
2	文字工具	文案排版可读性强	20	
3	形状工具	能正确使用形状工具	20	
4	钢笔工具	能使用钢笔工具绘制出所需图形	20	
5	排版布局	主图中文字、产品图、装饰元素布局合理	20	
		合计	100	

【任务拓展】

专题任务：家乡美——我为家乡农产品代言，请为家乡的农产品设计一张具有视觉冲击力的产品主图。

扫描右侧的二维码，查看任务说明。

我为家乡农产品
设计主图

【知识链接】

扫描右侧的二维码完成"主图设置让你的宝贝脱颖而出"的学习。

主图设置让你的
宝贝脱颖而出

【素养园地】

践行工匠精神

工匠以工艺专长造物，在专业的不断精进与突破中演绎着"能人所不能"的精湛技艺，凭借的是精益求精的追求。我国自古就有尊崇和弘扬工匠精神的优良传统。在激烈的市场竞争和转型升级压力下，"工匠精神"被赋予以创新为导向、以技术为生命、以质量为追求的新内涵。支撑创新驱动的根本是创新型人才，其中包括能工巧匠和高级技师。我国有超过1.7亿技能人才活跃在各行各业。大国工匠们凭借丰富的实践经验和不懈的创新进步，实现了一项项工艺革新，完成了一系列技术攻坚。他们是支撑中国制造的重要力量，也是锻造"创新中国"的劳动者大军。一大批产业劳动者勇于创新、追求卓越的干劲，彰显工匠精神的时代气息，折射出产业劳动者顽强拼搏、锐意进取的时代精神。

工匠精神，在不断接力中传承"中国风范"。2020年12月10日，习近平总书记在致首届全国职业技能大赛的贺信中提出"培养更多高技能人才和大国工匠"，并发出"走技能成才、技能报国之路"的号召，对广大劳动者特别是青年一代是巨大的鼓舞。

青年一代应具有"择一事终一生"的执着专注，"干一行专一行"的精益求精，"偏毫厘不敢安"的一丝不苟，"千万锤成一器"的追求卓越。

任务二 女装店铺主图设计与制作

【学习目标】

知识目标：

1. 熟悉常见的主图布局方式。

2. 了解不同平台主图的设计要求。

技能目标：

1. 能够根据服装的特点和卖点进行创意设计。

2. 能够熟练使用 Photoshop 中的各类工具完成女装店铺主图制作。

3. 能够清晰地阐述设计思路和创意。

素质目标：

1. 提升语言表达和沟通能力。

2. 培养爱国情怀和民族自豪感。

【任务描述】

为了提升女装产品的市场竞争力，吸引更多消费者的目光，需要设计具有吸引力和创意的女装店铺主图。主图应突出产品的特点和优势，展现女装的美感和品质，为潜在买家提供直观的视觉体验。本任务将为女装店铺设计主图。在设计主图时应与店铺的装修风格相联系，实现店铺的整体统一，加深消费者对店铺的印象。

【任务分析】

在设计和制作女装店铺主图时，首先根据女装的风格，明确设计主图的目的和受众，确定好女装店铺主图的设计风格和内容；其次进行女装店铺主图的创意构思与规划，规划主图的色彩搭配、排版布局、字体选择等设计元素；最后使用作图工具 Photoshop，结合创意构思和规划，进行主图的设计制作。

【任务准备】

知识准备：主图的布局方式。

工具准备：相机、电脑、Photoshop 软件。

素材准备：女装。

【任务实施】

步骤 1：按组合键 Ctrl + N 新建画布，设置画布宽度为 800 像素，高度为 800 像素，分辨率为 72 像素/英寸，如图 3 – 4 – 24 所示。

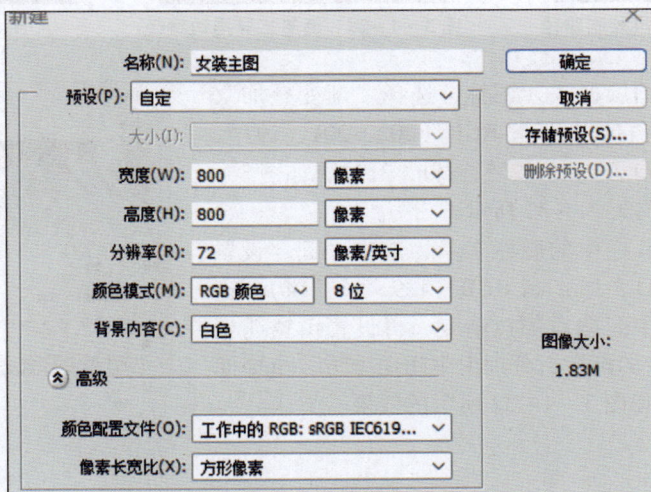

图 3 – 4 – 24　新建画布

步骤2：单击"新建图层"图标，得到"图层1"，设置前景色为RGB（173，10，16），按组合键Alt＋Delete填充新建图层，如图3－4－25所示。

步骤3：单击"新建图层"图标，得到"图层2"，单击"视图→新建参考线"命令，创建一条垂直居中的参考线，参数设置如图3－4－26所示。

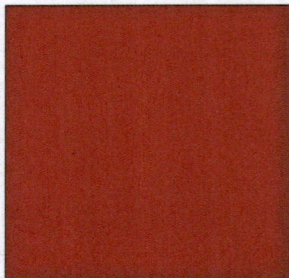

图3－4－25　新建图层填充颜色　　　　　图3－4－26　新建垂直居中参考线

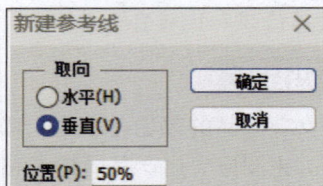

步骤4：选择钢笔工具绘制路径，如图3－4－27所示，设置前景色为RGB（202，202，201），选择画笔工具，设置画笔大小为5像素，硬边圆，单击"用画笔工具描边路径"图标，得到如图3－4－28所示的路径。

步骤5：单击"图层2"，按组合键Ctrl＋J复制图层，得到"图层2副本"，按组合键Ctrl＋T调出自由变换框，右击，在弹出的快捷菜单中选择"水平翻转"命令，向右移动，同时选中"图层2"和"图层2副本"合并图层，得到如图3－4－29所示的路径。

图3－4－27　钢笔工具绘制路径　　　　图3－4－28　画笔工具描边路径　　　　图3－4－29　路径

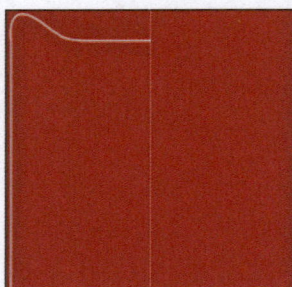

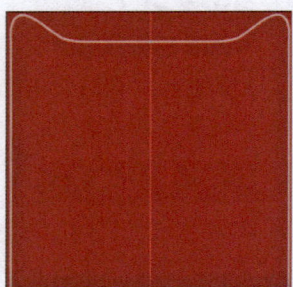

步骤6：单击"图层样式"图标，选择"渐变叠加"，三个渐变色标RGB数值分别是RGB（202，201，197），RGB（203，197，149），RGB（255，251，212），如图3－4－30所示，效果如图3－4－31所示。

步骤7：单击工具栏中的魔棒工具，选中中间，设置渐变从RGB（160，11，16）到RGB（139，10，14），选择"线性渐变"，由中间向右侧拉渐变，再设置由透明到RGB（139，10，14）的渐变，分别由中间向上方，由中间向左侧拉渐变，得到如图3－4－32所示的效果。

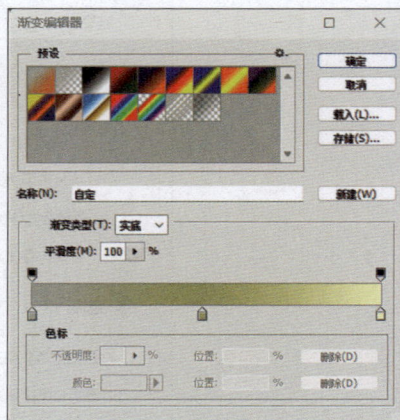

图3－4－30　渐变参数

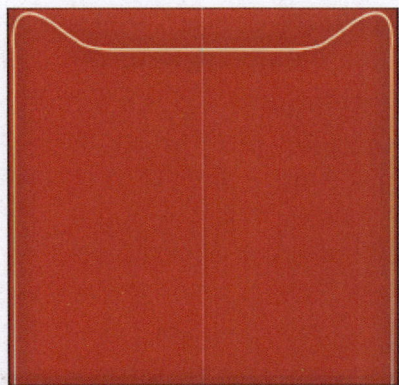

图 3 – 4 – 31 渐变叠加后的效果

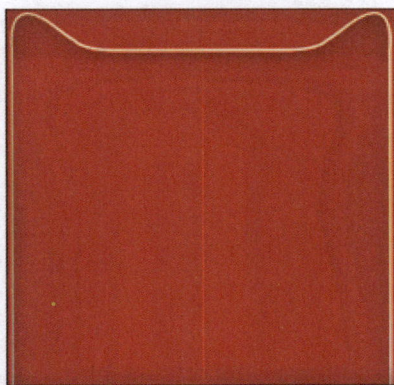

图 3 – 4 – 32 调整渐变后的效果

步骤 8：单击工具栏中的圆角矩形工具，填充色为渐变，从 RGB（198，7，38）到 RGB（246，47，80），再到 RGB（198，7，38），设置数值如图 3 – 4 – 33 所示，描边色为渐变，从 RGB（255，247，179）到 RGB（249，229，231），描边粗细为 4，描边半径为 20 像素，设置数值如图 3 – 4 – 34、图 3 – 4 – 35 所示，在女装主图左下方绘制圆角矩形框，修改名称为"左下角圆角矩形"，效果如图 3 – 4 – 36 所示。

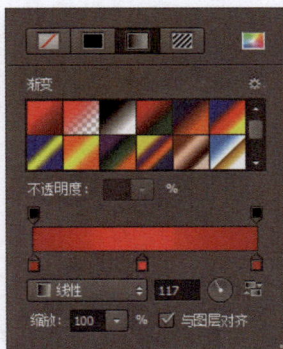

图 3 – 4 – 33 渐变参数

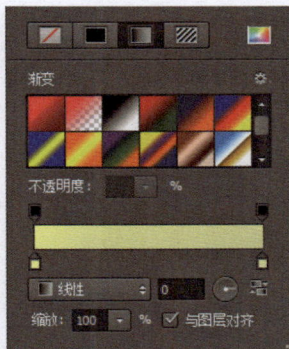

图 3 – 4 – 34 渐变参数

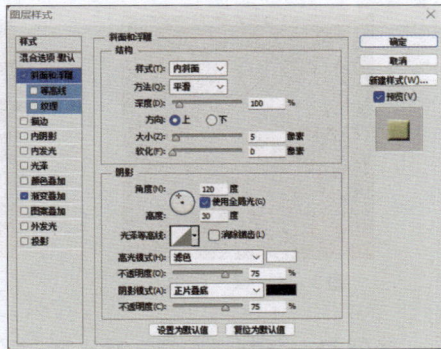

图 3 – 4 – 35 图层样式

步骤 9：按组合键 Ctrl + T，右击，在弹出的快捷菜单中选择"斜切"命令，按住鼠标左键拖动圆角矩形框的右下角进行自由变换，得到如图 3 – 4 – 37 所示的效果。

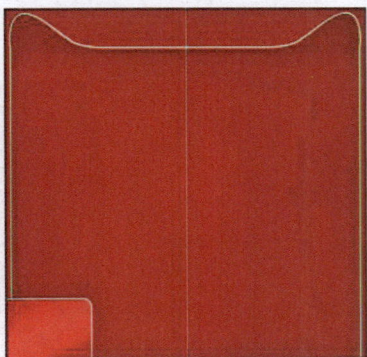

图 3 – 4 – 36 绘制圆角矩形

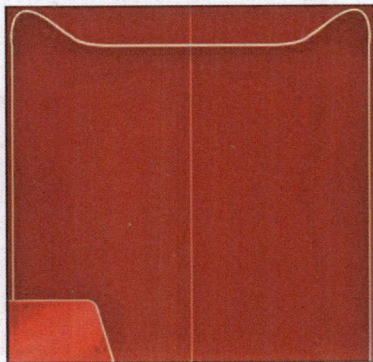

图 3 – 4 – 37 自由变换后的路径

步骤10：单击矩形工具，填充颜色为 RGB（236，186，67），绘制如图 3 - 4 - 38 所示的图形；单击圆角矩形工具绘制一个圆角矩形，填充颜色为 RGB（236，186，67），栅格化图层，使用椭圆选框工具配合 Delete 键删除圆角矩形下半部分，得到如图 3 - 4 - 39 所示的图形；单击椭圆工具，填充颜色为 RGB（226，193，113），绘制如图 3 - 4 - 40 所示的图形；单击椭圆工具，填充颜色为 RGB（139，10，14），绘制如图 3 - 4 - 41 所示的图形；重复两种颜色的椭圆叠加，得到如图 3 - 4 - 42 所示的图形；使用矩形工具绘制一个矩形，填充颜色为 RGB（236，186，67），按组合键 Ctrl + T，右击，在弹出的快捷菜单中选择"斜切"命令，效果如图 3 - 4 - 43 所示；选择矩形工具、钢笔工具按图 3 - 4 - 44 所示进行绘制，将绘制灯笼的所有图层进行建组，组名为"左侧灯笼"。

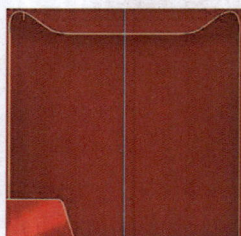 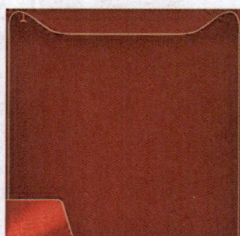  

图 3 - 4 - 38　图形 1　　　图 3 - 4 - 39　图形 2　　　图 3 - 4 - 40　图形 3　　　图 3 - 4 - 41　图形 4

图 3 - 4 - 42　图形 5　　　　　图 3 - 4 - 43　图形 6　　　　　图 3 - 4 - 44　左侧灯笼

步骤11：复制"左侧灯笼"组，移动到主图右上方，修改组名为"右侧灯笼"，如图 3 - 4 - 45 所示。

步骤12：选择横排文字工具，输入文字"国庆新风尚"，字体为黑体，字体颜色为 RGB（255，255，255），效果如图 3 - 4 - 46 所示。

步骤13：选择矩形工具，绘制渐变矩形，渐变颜色为 RGB（255，252，168）到 RGB（251，250，220），再到 RGB（253，251，197），效果如图 3 - 4 - 47 所示。

  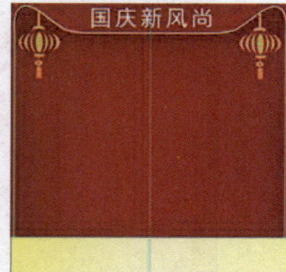

图 3 - 4 - 45　右侧灯笼　　　图 3 - 4 - 46　输入并调整文字效果　　　图 3 - 4 - 47　渐变矩形

步骤14：选择圆角矩形工具，填充色为纯色 RGB（129，9，13），双击图层，弹出"图层样式"对话框，参数设置如图 3-4-48 所示，效果如图 3-4-49 所示。

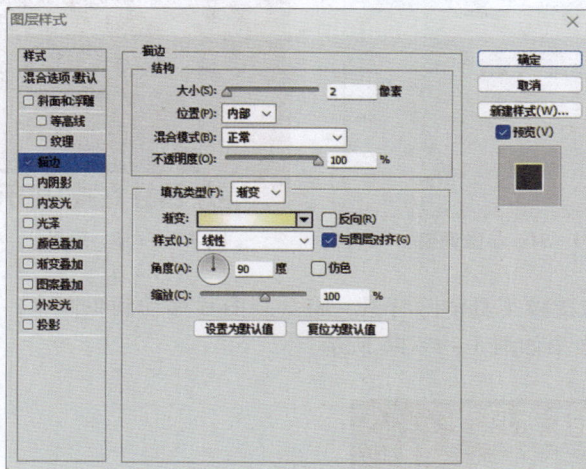

图 3-4-48 "图层样式"对话框参数设置

图 3-4-49 效果

步骤15：选择横排文字工具，输入相应的文字，字体为黑体，双击文字图层，弹出"图层样式"对话框，选择"渐变叠加"，参数设置如图 3-4-50 所示，效果如图 3-4-51 所示。

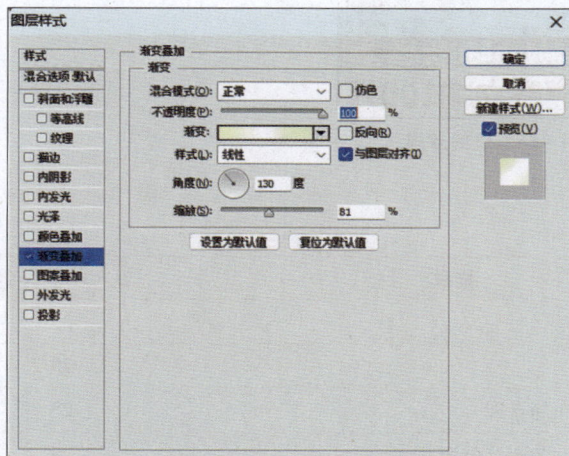

图 3-4-50 "图层样式"对话框参数设置

图 3-4-51 文字效果1

选择横排文字工具，输入相应的文字，字体为黑体，字体颜色为 RGB（173，10，16），效果如图 3-4-52 所示。

步骤16：将名称为"左下角圆角矩形"的图层拖至最上方，如图 3-4-53 所示；选择横排文字工具，输入文字"参考价""199"，单击图层面板，单击"添加图层样式"图标，选择"渐变叠加"，具体数值设置如图 3-4-54 所示，输入文字"¥""元"，文字颜色为 RGB（255，255，255），效果如图 3-4-55 所示。

图 3-4-52 文字效果2

图3-4-53 拖动图层至最上方　　　图3-4-54 参数调整　　　图3-4-55 效果

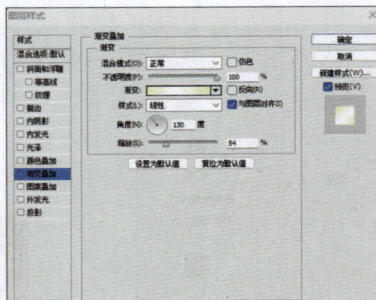

步骤17：打开女装主图素材，用魔术橡皮擦工具清除背景，将女装图片移动到主图中，按组合键 Ctrl + T 调整女装大小和位置，最终效果如图3-4-56所示。

图3-4-56 最终效果

【任务评价】

序号	维度	要求	分值	得分
1	抠图	抠图干净，内容完整	25	
2	文字工具	文案排版可读性强	25	
3	布局	主图中文字、产品图布局合理	25	
4	色彩搭配	色彩搭配得当，符合女装产品色调	25	
		合计	100	

【知识链接】

扫描右侧的二维码完成主图优化技巧的学习。

【素养园地】

扫描右侧的二维码完成动画"【电商警钟】买家秀≠免费图库！小心肖像权雷区！"的学习。

主图优化技巧

【电商警钟】买家秀≠免费
图库！小心肖像权雷区！

【项目知识检测】

【单选题】

1. 主图的主要作用是（　　）。

A. 展示商品细节　　　　B. 吸引顾客点击　　　C. 提供售后服务　　　D. 增加店铺流量

2. 主图设计中，文字描述应遵循（　　）原则。

A. 越多越好　　　　　　B. 简洁明了　　　　　C. 使用专业术语　　　D. 随意添加

3. 主图的尺寸通常根据（　　）来确定。

A. 设计师的喜好　　　　B. 商品大小　　　　　C. 电商平台规定　　　D. 店铺装修风格

【多选题】

1. 在设计主图时，以下哪些方式可以突出商品的卖点？（　　）

A. 使用强调标签　　　　　　　　　　　B. 放大关键部位的展示

C. 增加水印以保护图片版权　　　　　　D. 放置顾客评价或推荐语

2. 主图的设计应如何与店铺的整体风格保持一致？（　　）

A. 选择与店标相似的配色方案　　　　　B. 使用与店铺风格相符的字体

C. 模仿其他成功店铺的设计风格　　　　D. 反映店铺的品牌理念和定位

3. 优化主图以提高点击率，可以采取哪些措施？（　　）

A. 压缩图片大小以提高加载速度　　　　B. 使用高对比度的色彩组合

C. 增加动画和音效效果　　　　　　　　D. 在图片上添加促销信息或标签

【判断题】

1. 在主图设计中，文字描述应尽可能详细，以展示商品的所有特点。　　　　　　（　　）

2. 主图的背景越复杂，越能吸引顾客的注意力。　　　　　　　　　　　　　　（　　）

3. 优化主图的加载速度对提升用户体验和点击率没有直接影响。　　　　　　　（　　）

4. 主图应与店铺的整体品牌形象保持一致，以提升品牌识别度。　　　　　　　（　　）

扫描二维码查看答案

项目五　详情页设计与制作

【项目情境】

　　小边来自"脐橙之乡"，这里的脐橙品质优良，但丰收时节却常因客商压价使果农受损。为解决这一问题，小边计划利用年货节契机，通过优化电商详情页来促进脐橙的销售。

　　同样为了年货节，热爱传统文化的阿彩推出了新款马面裙，该款设计融合了传统元素与现代审美，力求打造出独具风格的时尚单品。她希望通过优化后的详情页来展示产品的特色，从而吸引更多的消费者。

　　为了达到更好的展示效果和用户体验，小边和阿彩邀请了擅长网页设计的老同学小王来帮助他们制作详情页，力求突出各自产品的亮点。

任务一　农产品店铺详情页设计与制作

【学习目标】

知识目标：

1. 了解详情页在电商销售中的作用和重要性。

2. 熟悉农产品的种类、特点及其对视觉呈现的特殊要求。

3. 了解版权法规，尤其是图片和字体使用的法律问题。

技能目标：

1. 能够熟练使用 Photoshop 中的文字、形状、魔棒等工具。

2. 能够独立创建和编辑图像、图标、按钮等视觉元素。

3. 能够对农产品图片进行编辑，以增强视觉效果和吸引力。

4. 能够设计出既美观又实用的详情页布局。

素质目标：

1. 具有法治意识，遵守职业道德和版权法规。

2. 能够发挥创意，设计独特的详情页。

【任务描述】

农产品详情页是电商平台上展示产品信息和吸引消费者的重要窗口。一个设计精良的详情页不仅能够准确传达产品信息，还能提升消费者对品牌的信任感和购买欲望。本任务的目标是为"脐橙之乡"的特色农产品设计并制作一个电商详情页。在设计过程中，要充分考虑农产品的自然属性和消费者的需求，运用视觉设计元素和技巧，打造出既美观又实用的详情页。

【任务分析】

在设计和制作详情页时，应深入研究脐橙的特性，包括产地、生长环境、营养价值等，以便在详情页中准确传达产品优势，基于产品分析，构思详情页的布局、色彩方案、视觉元素等，要考虑如何通过设计元素突出农产品的新鲜、健康等特性。

【任务准备】

素材准备：商品图、素材合集、商品介绍文档。
知识准备：见右侧二维码。

电商详情页的
作用和版式构成

【任务实施】

步骤1：使用组合键 Ctrl + N 新建画布，设置画布标题为"水果详情页"，宽度为750 像素，高度为8 000 像素，分辨率为72 像素/英寸，如图 3－5－1 所示。

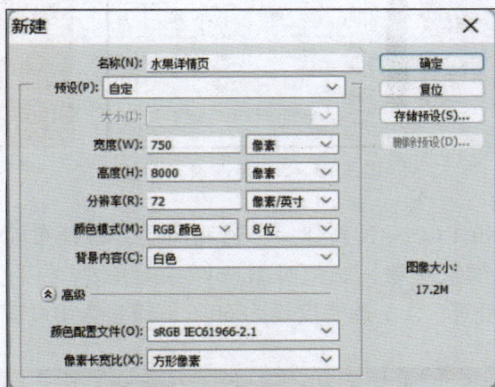

图 3－5－1　新建画布

步骤2：使用组合键 Ctrl + R 调出标尺，并选择菜单栏中的"视图→新建参考线"命令，分别设置一条水平参考线和三条垂直参考线，用于排版定位，参考线位置如图 3－5－2 所示。

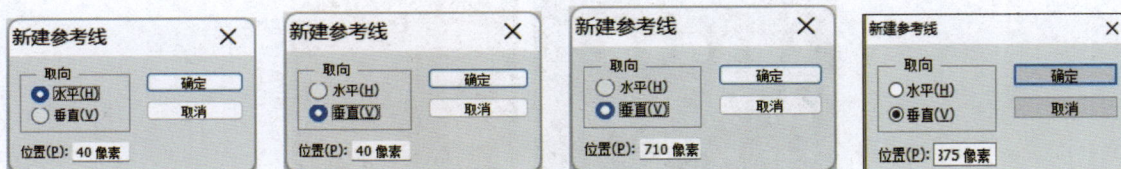

图 3－5－2　参考线位置

技术先锋

在新版本的 Photoshop 软件中，新建参考线时有预设选择。

步骤 3：使用组合键 Ctrl + G 创建新组，命名为"详情页首屏"，如图 3 – 5 – 3 所示，使用矩形工具在画布顶部绘制一个宽度为 750 像素、高度为 1 000 像素的矩形区域，如图 3 – 5 – 4 所示，填充颜色为#ffbb4d，无描边，如图 3 – 5 – 5 所示。

图 3 – 5 – 3　创建新组

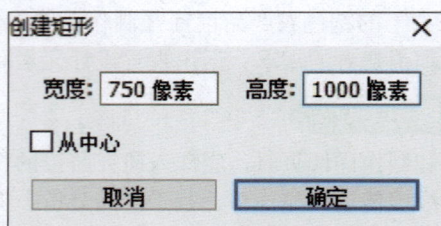

图 3 – 5 – 4　创建矩形

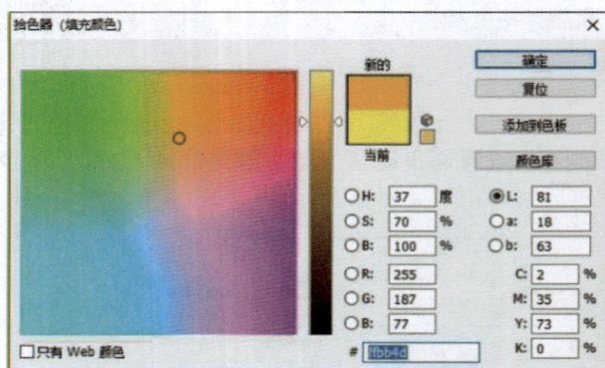

图 3 – 5 – 5　矩形填充颜色

步骤 4：使用组合键 Shift + Ctrl + N 新建一个透明图层，将画布前景色设置为#d4932c，使用画笔工具沿着矩形四周画出层次边缘，画笔类型选择"柔角左/右手姿势"，画笔大小为 100 像素，硬度为 0%，模式为"正常"，不透明度设为 60%，流量为 100%，如图 3 – 5 – 6 所示。

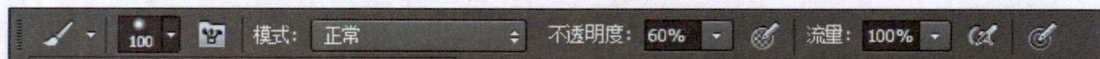

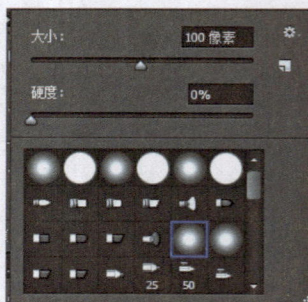

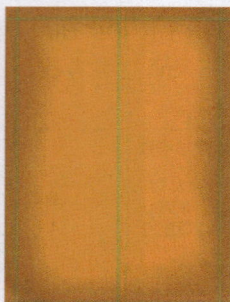

图 3 – 5 – 6　笔刷设置

步骤 5：将商品图 050101 置入"水果详情页"画布中，调整产品图的尺寸，并依据参考线，将其置于矩形区域的中心位置。使用组合键 Shift + Ctrl + N 新建一个透明图层，使用画笔工具在产品区域提亮背景，以便突出产品，画笔大小设置为略大于产品图的尺寸，硬度为 0%，画笔颜色设置为#ffde8c，如图 3 - 5 - 7 所示。

步骤 6：打开"素材合集.psd"，选择橙子切片、叶子、果汁等元素图片置入"水果详情页"画布中，调整元素图的位置。单击菜单栏中的"滤镜→模糊→动感模糊"命令，对橙子切片元素进行模糊处理，并将橙子切片的不透明度调整为 60%，果汁的不透明度调整为 60%，弱化其存在感，以更好地陪衬主体，如图 3 - 5 - 8 所示。

图 3 - 5 - 7　笔刷效果

图 3 - 5 - 8　海报点缀

步骤 7：使用横排文字工具，在左上角输入"麻阳冰糖橙"五个字，在"麻阳"处换行，字体设置为华文琥珀，颜色为#ffffff，字体大小为 80 点，字距为 260，行距为 92 点，如图 3 - 5 - 9 所示。

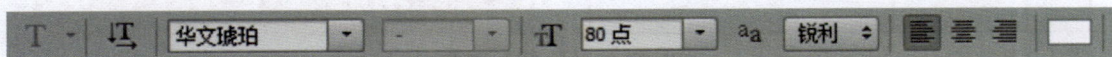

图 3 - 5 - 9　商品名称文字效果

步骤 8：使用圆角矩形工具在"麻阳"文字后面绘制一个宽度为 45 像素、高度为 70 像素的圆角矩形，填充颜色为#ff0000，无描边，宽度为 40 像素，高度为 70 像素，如图 3 - 5 - 10 所示。使用直排文字工具，输入"正宗"两个字，置于圆角矩形上方，字体设置为华文琥珀，颜色为#ffffff，字体大小为 24 点，字距为 260，如图 3 - 5 - 11 所示。

步骤 9：使用直排文字工具，在橙子切片下方输入"新鲜"两个字，字体设置为楷体，颜色为#ffffff，字体大小为 24 点，字距为 260，然后为文字添加图层样式"描边"，大小为 3 像素，颜色设置为#da9831，选择"新鲜"文字图层，按组合键 Ctrl + J 复制两份，并分别修改文字为"甜蜜"和"爆汁"，将副本文字移动至其他橙子切片下方，如图 3 - 5 - 12 所示。

图 3 – 5 – 10　绘制圆角矩形

图 3 – 5 – 11　"正宗"文字效果

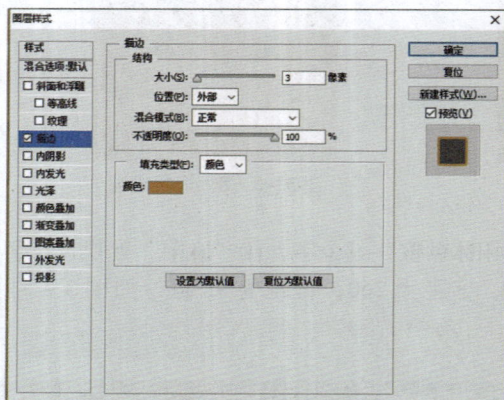

图 3 – 5 – 12　添加文字

　　步骤 10：打开"素材合集.psd"，选择水滴元素置入"水果详情页"画布中，将其放置在文字"新鲜"上方。为水滴元素添加图层样式"外发光"，按组合键 Ctrl + T 调整水滴元素至合适大小，然后选择水滴元素图层，按组合键 Ctrl + J 复制两份，并将两个水滴元素副本置于另外两个文字上方，如图 3 – 5 – 13 所示。

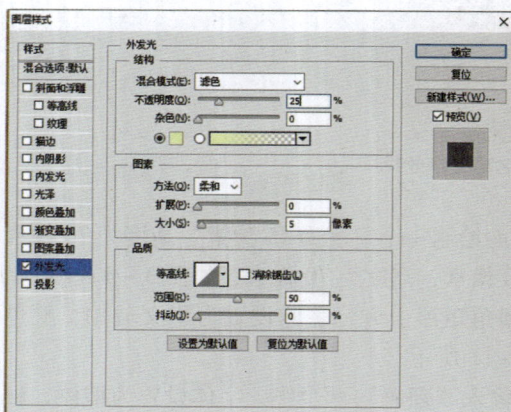

图 3 – 5 – 13　水滴元素

　　步骤 11：按组合键 Ctrl + G 创建新组，命名为"卖点提炼"，如图 3 – 5 – 14 所示。

步骤 12：选择矩形工具，在 1 000 像素的水平参考线下方绘制矩形，填充颜色为#eeb149，无描边，宽度为 750 像素，高度为 340 像素，如图 3-5-15 所示。

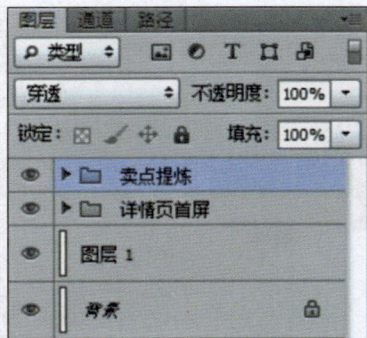

图 3-5-14　创建组"卖点提炼"

图 3-5-15　绘制矩形

步骤 13：选择矩形工具，添加图层蒙版，按 D 键，将前景色设为黑色，选择画笔工具，画笔大小设置为 350 像素，画刷选择"柔边圆"，流量为 30%，不透明度为 100%，在"详情页首屏"和卖点提炼组的交界处进行涂抹，弱化边界感，如图 3-5-16 所示。

步骤 14：选择钢笔工具，选择路径，单击矩形图层，沿着矩形的下边缘绘制曲线，制作边缘造型，如图 3-5-17 所示。

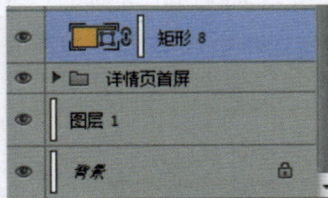

图 3-5-16　使用蒙版弱化边缘衔接

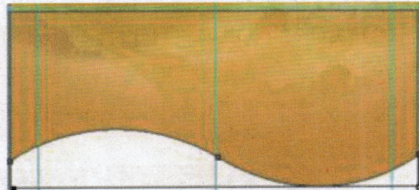

图 3-5-17　使用钢笔工具绘制曲线边缘

步骤 15：选择直线工具，无填充，描边颜色选择#6a3906，粗细为 3 点，宽度为 430 像素，高度为 1 像素，绘制一条直线。选择横排文字工具，字体选择华文琥珀，字体大小为 35 点，字体颜色为#d46502，在直线上方输入"高山果园/甜蜜味道"；字体改为 Arial，字体粗细选 Bold，字体大小为 15 点，在直线下方输入"Mountain orchards/Sweet Taste"，如图 3-5-18 所示。

步骤 16：将商品图 050102、050103、050104 置入，调整角度和大小，分别放置在曲线边框上，由左向右依次变大，使用魔术橡皮擦工具抠除背景，如图 3-5-19 所示。

图 3-5-18　商品描述效果

图 3-5-19　卖点点缀图

步骤17：为前两个商品图添加图层样式"投影"，颜色选择#8d5600，不透明度为50%，角度为121度，距离为6像素，大小为5像素，如图3-5-20所示。

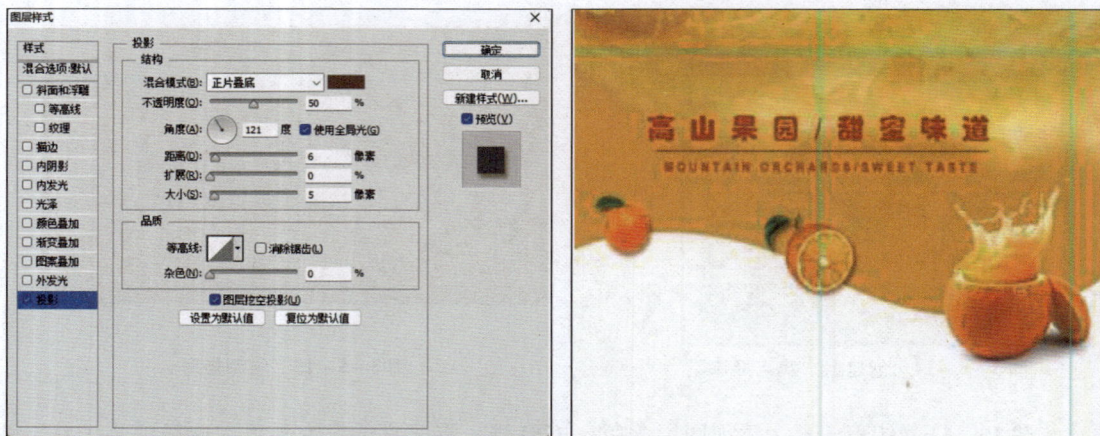

图3-5-20　添加图层样式"投影"

步骤18：选择矩形工具，填充颜色为#faa411，无描边，宽度为60像素，高度为220像素，绘制一个矩形；选择圆角矩形工具，填充颜色为#faa411，无描边，宽度为90像素，高度为5像素，在矩形的正上方绘制一个圆角矩形；选择椭圆工具，填充颜色为#faa411，无描边，宽度为12像素，高度为25像素，在圆角矩形的一端绘制一个椭圆；按组合键Ctrl+J复制一个椭圆，放在圆角矩形的另一端；同时选择圆角矩形和两个椭圆，按组合键Ctrl+J复制一份，放至矩形的下方；选择多个形状图层，右击，在弹出的快捷菜单中单击"合并形状"命令，将合并图层命名为"文字背景"，如图3-5-21所示。

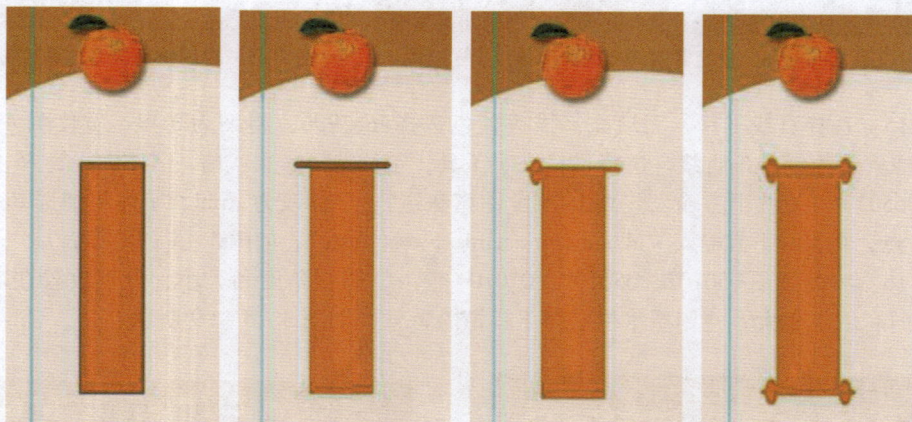

图3-5-21　合并形状"文字背景"

步骤19：选择直线工具，填充颜色为#faa411，无描边，宽度为1像素，高度为50像素，绘制一条直线，放至"文字背景"的正上方；选择直线和"文字背景"图层，按组合键Ctrl+J复制两份，分别放在其他商品图的下方，如图3-5-22所示。

步骤20：置入木纹素材050105，调整大小和倾斜角度，放置在第一个"文字背景"图层的上方；选择素材图，按组合键Ctrl+Alt+G创建剪切蒙版，然后按组合键Ctrl+J复制两份素材

图，分别放置在另外两个"文字背景"图层上方，并创建剪切蒙版；参考第 17 步的方法，为 3 个文字背景添加图层样式"投影"，如图 3 – 5 – 23 所示。

图 3 – 5 – 22　创建"文字背景"副本　　　图 3 – 5 – 23　创建"木纹"剪切蒙版并添加投影

步骤 21：选择直排文字工具，字体选择华文琥珀，字体大小为 30 点，字体颜色为白色，分别在 3 个文字背景上输入"纯甜爆汁""皮薄肉厚""人工精选"，如图 3 – 5 – 24 所示。

步骤 22：选择矩形工具，填充渐变色，由浅入深分别为#f9d671 和#eeb149，无描边，宽度为 750 像素，高度为 200 像素，绘制一个矩形，如图 3 – 5 – 25 所示。

图 3 – 5 – 24　添加卖点提炼文字　　　图 3 – 5 – 25　绘制渐变色矩形

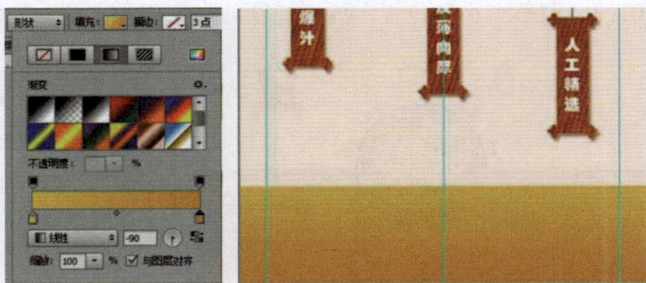

步骤 23：选择椭圆工具，填充颜色为#79963b，无描边，宽度为 45 像素，高度为 15 像素，绘制一个椭圆，放在矩形的左上角；按组合键 Ctrl + J 复制一个椭圆，按组合键 Ctrl + T 将复制的椭圆向右移动半个身位，按 Enter 键，确定变换，然后同时按下组合键 Ctrl + Shift + Alt + T 再次变换，连续复制多个椭圆，直到覆盖矩形的上边缘；选择所有的椭圆图层，合并形状，如图 3 – 5 – 26 所示。

图 3 – 5 – 26　创建椭圆波浪线

步骤 24：选择椭圆工具，填充颜色任选，无描边，宽度为 210 像素，高度为 210 像素，绘制一个圆形，放在矩形的上边缘中间位置，添加图层样式"描边"，大小为 3 像素，颜色为#004a00；选择横排文字工具，字体选择黑体，字体大小为 18 点，字体颜色为#004a00，移动光标靠近圆形的描边，当光标变换为曲线时，单击，输入"天然　有机　健康　美味"，如图 3-5-27 所示。

步骤 25：置入商品图 050106 和 050101，调整大小和位置，按组合键 Ctrl + Alt + G 创建剪切蒙版，嵌入圆形中，调整商品图 050106 的不透明度为 60%，如图 3-5-28 所示。

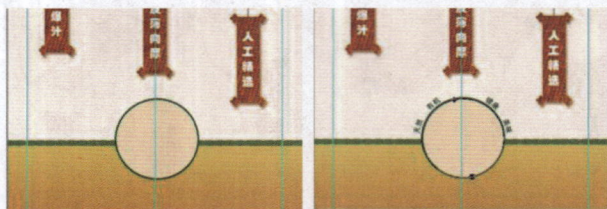

图 3-5-27　在文字路径上输入文字

图 3-5-28　置入商品图并调整效果

步骤 26：选择横排文字工具，字体选择黑体，字体大小为 18 点，字体颜色为#623200，在圆形下方输入"自然生长，不打蜡，不催熟"，字体大小改为 14 点，颜色改为#a4752a，在第二行输入文字"只需一口，足以让您记住我是不一样的橙子"，如图 3-5-29 所示。

步骤 27：按组合键 Ctrl + G 创建新组，命名为"产品特点"；选择横排文字工具，字体选择华文琥珀，字体大小为 36 点，字体颜色为#c56804，输入标题"产品特点"，置入商品图 050107，调整大小和位置，放至标题的左侧作为点缀，如图 3-5-30 所示。

图 3-5-29　添加卖点详细描述

图 3-5-30　添加标题 1

步骤 28：选择圆角矩形工具，填充颜色任选，无描边，宽度为 650 像素，高度为 430 像素，半径为 100 像素，绘制一个圆角矩形，放在标题的下方；置入商品图 050106，调整大小和位置，按组合键 Ctrl + Alt + G 创建剪切蒙版，嵌入圆角矩形中，如图 3-5-31 所示。

步骤 29：选择圆角矩形工具，填充颜色为#79963b，无描边，宽度为 80 像素，高度为 200 像素，半径为 100 像素，绘制一个圆角矩形，放在矩形框的右上方；再将填充颜色改为#638026，描边为白色，粗细为 1 点，宽度为 60 像素，高度为 180 像素，绘制一个圆角矩形，命名为"产品特点 1"，放于上一个圆角矩形的上方，如图 3-5-32 所示。

图 3-5-31　绘制圆角矩形

图 3-5-32　绘制特点文字背景

步骤 30：选择"产品特点 1"图层，添加图层样式"内阴影"，颜色为#243a11，不透明度为 75%，角度为 120 度，距离为 5 像素，大小为 5 像素，同时选择两个圆角矩形所在的图层，按组合键 Ctrl + Alt + G 创建剪切蒙版，嵌入最外围的圆角矩形中，如图 3 – 5 – 33 所示。

步骤 31：选择横排文字工具，字体选择黑体，字体大小为 32 点，字体颜色为白色，在"产品特点 1"图层的圆角矩形框内输入"鲜"，再将字体大小改为 16 点，在"鲜"的下方输入文字"现摘现发""顺丰直达"，如图 3 – 5 – 34 所示。

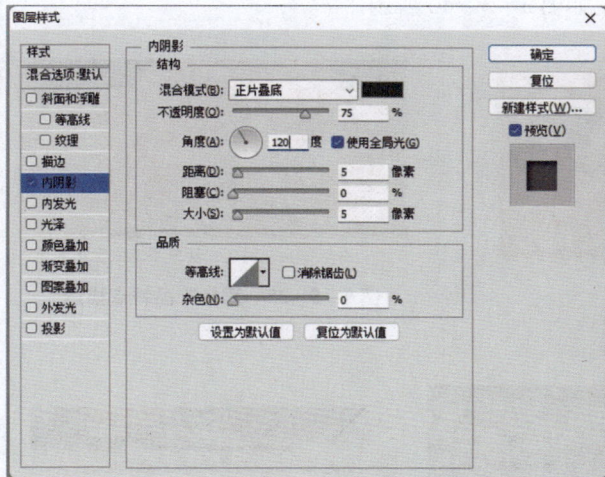

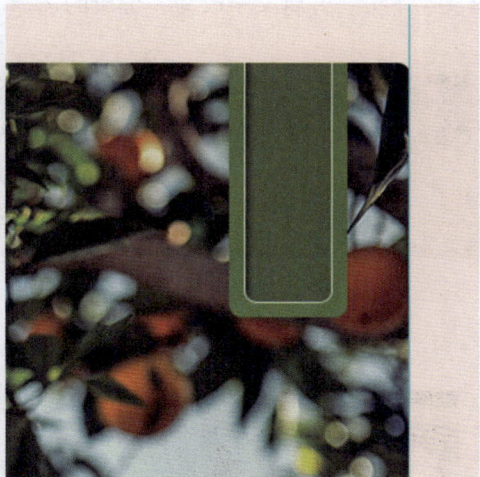

图 3 – 5 – 33　添加文字背景效果

步骤 32：选择横排文字工具，字体选择黑体，字体大小为 20 点，字体颜色为#b48721，在大矩形框下方输入"源头果品　新鲜到家"，选择直线工具，填充颜色选择#6a3906，无描边，宽度为 320 像素，高度为 1 像素，在文字下方绘制一条直线，如图 3 – 5 – 35 所示。

图 3 – 5 – 34　添加产品特点 1

图 3 – 5 – 35　添加产品特点描述 1

步骤 33：选择圆角矩形工具，填充颜色为#eeb149，无描边，宽度为 650 像素，高度为 430 像素，半径为 100 像素，绘制一个圆角矩形，放在横线的下方，置入商品图 050108，调整大小和位置，按组合键 Ctrl + Alt + G 创建剪切蒙版嵌入圆角矩形中，如图 3 – 5 – 36 所示。

步骤 34：复制第 29 步绘制的两个圆角矩形，放至大矩形框的左上方，并创建剪切蒙版，复制第 31 步输入的文字，并将文字分别改为"嫩""肉质细嫩""香甜爽口"，如图 3 – 5 – 37 所示。

图 3 – 5 – 36　绘制圆角矩形

步骤35：复制第32步输入的文字和横线，放至大矩形框的右下方，并将文字改为"薄薄的皮　厚厚的肉"，如图3-5-38所示。

步骤36：复制第28步至32步的所有图层，放至文字描述的下方，将商品图改050109，按组合键Ctrl+T水平翻转，文字分别改为"甜""口齿清爽　甜而不腻""冰糖'泡'过的橙子甜的刚刚好"，并将横线的宽度改为520像素，如图3-5-39所示。

步骤37：按组合键Ctrl+G创建新组，命名为"营养成分"，复制第27步的标题和点缀，放至文字下方，并将文字改为"健康的选择"，如图3-5-40所示。

图3-5-37　添加产品特点2

图5-5-38　添加产品特点描述2

图2-5-39　添加产品特点3

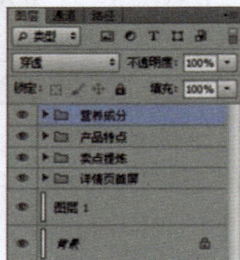

图3-5-40　添加标题2

步骤38：选择椭圆工具，无填充，描边颜色为#fcb63e，粗细为2像素，线型选择"短划线"，宽度为560像素，高度为560像素，绘制一个圆形，放于标题2的正下方；选择圆形所在图层，复制两份；选择其中一个圆形副本，按下Shift键的同时按4次键盘上的右方向键，向右移动20像素，选择另一个副本，向左移动20像素，如图3-5-41所示。

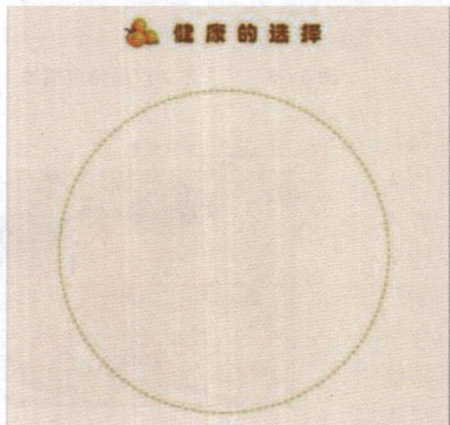

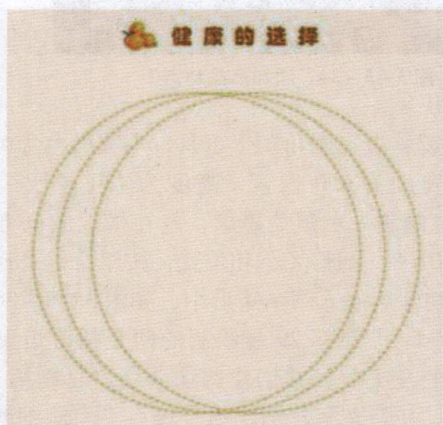

图3-5-41　绘制圆形框

步骤 39：选择多边形工具，填充颜色任选，无描边，宽度为 540 像素，高度为 470 像素，边数为 6，绘制一个六边形，放于圆形框的中间；置入商品图 050110，调整大小和位置，按组合键 Ctrl + Alt + G 创建剪切蒙版，嵌入六边形中，如图 3 - 5 - 42 所示。

图 3 - 5 - 42　置入商品图并调整效果

步骤 40：选择椭圆工具，填充颜色为#fcb63e，无描边，宽度为 120 像素，高度为 120 像素，绘制一个圆形，放于圆形虚线框上；选择横排文字工具，字体选择黑体，字体大小为 30 点，字体颜色为白色，在圆形上方输入 "多种维生素"，如图 3 - 5 - 43 所示。

步骤 41：将第 40 步的圆形背景及文字复制 6 份，错落放于圆形框的其他位置，并根据字数调整圆形的大小，文字内容有 "胡萝卜素" "纤维素" "柠檬酸" "钙" "镁" "锌"，如图 3 - 5 - 44 所示。

图 3 - 5 - 43　添加营养成分相关文字　　　　　图 3 - 5 - 44　添加其他成分相关文字

步骤 42：按组合键 Ctrl + G 创建新组，命名为 "产地介绍"，复制标题和点缀，放于营养成分下方，并将标题文字改为 "产地介绍"，如图 3 - 5 - 45 所示。

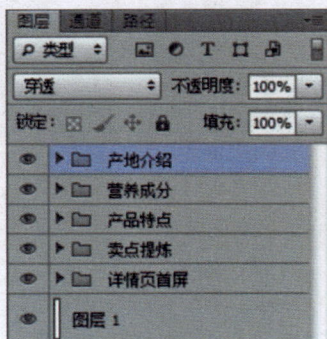

图 3 - 5 - 45　添加标题 3 并调整效果

步骤43：选择矩形工具，填充颜色为#eeb149，无描边，宽度为200像素，高度为290像素，绘制一个矩形，放在横线的下方；再将填充颜色改为白色，无描边，宽度为180像素，高度为160像素，绘制一个矩形，放在上一个矩形内偏上方的位置，如图3－5－46所示。

步骤44：置入商品图050111，调整大小和位置，按组合键Ctrl＋Alt＋G创建剪切蒙版，嵌入白色矩形中，如图3－5－47所示。

图3－5－46　绘制产地介绍矩形框1

图3－5－47　置入商品图

步骤45：选择自定形状工具，无填充，描边为白色，粗细为3点，形状选择"太阳2"，宽度为50像素，高度为50像素，绘制一个小太阳，放在商品图的下方，如图3－5－48所示。

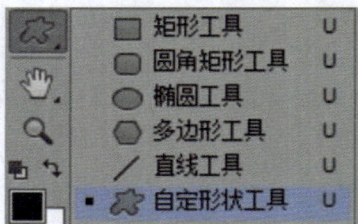

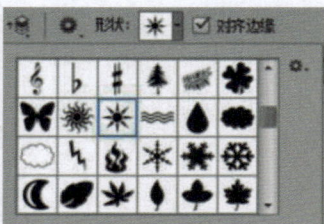

图3－5－48　绘制自定图形

步骤46：选择横排文字工具，字体选择黑体，字体大小为16点，字体颜色为白色，在小太阳下方输入"光照好"；选择直线工具，填充颜色选择#ffe8cc，无描边，宽度为80像素，高度为2像素，在文字和小太阳之间绘制一条直线，如图3－5－49所示。

步骤47：将第一个产地介绍的所有图层复制两份，并列放置，将自定义形状分别改为"素材合集.psd"中的温度计和位置图标，并将文字分别改为"温度适宜""源头产地"，最后选择横排文字工具，字体选择"黑体"，字体大小为16点，字体颜色为#eeb149，在3个产地介绍矩形框的下方输入文字"得天独厚的地理条件，充足的光照，充沛的雨水造就了麻阳冰糖橙香甜嫩滑的口感"，如图3－5－50所示。

图3－5－49　添加产地介绍1

图3－5－50　添加产地介绍文字

步骤48：按组合键Ctrl+G创建新组，命名为"产品信息"，复制标题和点缀，放于产地介绍文字下方，并将标题文字改为"产品信息"，如图3-5-51所示。

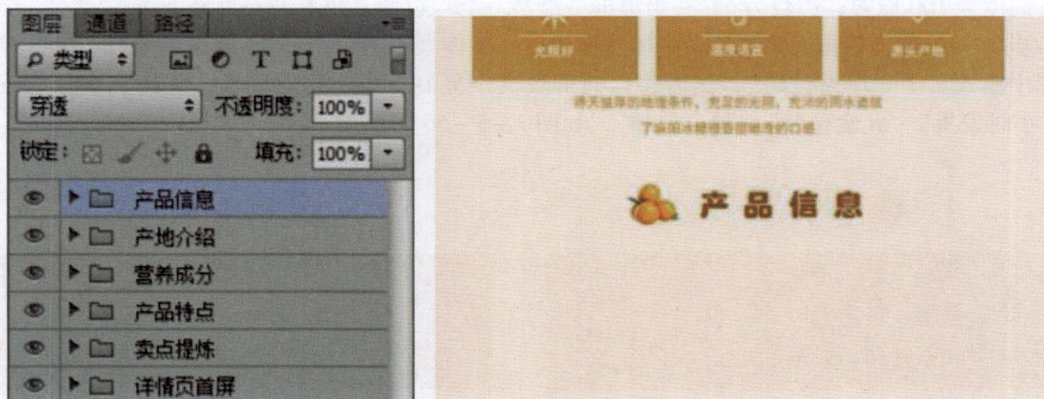

图3-5-51 添加标题4

步骤49：置入商品图050112，放至标题4下方，调整大小和位置；选择圆角矩形工具，填充颜色为#ffe8cc，无描边，宽度为670像素，高度为280像素，半径为100像素，绘制一个圆角矩形，放在商品图的上方，并将圆角矩形的不透明度调至80%，如图3-5-52所示。

步骤50：选择直线工具，填充颜色选择#6a3906，无描边，宽度为500像素，高度为0.6像素，在矩形框中绘制两条直线；选择横排文字工具，字体选择黑体，字体大小为16点，字体颜色为黑色，在直线之间分别输入产品信息文字"产品名称：麻阳冰糖橙""产地：湖南麻阳""净含量：2500 g 4000 g""产品规格：80 mm以上""配送方式：顺丰包邮""贮藏方法：置于阴凉干燥处"，如图3-5-53所示。

图3-5-52 制作产品信息背景

图3-5-53 添加产品信息

步骤51：按组合键Ctrl+G创建新组，命名为"承诺保障"，复制标题和点缀，放于产品信息下方，并将标题文字改为"橙心橙意"，如图3-5-54所示。

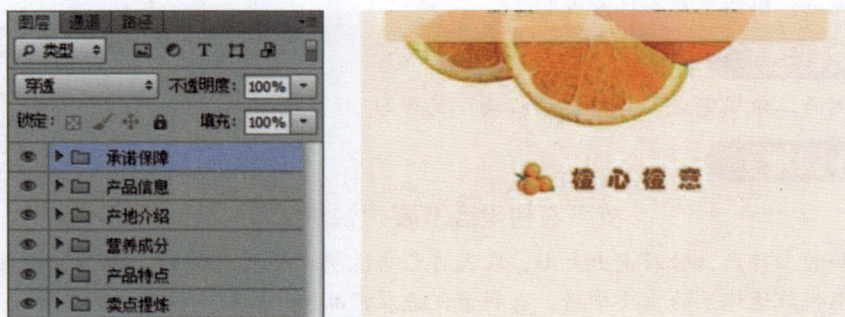

图3-5-54 添加标题5

步骤 52：选择矩形工具，填充颜色为#eeb149，无描边，宽度为 750 像素，高度为 200 像素，在标题 5 下方绘制一个矩形；再选择多边形工具，无填充，描边颜色为#de7e21，宽度为 120 像素，高度为 100 像素，边数为 6，在矩形框中绘制一个六边形，如图 3 – 5 – 55 所示。

步骤 53：选择横排文字工具，字体选择黑体，字体大小为 26 点，字体颜色为#ffe7b6，在六边形中输入文字"坏果包赔"，然后将六边形及文字复制 3 份，并列放置，并将文字分别改为"24 小时发货""礼盒包装""顺丰包邮"，如图 3 – 5 – 56 所示。

图 3 – 5 – 55　绘制承诺保障背景

图 3 – 5 – 56　添加承诺保障

步骤 54：选择裁剪工具，裁剪掉多余的画布，按组合键 Shift + Ctrl + S，分别保存一份 PSD 格式和 JPG 格式的详情页文件。

【任务评价】

序号	维度	要求	分值	得分
1	画笔工具	能选择合适的笔刷制作阴影质感	20	
2	文字工具	文案排版可读性强	20	
3	形状工具	能正确使用形状工具	20	
4	钢笔工具	能勾勒出曲线边缘的形状	20	
5	蒙版	能使用蒙版弱化边缘衔接线	10	
6	裁剪工具	能使用裁剪工具裁剪画布	10	
		合计	100	

【任务拓展】

专题任务：家乡美——我为家乡农产品代言，请为家乡的农产品设计一个信息丰富、布局合理、视觉吸引的家乡特产详情页。

扫描右侧的二维码，查看任务说明。

我为家乡特产
设计详情页

【知识链接】

扫描右侧的二维码完成"详情页的模块"的学习。

详情页的模块

【素养园地】

按下农村电商发展"快进键"

鲜为人知的土特产，触网走出大山；农民自己当主播，带火"网红"农货。发展农村电商，是建设农村现代流通体系的重要举措，有利于促进农产品产销对接、优质优价，推动农业转型升级、提质增效，拓宽农民增收渠道。

乡村全面振兴，电商大有可为。习近平总书记强调："要积极发展农村电子商务和快递业务，拓宽农产品销售渠道，增加农民收入。"近年来，我国农村电商发展如火如荼，已成为推动乡村产业发展的重要引擎。据商务大数据监测，2023年，全国农村网络零售额达2.5万亿元，比2014年增长近13倍；全国农产品网络零售额达5870.3亿元，同比增长12.5%。

农村电商发展潜力巨大、前景广阔。把农村电商作为统筹推进智慧农业和数字乡村建设的重点工作来抓，助力农村电商与乡村产业深度融合发展，必能为推进乡村全面振兴、加快建设农业强国注入澎湃动能。

任务二　女装店铺详情页设计与制作

【学习目标】

知识目标：
1. 掌握国风文化的基本元素和特点。
2. 理解电商详情页的标准布局和视觉层次。
3. 掌握视觉传达的基本理论。

技能目标：
1. 能够熟练使用Photoshop中的文字、形状、钢笔等工具。
2. 能够合理规划版面，使详情页信息清晰、布局合理。

素质目标：
1. 具有对美的认识和欣赏能力，提高设计作品的审美水平。
2. 加深对国风文化的理解，能够在设计中融入文化元素，传递文化价值。
3. 树立以用户为中心的设计思维，确保设计满足用户需求和提升用户体验。

【任务描述】

本任务要求学生设计一个年货节新款马面裙的电商详情页。设计需体现马面裙的传统美学与现代审美的结合，同时确保页面布局合理、信息清晰。学生需运用Photoshop等设计软件，完成从草图到最终设计的全过程。设计应包含高清商品图片、详尽的商品描述、色彩搭配、用户评价区域、购买按钮等元素。此外，页面设计应考虑移动端适配性，确保在不同设备上均有良好的展示效果。

【任务分析】

电商详情页是电商平台上展示商品信息的页面，用于展示商品图片、商品描述、价格信息、用户评价、售后服务等内容。完成本任务的重点在于理解马面裙的文化背景及其在现代电商环境中的呈现方式，需分析目标用户群体的偏好，以及如何在设计中融入国风元素，同时不失现代感，还要考虑色彩理论在页面设计中的应用，版面布局对用户体验的影响，以及如何通过视觉元素引导用户关注重点信息。

【任务准备】

素材准备：商品图、商品介绍文档、女装详情页色卡。

【任务实施】

步骤1：按组合键Ctrl + N新建画布，名称为"女装详情页"，设置画布宽度为750像素，高度为 13 000 像素，分辨率为 72 像素/英寸，如图 3-5-57 所示。

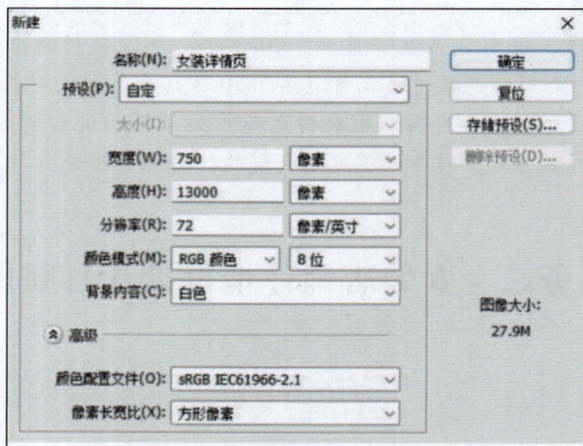

图 3-5-57 新建画布

步骤 2：置入素材"女装详情页色卡.jpg"。按组合键 Ctrl + R 调出标尺，并选择菜单栏中的"视图→新建参考线"命令分别设置一条水平参考线和三条垂直参考线，用于排版定位，参考线位置如图 3-5-58 所示。

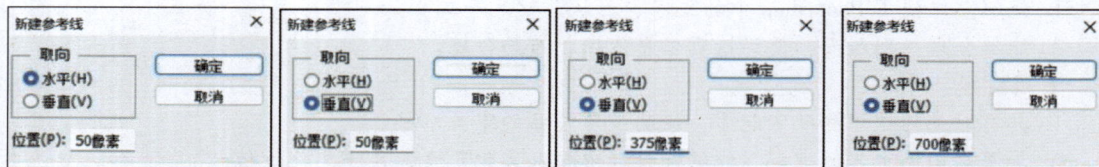

图 3-5-58 参考线位置

步骤 3：按组合键 Shift + Ctrl + R 新建图层，命名为"底色"，如图 3-5-59 所示。将前景色设置为#6aa09c，如图 3-5-60 所示，按组合键 Alt + Delete 为图层"底色"填充前景色。

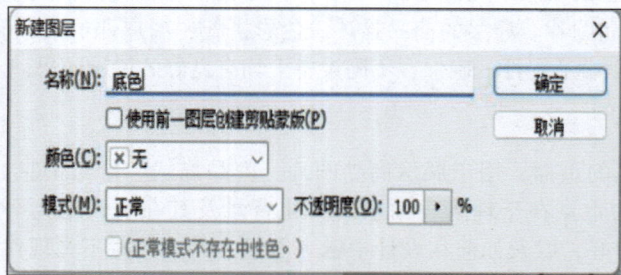

图 3-5-59 新建图层

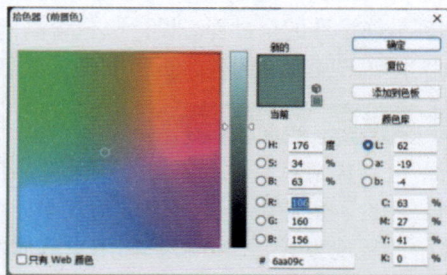

图 3-5-60 设置前景色

步骤 4：单击矩形工具，选择形状，创建一个宽度为 750 像素，高度为 1 300 像素的矩形，命名为"首屏底色"，如图 3-5-61 所示。

步骤 5：为矩形填充线性渐变，渐变色色值由深到浅分别为#164d49、#3c6d6b，如图 3-5-62 所示。单击矩形图层，选择减去图层形状，用椭圆工具在矩形下方绘制椭圆形状，按住组合键 Ctrl + Alt，移动椭圆形状位置，为矩形底边制作造型，如图 3-5-63 所示。

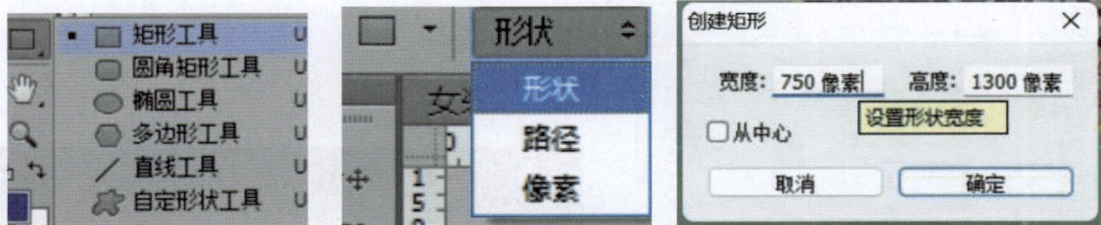

图 3 – 5 – 61 创建矩形

图 3 – 5 – 62 矩形渐变填充

图 3 – 5 – 63 矩形底边造型

步骤 6：选择矩形图层，右击，在弹出的快捷菜单中"栅格化图层"命令，然后单击"滤镜→滤镜库→颗粒"命令，将颗粒强度改为 14，如图 3 – 5 – 64 所示。

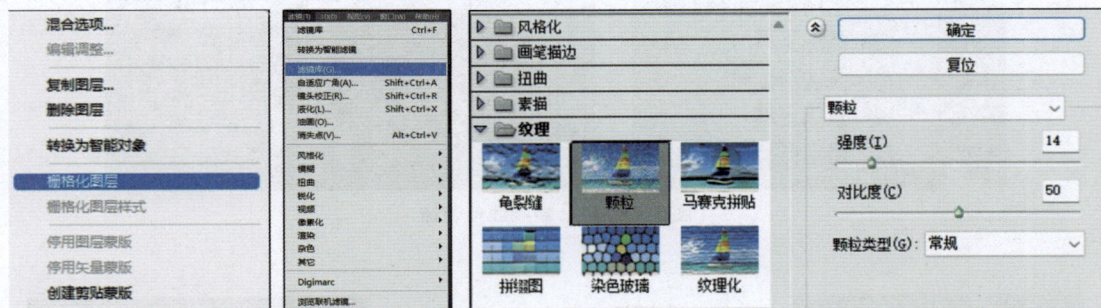

图 3 – 5 – 64 矩形纹理

步骤 7：选择钢笔工具，使用形状，无填充，描边颜色为#cba900，粗细为 6 点，勾选"自动添加/删除"复选框，沿着首屏的下边缘绘制装饰线条，如图 3 – 5 – 65 所示。

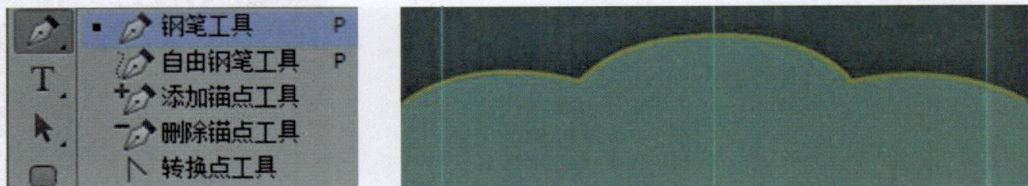

图 3 – 5 – 65 边缘装饰线

步骤 8：选择装饰线条图层，添加图层样式"斜面和浮雕"，如图 3 – 5 – 66 所示。同时选择装饰线条和"首屏底色"图层，按组合键 Ctrl + G 创建组，命名为"首屏底色加线条"。

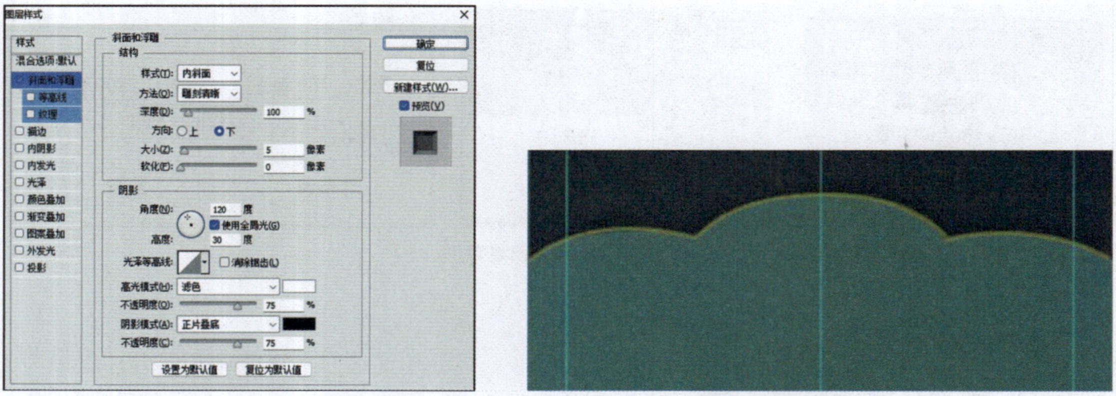

图 3 – 5 – 66　边缘装饰线浮雕效果

步骤 9：选择直线工具，无填充，描边颜色设置为#f6d13d，粗细为 3 点，宽度为 5 像素，按住 Shift 键，在首屏上画出线条装饰，如图 3 – 5 – 67 所示。按组合键 Ctrl + G 将所有线条所在的形状图层合并为一个组，组名为"线条装饰"。完成后复制一个组，放在右下角 700 像素 × 950 像素的位置，按组合键 Ctrl + T 对复制的图层组进行变换，选择水平翻转和垂直翻转，如图 3 – 5 – 68 所示。

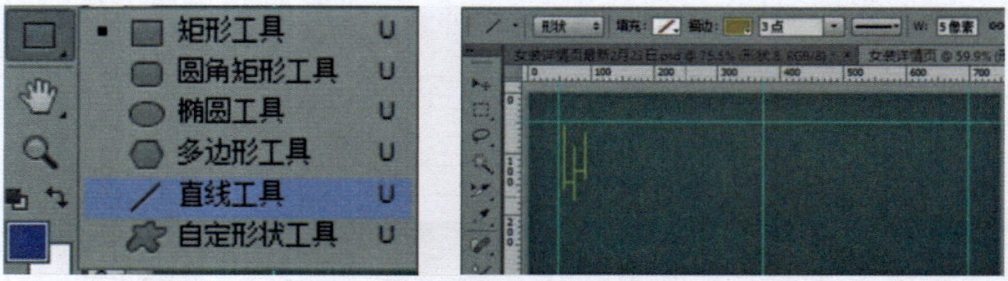

图 3 – 5 – 67　绘制线条装饰

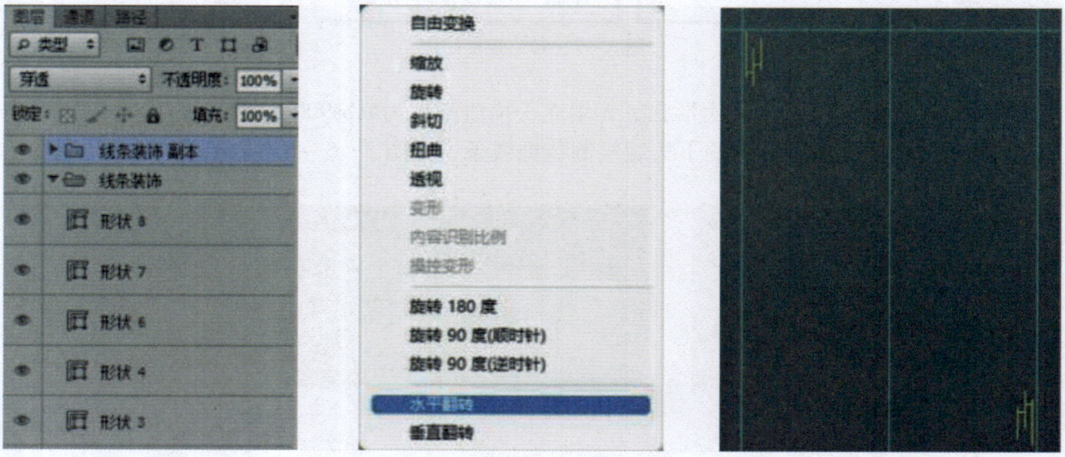

图 3 – 5 – 68　线条装饰副本

步骤 10：选择圆角矩形工具，设置填充颜色设为#3f7471，描边颜色为#cba900，粗细为 5 点，宽度为 470 像素，高度为 470 像素，半径为 150 像素，如图 3－5－69 所示，然后单击首屏的中下方画出圆角矩形，如图 3－5－70 所示。

图 3－5－69　圆角矩形参数

步骤 11：选择"合并形状"命令，然后画出第 2 个圆角矩形，最后效果如图 3－5－71 所示。

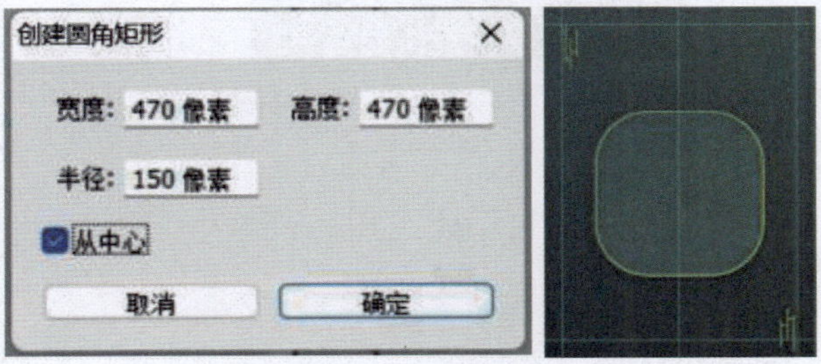

图 3－5－70　绘制圆角矩形 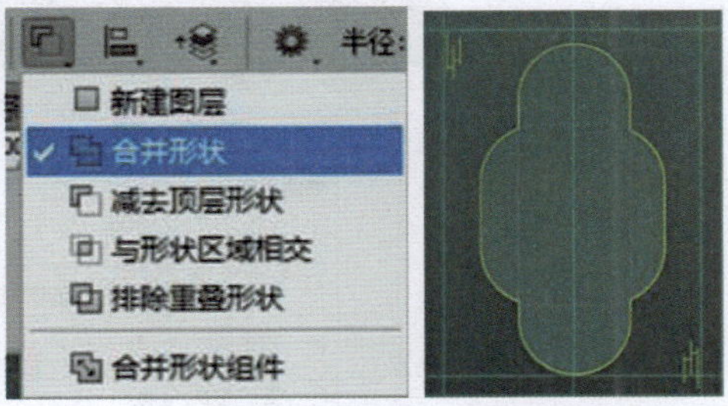　　　　　　　　　　　图 3－5－71　合并形状后的效果

步骤 12：选择圆角矩形图层，图层样式选择"内阴影""斜面和浮雕"，参数设置如图 3－5－72 所示，形成梅花浮雕。

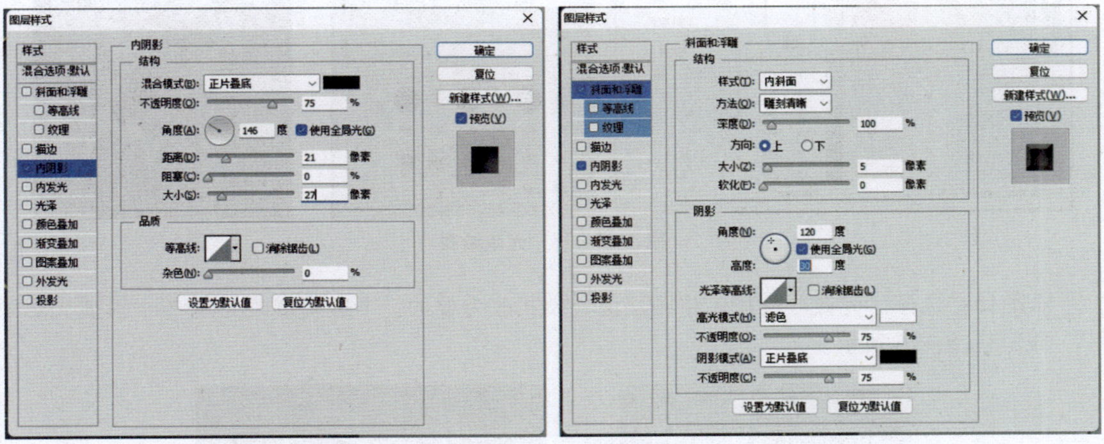

图 3－5－72　图层样式

步骤 13：将商品图 050201 放在梅花图层上方，调整到合适的大小，使用魔术橡皮擦工具抠除背景；选择商品图层，使用组合键 Ctrl＋Alt＋G 创建剪切蒙版，使人物嵌入梅花浮雕中，如图 3－5－73 所示。

步骤 14：按组合键 Shift＋Ctrl＋N 新建图层，命名为"光效"，如图 3－5－74 所示。将前景色设置为白色#ffffff，选择画笔工具，画笔类型选择"柔边圆"，画笔大小为 100 像素，在首屏上单击，然后按住 Shift 键的同时在笔画结束的位置单击，画出一条倾斜的直线笔画，重复该步骤，错落有致地画出 6 个笔画，如图 3－5－75 所示。

图 3 - 5 - 73　产品图剪切蒙版

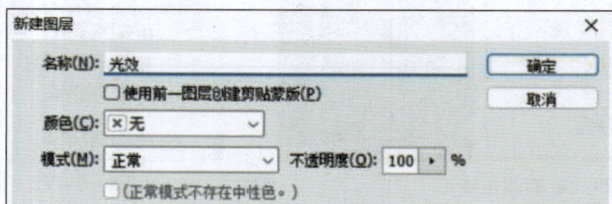

图 3 - 5 - 74　新建图层

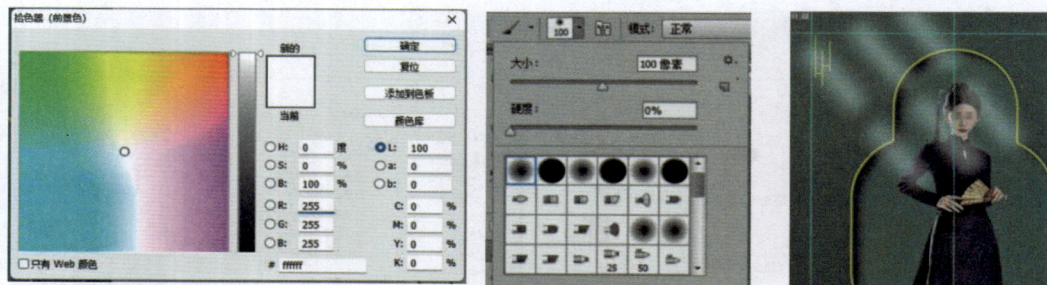

图 3 - 5 - 75　光效绘制

步骤 15：选择"光效"图层。将图层混合模式改为叠加，不透明度改为 60%，形成光影效果，如图 3 - 5 - 76 所示。

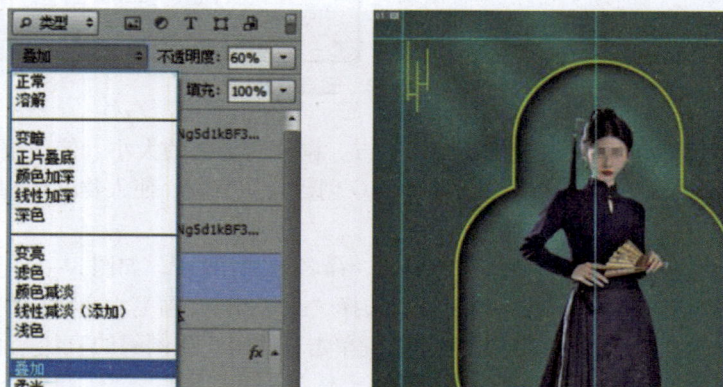

图 3 - 5 - 76　光影效果

步骤 16：选择圆角矩形工具，设置填充颜色为#8d0000，描边颜色为#f6d13d，粗细为 5 点，宽度为 25 像素，高度为 45 像素，半径为 50 像素，如图 3 - 5 - 77 所示。然后单击首屏的右上方画出圆角矩形，命名为"红色底纹"，如图 3 - 5 - 78 所示。

图 3 - 5 - 77 圆角矩形参数

图 3 - 5 - 78 圆角矩形

步骤 17：选择圆角矩形"红色底纹"，按组合键 Ctrl + J 复制一层，选择"红色底纹 副本"，按组合键 Ctrl + T 旋转 90 度，然后选中两个圆角矩形，右击，在弹出的快捷菜单中选择"合并形状"命令，参考步骤 12，为合并后的图层添加图层样式"内阴影"和"斜面和浮雕"，并复制 3 份，如图 3 - 5 - 79 所示。

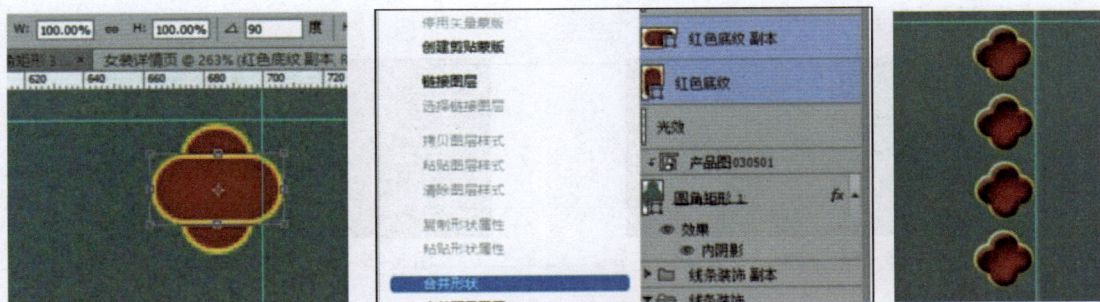

图 3 - 5 - 79 合并形状并复制

步骤 18：选择直排文字工具，字体颜色选为#f6d13d，字体大小设置为 30 点，字体类型选择楷体，如图 3 - 5 - 80 所示，分别在 4 个红色底纹上写出"国""风""来""袭"4 个字，再将字体修改为华文行楷，字体颜色设置为#ffe29e，大小为 72 点，在第 2 个红色底纹左侧写出"马面裙"三个字，如图 3 - 5 - 81 所示。

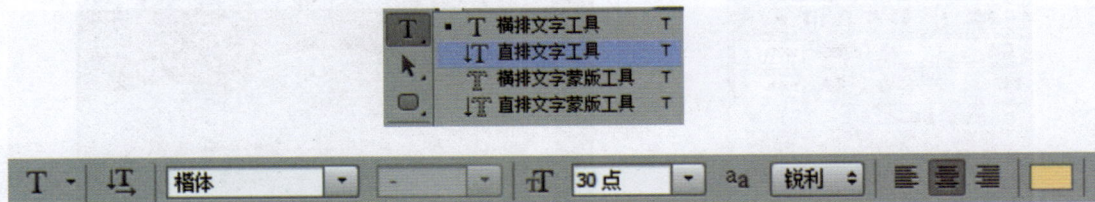

图 3 - 5 - 80 文字参数设置

步骤 19：选择直排文字工具，字体颜色设置为#e4bc43，字体大小设置为 52 点，字体类型选择华文行楷，在首屏的左下角错落写出"修身立领，手工盘扣"和"典雅贵气，灵动出尘"，如图 3－5－82 所示。

图 3－5－81　添加文字"马面裙"

图 3－5－82　添加其他文字

步骤 20：选择圆角矩形工具，设置填充颜色为#3c6d6b，描边颜色为#cba900，粗细为 5 点，宽度为 120 像素，高度为 90 像素，半径为 10 像素，然后单击首屏的下方画出圆角矩形，命名为"绿色底纹"；按组合键 Ctrl＋J 复制一层，选择"绿色底纹 副本"，按组合键 Ctrl＋T 将其旋转 90 度，然后选中两个圆角矩形，右击，在弹出的快捷菜单中选择"合并形状"命令，参考步骤 12，为合并后的图层添加图层样式"内阴影"和"斜面和浮雕"，并复制 3 份，如图 3－5－83 所示。

步骤 21：选择横排文字工具，字体颜色设置为#f6d13d，字体大小设置为 30 点，字体类型选择楷体，分别在 4 个绿色底纹上写出"复古国风""修身显瘦""修饰腿型""视觉显高"4 个产品卖点，如图 3－5－84 所示。

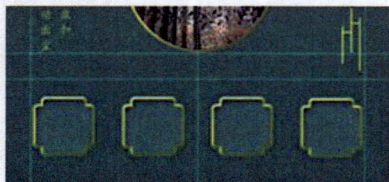

图 3－5－83　绘制绿色底纹

图 3－5－84　添加产品卖点

步骤 22：选择"底色"和"背景"之外的所有图层，按组合键 Ctrl＋G 创建组，命名为"首屏"，如图 3－5－85 所示。

步骤 23：选择钢笔工具，使用形状，无填充，描边颜色设置为#164d49，粗细为 3 点，勾选"自动添加/删除"复选框，在装饰线条的下方绘制标题装饰线条。按组合键 Ctrl＋J 复制两份，摆放 3 个线条的位置，并将两个副本的线条颜色修改为#3f7471，如图 3－5－86 所示。

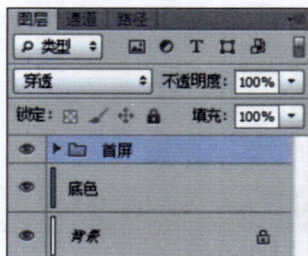

图 3－5－85　创建图层组

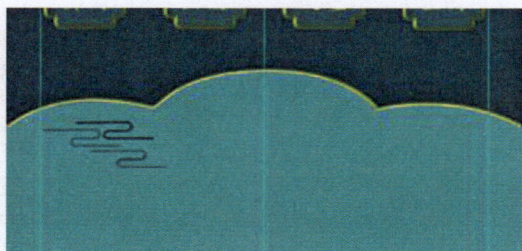

图 3－5－86　绘制标题装饰线

步骤 24：选中 3 个标题装饰线条所在的图层，按组合键 Ctrl + G 创建组，命名为"标题装饰"，按组合键 Ctrl + J 复制整个组，移动到右侧，按组合键 Ctrl + T 对复制的组进行水平翻转，同时选中"标题装饰"和"标题装饰 副本"两个组，进行垂直居中对齐，如图 3 - 5 - 87 所示。

步骤 25：选择横排文字工具，字体颜色设置为#164d49，字体大小设置为 60 点，字体类型选择华文行楷，在标题装饰线的中间写出"复古国风"4 个字，如图 3 - 5 - 88 所示。

步骤 26：选择圆角矩形工具，无填充，描边颜色为#164d49，粗细为 1 点，宽度为 200 像素，高度为 30 像素，半径为 15 像素，在标题文字下方绘制圆角矩形，并使用横排文字工具在圆角矩形内输入副标题"文化的魅力"，字体颜色为#164d49，字体大小设置为 24 点，字体类型选择"楷体"，如图 3 - 5 - 89 所示。

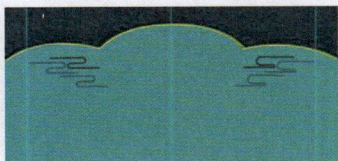

图 3 - 5 - 87　标题装饰线副本　　　　图 3 - 5 - 88　添加标题　　　　图 3 - 5 - 89　添加副标题

步骤 27：选择标题装饰线条、标题、副标题、圆角矩形所在的图层，按组合键 Ctrl + G 创建组，命名为"标题"。

步骤 28：将第 15 步制作的红色底纹梅花图案及对应的文字复制一份，放置在副标题下方；单击圆角矩形工具，将红色填充改为#164d49，然后复制 3 份；选择文字工具，分别将梅花图案上的文字改为"织""金""工""艺"，字体大小改为 24 点，选择 4 个梅花图案及对应文字，按组合键 Ctrl + G 创建组，命名为"小字牌"，如图 3 - 5 - 90 所示。

图 3 - 5 - 90　添加小字牌

步骤 29：选择矩形工具，填充颜色设为#164d49，描边颜色为#cba900，粗细为 3 点，在绿色梅花图案下方绘制一个矩形，按组合键 Ctrl + T 选择变形，形状选择扇形，如图 3 - 5 - 91 所示。对扇形垂直翻转，然后将其宽度修改为 600 像素，高度修改为 400 像素，并参考步骤 12，为扇形添加图层样式"内阴影"和"斜面和浮雕"，如图 3 - 5 - 92 所示。

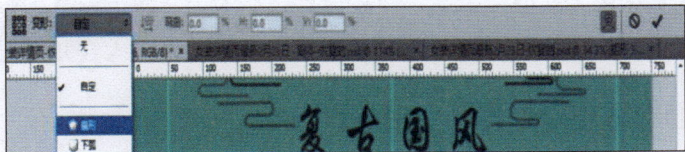

图 3 - 5 - 91　矩形变形　　　　　　　　图 3 - 5 - 92　创建扇形浮雕

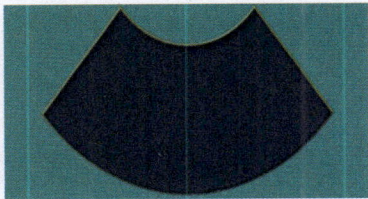

步骤 30：将商品图 050202 放在扇形图层上方，使用魔术橡皮擦工具抠除背景，选择商品图层，使用组合键 Ctrl + Alt + G 创建剪切蒙版，使商品图嵌入扇形浮雕中，如图 3 – 5 – 93 所示。

步骤 31：选择横排文字工具，字体颜色为#164d49，字体大小为 24 点，字体类型为楷体，在扇形下方输入细节描述"复古国风，穿在身上的中国文化""黑色哑光面料，穿出高级感，拒绝平庸"，如图 3 – 5 – 94 所示。

图 3 – 5 – 93　添加裙摆细节

图 3 – 5 – 94　添加细节描述

步骤 32：选择第 23 步至 31 步的所有图层，创建组"卖点 1"。

步骤 33：复制图层组"首屏底色加线条"，将副本移动至扇形图层和细节描述后面，如图 3 – 5 – 95 所示。

步骤 34：复制图层组"标题"，修改"标题 副本"名称为"标题2"，移动至"首屏底色加线条 副本"图层组的上方，并将标题线条的颜色分别修改为#cba900 和#f6d13d，标题、副标题、圆角矩形的颜色也都改为#cba900，标题文字改为"修身显瘦"，副标题文字改为"美丽小心机"，如图 3 – 5 – 96 所示。

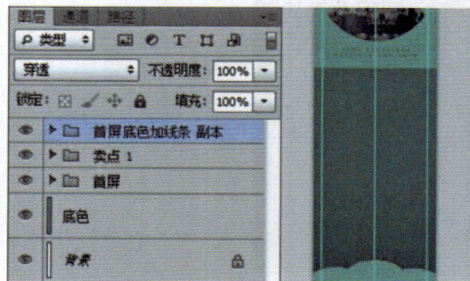

图 3 – 5 – 95　复制图层组

图 3 – 5 – 96　添加标题 2

步骤 35：选择圆角矩形工具，设置填充颜色为#6aa09c，描边颜色为#cba900，粗细为 3 点，宽度为 600 像素，高度为 500 像素，半径为 60 像素，在副标题下方绘制圆角矩形，命名为"绿色底纹 2"，按组合键 Ctrl + J 复制一层，选择"绿色底纹 2 副本"，按组合键 Ctrl + T 旋转 90 度，然后选中两个圆角矩形，右击，在弹出的快捷菜单中选择"合并形状"命令，参考步骤 12，为合并后的图层添加图层样式"内阴影"和"斜面和浮雕"，如图 3 – 5 – 97 所示。

步骤 36：将商品图 050203 放在圆角矩形合并图层上方，调整到合适的大小，使用魔术橡皮擦工具抠除背景，选择商品图层，使用组合键 Ctrl + Alt + G 创建剪切蒙版，使人物嵌入合并图层中，如图 3 – 5 – 98 所示。

图 3 - 5 - 97 绿色底纹 2

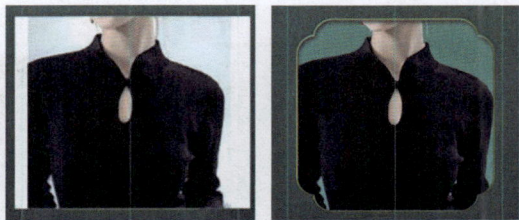

图 3 - 5 - 98 产品细节图

步骤 37：将第 28 步创建的图层组"小字牌"复制一份，放置在圆角矩形顶部，选择文字工具，将小字牌上的 4 个字分别改为"手""工""盘""扣"，如图 3 - 5 - 99 所示。

步骤 38：选择横排文字工具，设置字体颜色为#6aa09c，字体大小为 24 点，字体类型为楷体，在圆角矩形下方输入细节描述"镂空立领设计，拉长颈部线条，为气质加分""黑色系复古盘扣，低调大气，高贵优雅"，如图 3 - 5 - 100 所示。

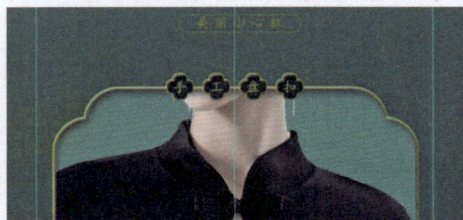

图 3 - 5 - 99 添加小字牌副本

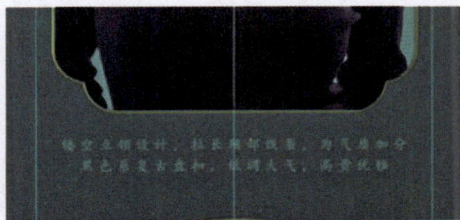

图 3 - 5 - 100 添加细节描述

步骤 39：选择"首屏底色加线条 - 副本"图层组，按组合键 Ctrl + T，根据需要调整图层组的长度，使图层下方的边缘装饰线条与上一步的细节描述文字距离在 50 像素左右，然后选择第 23 步 ~ 38 步的所有图层，创建组"卖点 2"，如图 3 - 5 - 101 所示。

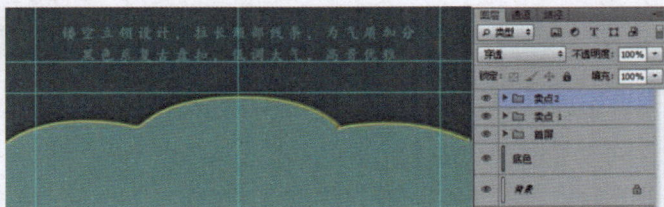

图 3 - 5 - 101 创建组"卖点 2"

步骤 40：复制图层组"标题"，将复制的图层组名称改为"标题 3"，移动至"首屏底色加线条 副本"的下方，选择文字工具，将标题文字改为"修饰腿型"，副标题文字改为"告别身材焦虑"，如图 3 - 5 - 102 所示。

步骤 41：将商品图 050204 放在标题下方，调整到合适的大小，使用魔术橡皮擦、钢笔等工具抠除背景，如图 3 - 5 - 103 所示。

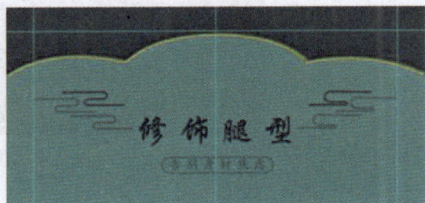

图 3 - 5 - 102 添加标题 3

步骤 42：选择横排文字工具，设置字体颜色为#164d49，字体大小为 24 点，字体类型为楷体，在商品图下方输入细节描述"宽松遮肉裙摆设计、上身效果好，包容多种腿型""百褶裙摆设计，更立体更有层次感"，如图 3 - 5 - 104 所示。

图 3 - 5 - 103　置入裙摆

图 3 - 5 - 104　添加裙摆描述

步骤 43：选择第 40 ~ 42 步的所有图层，创建组"卖点 3"，如图 3 - 5 - 105 所示。

步骤 44：复制图层组"首屏底色加线条 副本"，将"首屏底色加线条 副本 2"移动至商品图 050204 和细节描述后面，并复制图层组"首屏底色加线条 副本 2"中的边缘装饰线条，将"边缘装饰线条 副本"放置在图层组的上边缘，按组合键 Ctrl + T，对"边缘装饰线条 副本"垂直翻转，如图 3 - 5 - 106 所示。

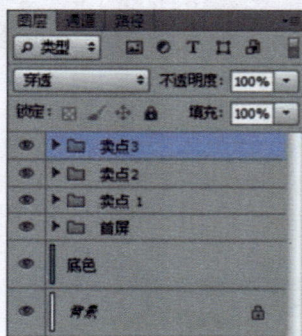

图 3 - 5 - 105　创建组"卖点 3"

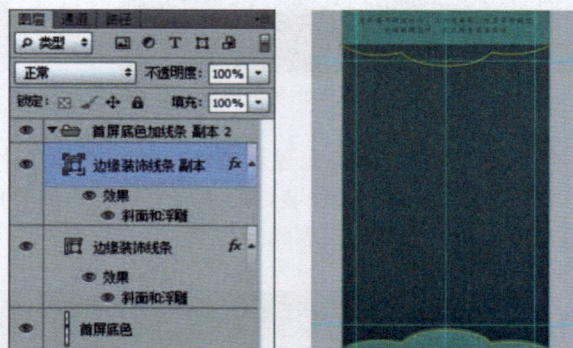

图 3 - 5 - 106　复制图层组

步骤 45：按住 Ctrl 键的同时，单击"边缘装饰线条 副本"图层建立选区，选择"首屏底色"图层，按 Delete 键删除"首屏底色"图层对应选区的内容，如图 3 - 5 - 107 所示。

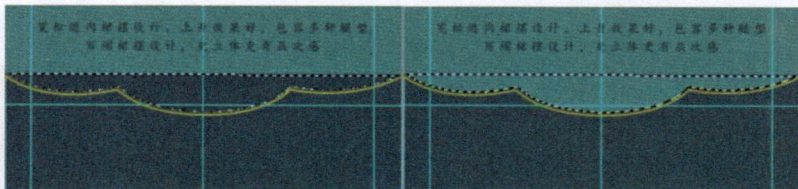

图 3 - 5 - 107　删除选区内容

步骤 46：复制图层组"标题 2"，将副本图层组命名为"标题 4"，放置在图 3 - 5 - 108 所示的位置，将标题修改为"视觉显高"，副标题修改为"腰部以下都是腿"，按组合键 Ctrl + T 调整图层组中圆角矩形的长度。

步骤47：选择圆角矩形工具，设置填充颜色为#6aa09c，描边颜色为#cba900，粗细为2点，宽度为500像素，高度为550像素，半径为100像素，在副标题下方绘制圆角矩形，命名为"绿色底纹3"，再创建一个宽度为400像素、高度为650像素的圆角矩形，然后选中两个圆角矩形，右击，在弹出的快捷菜单中选择"合并形状"命令，参考步骤12，为合并后的图层添加图层样式"内阴影"和"斜面和浮雕"，如图3-5-109所示。

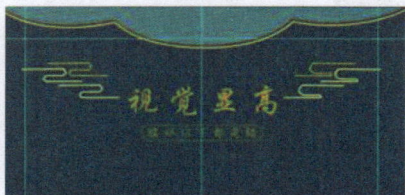

图3-5-108　标题4

图3-5-109　合并形状

步骤48：将商品图050205放在圆角矩形合并图层上方，调整到合适的大小，选择商品图层，使用按组合键Ctrl + Alt + G创建剪切蒙版，使人物嵌入合并图层中，如图3-5-110所示。

步骤49：选择矩形工具，填充颜色任意，无描边，宽度为200像素，高度为650像素，绘制一个矩形，放在商品图左侧，选择矩形图层，右击，在弹出的快捷菜单中选择"栅格化"命令，将前景色改为#164d49，背景色改为白色，单击"滤镜→渲染→纤维"命令，差异设为20，强度设置为6，再将矩形图层的不透明度改为40%，制作纱帘效果，如图3-5-111所示。

图3-5-110　嵌入商品图

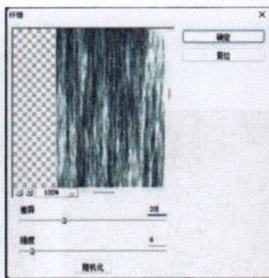

图3-5-111　纱帘效果

步骤50：选择矩形图层，按组合键Ctrl + Alt + G创建剪切蒙版，使其嵌入合并图层框架中，再将矩形图层复制一份，放在商品图右侧，复制图层组"卖点2"中的"小字牌2"图层组，将副本的名称改为"小字牌3"，将其放置在商品图的上边缘，文字分别改为"系""带""高""腰"，如图3-5-112所示。

步骤51：选择横排文字工具，字体颜色为#6aa09c，字体大小为24点，字体类型为楷体，在商品图下方写出"拉长身体比例　视觉显高""一款高个矮个都能穿的国风复古两件套"两行文字，选择"首屏底色加线条　副本2"图层组，按组合键Ctrl + T，根据需要调整图层组的长度，使图层下方的边缘装饰线条与上一步的细节描述文字距离在50像素左右，然后选择第46~

图3-5-112　小字牌副本

51 步的所有图层，创建图层组"卖点 4"，如图 3 – 5 – 113 所示。

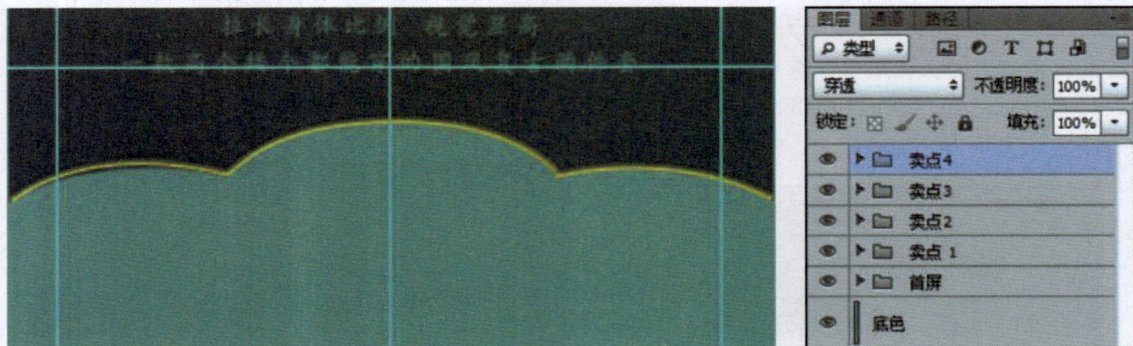

图 3 – 5 – 113　创建图层组"卖点 4"

步骤 52：复制图层组"标题 3"，将复制的图层组名称改为"标题 5"，移动至"首屏底色加线条 副本 2"边缘装饰线条的下方，选择文字工具，将标题文字改为"设计师说"，副标题文字改为"美丽传说"，如图 3 – 5 – 114 所示。

步骤 53：选择矩形工具，无填充，描边颜色为#8ec4c0，粗细为 3 点，宽度为 550 像素，高度为 600 像素，在标题 5 下方创建矩形，使用椭圆工具，按住 Shift 键，在矩形的一角画出一个小圆形，按住 Ctrl 键调整圆形的位置，至圆心与矩形的一角重合，再按住组合键 Ctrl + Alt 键，将圆形分别复制到矩形的另外 3 个角，按住组合键 Shift + Ctrl 键，同时选中 4 个圆形，然后选择减去顶层形状，如图 3 – 5 – 115 所示。

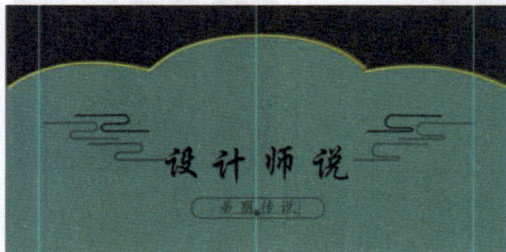

图 3 – 5 – 114　标题 5

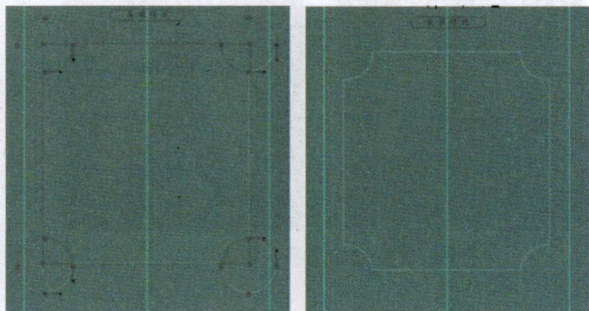

图 3 – 5 – 115　减去形状

步骤 54：选择横排文字工具，设置字体颜色为#164d49，字体大小为 36 点，字体类型为楷体，在矩形框内写出"国风两件套""搭配出低调的复古感""低调大气黑色系""典雅贵气，为气质加分""不一样的选择""释放你的美"几行文字，如图 3 – 5 – 116 所示。

步骤 55：选择第 52 ~ 54 步的所有图层，创建图层组"设计师说"，如图 3 – 5 – 117 所示。

步骤 56：复制图层组"首屏底色加线条 副本 2"，将副本图层组"首屏底色加线条 副本 3"放置在"设计师说"的矩形边框下方 50 像素处，如图 3 – 5 – 118 所示。

步骤 57：复制图层组"标题 4"，将副本图层组命名为"标题 6"，放置在图 3 – 5 – 119 所示的位置，将标题修改为"款式介绍"，副标题修改为"总有一款适合你"。

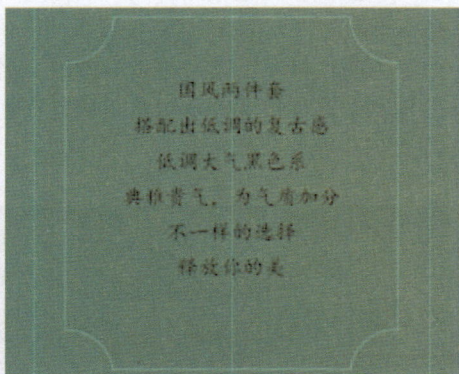

图 3 – 5 – 116 添加"设计师说"详细文字

图 3 – 5 – 117 创建图层组"设计师说"

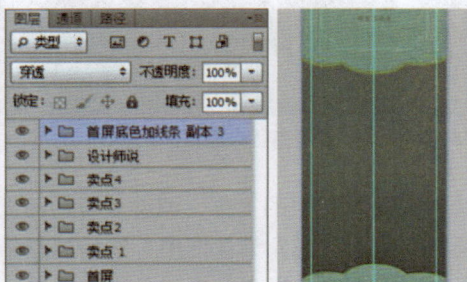

图 3 – 5 – 118 复制图层组

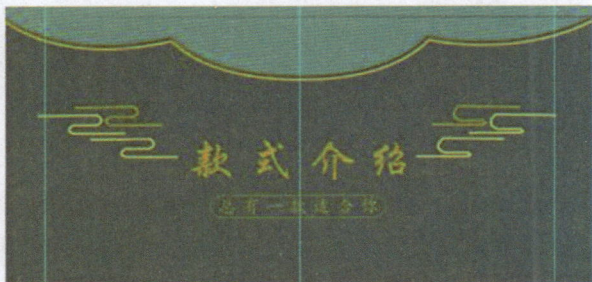

图 3 – 5 – 119 标题 6

步骤 58：复制图层组"卖点 4"中的圆角矩形边框图层，将副本图层命名为"款式介绍框"，按组合键 Ctrl + T 将边框的宽度改为 300 像素，高度改为 760 像素，放置在标题下方，再将"款式介绍框"复制一份，放在其右侧，如图 3 – 5 – 120 所示。

步骤 59：将商品图 050206 和 050207 分别放在两个款式介绍框图层的上方，调整到合适的大小，选择商品图层，使用组合键 Ctrl + Alt + G 创建剪切蒙版，使人物嵌入款式介绍框中，如图 3 – 5 – 121 所示。

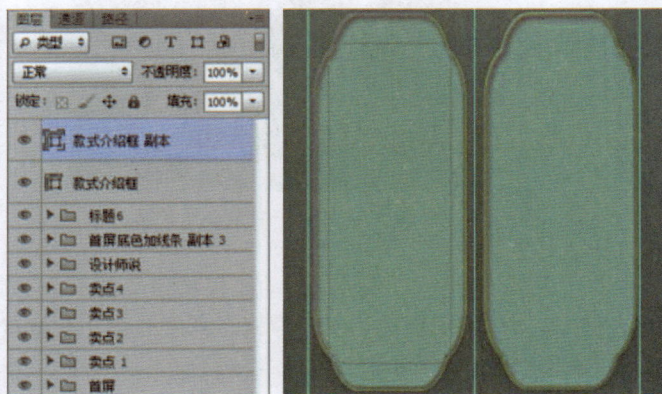

图 3 – 5 – 120 款式介绍框

图 3 – 5 – 121 产品图剪切蒙版

步骤 60：选择第 56 ~ 59 步的所有图层，创建图层组"款式介绍"，如图 3 – 5 – 122 所示。

步骤 61：复制图层组"标题 5"，将副本图层组命名为"标题 7"，放置在图 3 - 5 - 123 所示的位置，将标题修改为"尺码选择"，副标题修改为"正确的选择"。

步骤 62：复制图层组"卖点 4"中的"小字牌 3"中的绿色底纹梅花图案，将副本图层命名为"模特头像框"，按组合键 Ctrl + T 将边框的宽度改为 220 像素，高度改为 220 像素，放置在标题下方，再将"模特头像框"复制一份，放在其右下侧。

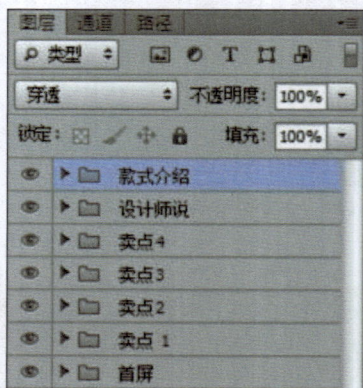

图 3 - 5 - 122　创建图层组"款式介绍"

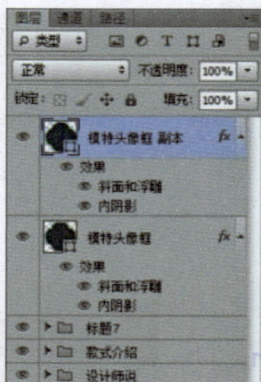

图 3 - 5 - 123　绘制模特头像框

步骤 63：将商品图 050201 和 050208 分别放在两个模特头像框图层的上方，调整到合适的大小，选择商品图层，使用组合键 Ctrl + Alt + G 创建剪切蒙版，使人物嵌入头像框中，然后选择横排文字工具，设置字体颜色为#003834，字体大小为 24 点，字体类型为华文行楷，分别在模特头像旁输入模特信息"小兰"和"小莫"，字体类型选择楷体，继续输入模特信息"165cm 50kg 38.5/59/81.5""试穿尺码 M 码（修身）"以及"160cm 45kg 38.5/62/80""试穿尺码 S 码（修身）"，如图 3 - 5 - 124 所示。

步骤 64：复制图层组"首屏"中的"线条装饰"图层组，移动至小兰信息的旁边，线条颜色改为#8ec4c0，然后复制一份，按组合键 Ctrl + T 垂直翻转，放至小莫信息的旁边，如图 3 - 5 - 125 所示。

图 3 - 5 - 124　创建剪切蒙版

图 3 - 5 - 125　创建线条装饰

步骤 65：复制图层组"款式介绍"中的"款式介绍框"图层，移动至模特信息的下方，副本图层的名称改为"尺码信息框"，按组合键 Ctrl + T 将宽度改为 600 像素，高度改为 330 像素，填充色改为#2a5f5c，描边粗细改为 3 点，如图 3 - 5 - 126 所示。

步骤 66：选择横排文字工具，设置字体颜色为#6aa09c，字体大小为 24 点，字体类型为楷体，在"尺码信息框"内输入首行文字"尺码　规格　肩宽　胸围　袖长　腰围　裙长"，选择直排文字工具，对应每个标题输入每列的数值，如图 3 - 5 - 127 所示。

图 3 – 5 – 126　绘制尺码信息框

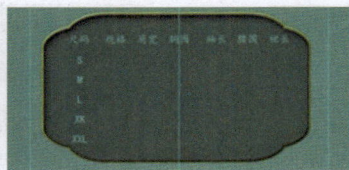

图 3 – 5 – 127　输入尺码信息

　　步骤 67：选择第 61～66 步的所有图层，创建图层组"尺码信息"，如图 3 – 5 – 128 所示。

　　步骤 68：参考第 56、57 步，复制图层组"首屏底色加线条 副本 3"得到"首屏底色加线条 副本 4"，复制图层组"标题 6"，将副本图层组改名为"标题 8"，将标题修改为"模特展示"，副标题修改为"精彩瞬间"，如图 3 – 5 – 129 所示。

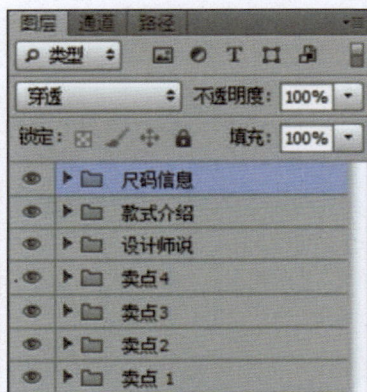

图 3 – 5 – 128　创建组

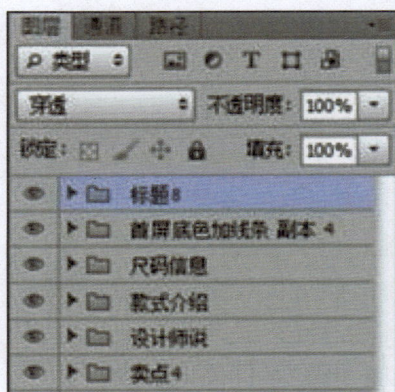

图 3 – 5 – 129　复制图层组

　　步骤 69：复制图层组"尺码信息"中的"模特头像框"图层，将副本图层命名为"模特展示框"，按组合键 Ctrl + T 将边框的宽度改为 580 像素，高度改为 800 像素，放置在标题下方，将商品图 050208 放在"模特展示框"图层的上方，调整到合适的大小，选择商品图层，按组合键 Ctrl + Alt + G 创建剪切蒙版，使人物嵌入模特展示框中，如图 3 – 5 – 130 所示。

　　步骤 70：复制图层组"尺码信息"中的"尺码信息框"图层，移动至模特展示框的下方，将副本图层的名称改为"模特展示框 2"，按组合键 Ctrl + T 将宽度改为 650 像素，高度改为 900 像素，将商品图 050209 放在"模特展示框 2"图层的上方，调整到合适的大小，选择商品图层，使用按组合键 Ctrl + Alt + G 创建剪切蒙版，使人物嵌入模特展示框中．选择"首屏底色加线条

图 3 – 5 – 130　模特展示 1

副本 4"图层组，按组合键 Ctrl + T 将其拉长至"模特展示框 2"下方 50 像素处，如图 3 – 5 – 131 所示。

　　步骤 71：选择第 68～70 步的所有图层，创建图层组"模特展示"，如图 3 – 5 – 132 所示。

　　步骤 72：选择裁剪工具，裁剪掉多余的画布，按组合键 Shift + Ctrl + S，分别保存一份 PSD 格式和 JPG 格式的详情页文件。

图 3 – 5 – 131　模特展示 2

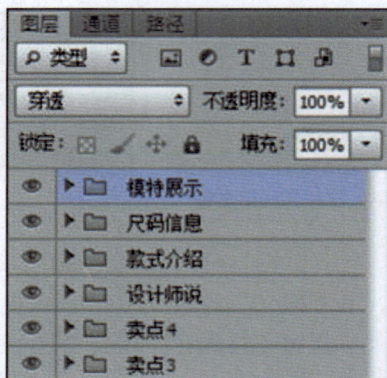

图 3 – 5 – 132　创建组

【任务评价】

序号	维度	要求	分值	得分
1	抠图	抠图干净，内容完整	20	
2	文字工具	文案排版可读性强	20	
3	形状工具	能正确使用形状工具	20	
4	图层样式	能使用图层样式增加形状图层的立体感	10	
5	钢笔工具	能使用钢笔工具绘制出给定的线条	20	
6	滤镜	能使用滤镜制作出给定的效果	10	
合计			100	

【任务拓展】

扫描右侧的二维码，查看任务说明，完成新中式服装详情页设计拓展任务。

【知识链接】

1. 扫描下面的二维码，完成"详情页设计原则"的学习。
2. 扫描下面的二维码，完成"打造高转化手机端详情页的原则 1"的学习。
3. 扫描下面的二维码，完成"打造高转化手机端详情页的原则 2"的学习。

为新中式服装
设计详情页

详情页设计原则

打造高转化手机端详情页的
原则 1：亲密性与重复原则的应用

打造高转化手机端详情页的
原则 2：对齐与对比原则的应用

【素养园地】

"国风热"席卷青年圈，传统文化在新时代焕发新生

近年来，"国风热"在年轻人中悄然兴起，一股传统文化热潮席卷全国。"新中式"服装成

为越来越多年轻人的"心头好","围炉煮茶"成为青年社交新宠，跳古典舞、制作古风美食、练"八段锦"、学非遗技艺……"国风"凭借其独特的文化韵味和丰富的表现力，迅速在青年群体中"圈粉"。在被"圈粉"的同时，新一代的青年也正在为古老的中华传统文化赋予更多"年轻态"的表达方式。中国青年一代对中华优秀文化传承的基因被进一步激活，文化自信不断提升，民族自豪感显著增强，传统文化正在新时代焕发出新的生命力。

"国风"破圈

【项目知识检测】

【单选题】

1. 创建剪切蒙版的组合键是（　　）。
A. Ctrl + J   B. Ctrl + G   C. Ctrl + M   D. Ctrl + Alt + G

2. 以下哪个因素对于提高电商详情页的加载速度最为重要？（　　）
A. 页面长度   B. 图片大小   C. 页面颜色   D. 页面字体

3. 在设计电商详情页时，以下哪个环节对于提高用户信任度最为关键？（　　）
A. 产品介绍   B. 用户评价   C. 品牌故事   D. 售后服务

【多选题】

1. 电商详情页设计中，哪些元素可以提高用户停留时间？（　　）
A. 高质量的产品图片   B. 详细的产品描述
C. 吸引人的促销信息   D. 清晰的购买流程

2. 电商详情页中，哪些内容可以增加用户对品牌的信任感？（　　）
A. 品牌故事   B. 客户评价   C. 质量保证声明   D. 产地信息

【判断题】

1. 内阴影图层样式可以使图层更立体。 （　　）
2. 创建了图层组，就不能隐藏。 （　　）
3. 使用钢笔工具时，只能创建闭合路径。 （　　）

扫描二维码查看答案

项目六 首页设计与制作

　　随着小边和阿彩的商业梦想逐渐成形，他们的最后一步是构建设计一个足够吸引人的网店首页。对于小边的"鲜果"店铺而言，这不仅仅是一个销售农产品的页面，而是一个传递健康、自然生活理念的空间。他希望顾客在浏览各种新鲜果蔬时，能感受到那份源自大自然的清新与活力。同时，阿彩的女装店也需要一个充满时尚气息的首页设计。她期望她的网店不仅展示出服装的独特魅力，还要让每位访问的女性感受到优雅与自信，使她们在点击之间就能找到属于自己的那一款时尚装扮。

　　为此，小边和阿彩认识到，网店首页的设计至关重要。它不只是信息的陈列，更是品牌故事的讲述者，是用户体验的优化者，也是品牌形象的塑造者。一个好的首页设计能够引导顾客深入探索，激发购买欲，提升用户满意度，最终转化为忠实的顾客。

　　在接下来的设计中，小边要确保他的"鲜果"店铺首页洋溢着绿色生命力，图片清晰展现果蔬的鲜美，布局简洁明了，方便顾客快速找到自己心仪的产品。他还打算加入一些健康饮食的小贴士，以及关于产地的故事介绍，让顾客在选购的同时获得更多价值。而阿彩则希望她的女装店首页充满时尚感与艺术美，使用流行的色彩搭配和视觉元素，展现出都市女性的独立与优雅。产品展示需流畅且具有吸引力，分类清晰，确保顾客能轻松找到最新潮流或经典款式。她还计划设置一个时尚资讯板块，分享穿搭技巧，引领潮流趋势。

　　通过精心设计的网店首页，小边和阿彩将为自己的店铺打造独特的品牌形象，吸引目标顾客的关注和喜爱。随着店铺的成长和发展，这些首页将成为品牌的重要门面，见证着他们创业梦想的实现。

任务一 农产品店铺首页设计与制作

知识目标：

1. 理解首页设计的重要性以及在电商中的作用。
2. 学习首页设计的核心要素。

3. 熟悉农产品消费者的偏好和需求。

技能目标：

1. 能够运用设计软件（如 Photoshop）进行首页的布局和视觉设计。

2. 掌握如何有效地展示农产品的特点和优势。

3. 能够使用图文结合的方式，清晰地传达产品信息和促销活动。

素质目标：

1. 培养对农产品美学的认识和欣赏能力。

2. 增强用户体验意识，设计易于导航和浏览的首页。

3. 发展批判性思维，通过分析反馈不断优化首页设计。

【任务描述】

首页是网店的门面，一个专业且吸引人的首页设计对于提升用户体验和转化率至关重要。农产品首页设计应充分反映商品的特点和质量，同时需要与目标消费者的偏好相匹配。本任务旨在创建一个能够突出农产品特性的首页，并通过视觉吸引和保持消费者的注意力，提高店铺辨识度和客户留存率。

【任务分析】

本任务重点在于设计制作一个能够准确反映店铺特色并吸引目标消费者的首页界面。针对农产品的特性，设计应注重以下几个方面：

1. 产品展示：农产品的新鲜度、自然和健康属性是其最大的卖点。首页设计需要通过高质量的图片和清晰的展示方式来突出这些特点。动态元素如轮播图或视频可以展示产品的采摘、加工过程，增加透明度和信任感。

2. 视觉风格与色彩运用：采用清新、自然的色彩方案来强调农产品的天然属性。绿色、棕色等自然色调不仅符合农产品的品牌形象，也能给消费者带来舒适和安心的购物体验。

美学教育与文化传承：在决定农产品首页的视觉风格和色彩运用时，选择自然和清新的色彩方案来强调产品的天然属性。这一过程中，可以融合美学教育的课程思政元素，通过讨论如何通过设计传达美感和和谐，培养学生的审美观和设计能力。同时，可以介绍中国传统色彩文化，如使用具有中国特色的传统色彩（如青瓷绿、丰收黄等），以此教育学生了解和传承中国传统文化，增强民族认同感。

3. 布局与导航：首页的布局应简洁明了，确保消费者能快速找到他们感兴趣的商品类别或信息。清晰的导航栏和有效的搜索功能是提升用户体验的关键。

4. 文案与信息传达：使用简洁有力的语言来描述产品和促销活动，直接传达产品的优势和店铺的特色。文案应易于理解，避免行业术语，使所有层次的消费者都能快速抓住信息。

【任务准备】

1. 市场调研与数据分析

目标受众分析：进行深入的市场调研，收集关于目标消费者的详细信息，包括他们的年龄、性别、购买习惯、偏好等。了解他们的需求和期望，有助于设计出更符合受众喜好的首页。

竞争对手研究：详细分析竞争对手的首页设计，关注他们的布局结构、色彩使用、内容展示等方面。评估竞争对手的设计中哪些是成功的，哪些可以改进，从而找到差异化的切入点。

2. 设计灵感和素材收集

视觉元素搜集：从优秀的设计作品、艺术作品、自然景观中搜集灵感，可以是图片、图标、色彩搭配示例等。这些素材能够帮助设计师在创作过程中拓展思维，激发创意。

风格参考：收集不同风格的网站首页设计案例，如极简主义、现代风格、复古风格等。通过分析这些风格的应用，确定最适合农产品品牌定位的设计方向。

3. 内容筹备和策划

文案撰写：准备清晰、吸引人的文案，确保语言风格与品牌定位一致。文案需要突出农产品的优势，如新鲜度、健康和自然等特点。

图片和视频制作：收集或制作高质量的产品图片和视频。好的视觉内容能够直接提升消费者的购买意愿，同时也能提高网站的美观度和专业感。

4. 软件工具准备

设计软件选择 Photoshop。

【任务实施】

步骤1：按组合键 Ctrl + N 新建画布，设置画布宽度为 1 920 像素，高度为 6 599 像素，分辨率为 72 像素/英寸，颜色模式为 RGB 颜色，背景内容为白色，如图 3-6-1 所示。

步骤2：设置前景色（颜色参数设置为#095c5c），如图 3-6-2 所示。

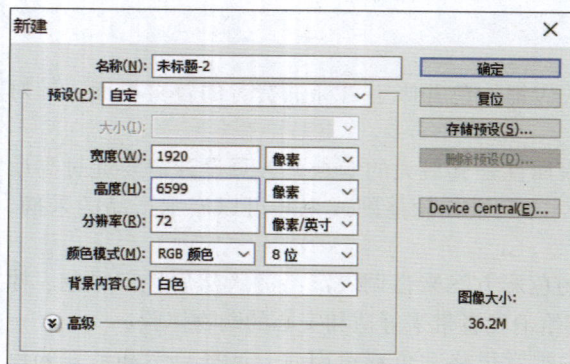

图 3-6-1　新建画布

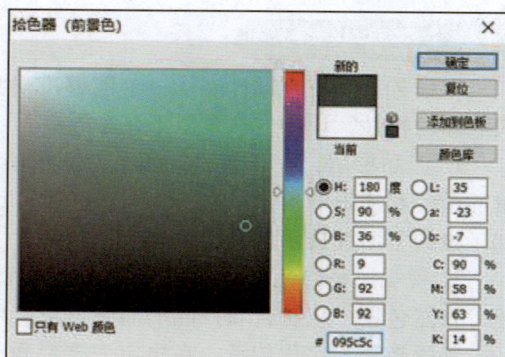

图 3-6-2　设置前景色

步骤3：选择矩形选框工具，在画面上框出背景图层的下方五分之四区域，使用油漆桶工具，在选框内填充前景色，按组合键 Ctrl + D 取消选区，如图 3-6-3 所示。

步骤4：置入素材"绿色烟花"，栅格化该图层。使用魔棒工具选择白色背景区域，按 Delete 键删除，调整烟花到画布边缘合适的位置。复制烟花图层（复制 3 次），调整到其他位置，选中右边的两个烟花，水平翻转，如图 3-6-4 所示。

图 3-6-3　填充
前景色

图 3-6-4　置入素材"绿色烟花"

步骤5：置入素材"礼盒"，移动到画面顶端；把图层调整到最上方；置入素材"云图"，栅格化该图层；调整大小，将图层透明度设置为70%；复制图层后水平翻转；移动两个云图的位置，如图3-6-5所示。

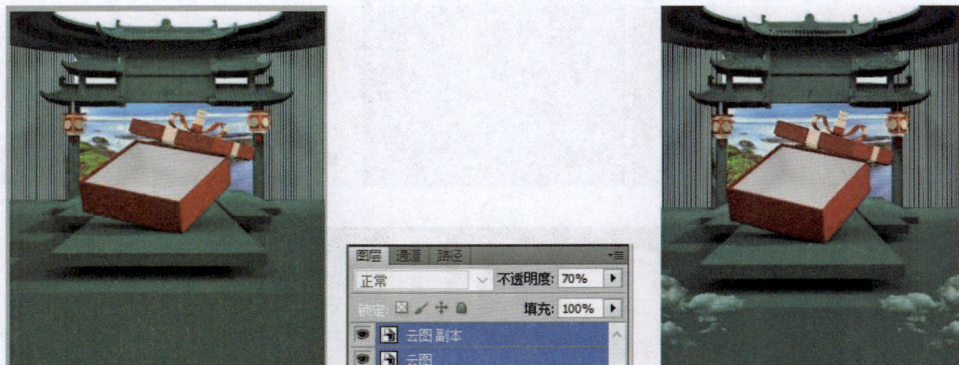

图3-6-5　置入素材"礼盒"与"云图"

步骤6：新建参考线，位于水平中线；在图层面板上创建图层组，命名为"文案"，在组中置入素材"红丝带"，删除背景色，调整大小，移动至礼盒上方适当位置，如图3-6-6所示。

步骤7：在"文案"图层组中新建文字图层，输入"钜惠618　端午献豪礼"，设置字体格式，将文字进行"斜切"变换，角度适当即可，如图3-6-7所示。

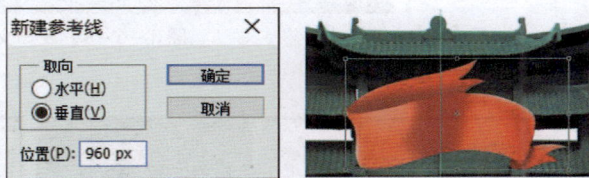

图3-6-6　置入素材"红丝带"

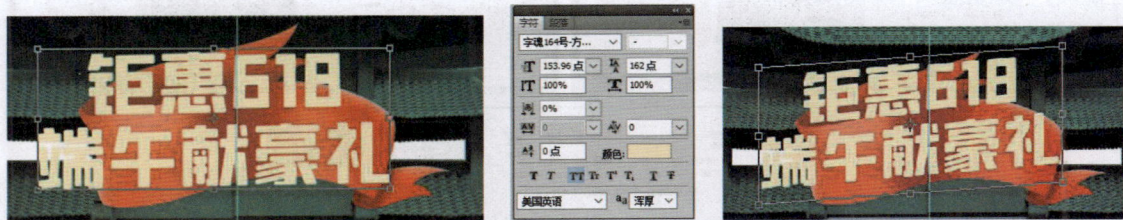

图3-6-7　制作文字图层"钜惠618端午献豪礼"

步骤8：复制文字图层，将文字颜色设置一种深色（颜色参数任意），移动该图层到原文字图层下方，按组合键Ctrl+T后，按向右向下箭头将复制的文字进行微移动，确认应用该效果，重复按下组合键Ctrl+Shift+Alt+T，便形成了立体的文字效果；在图层面板中将复制后的文字图层栅格化后合并，如图3-6-8所示。

步骤9：为立体文字图层添加图层样式，如图3-6-9所示。

步骤10：为原文字图层添加"渐变叠加"图层样式（颜色参数为#fdddad～#fff0d8），如图3-6-10所示。

步骤11：隐藏礼盒图层，在"文案"图层组内新建图层命名为"丝带1"，使用钢笔工具绘制短丝带的形状（可使用直接选择工具进行锚点调整）；双击图层中的蒙版，设置颜色参数为#e52c17，如图3-6-11所示。

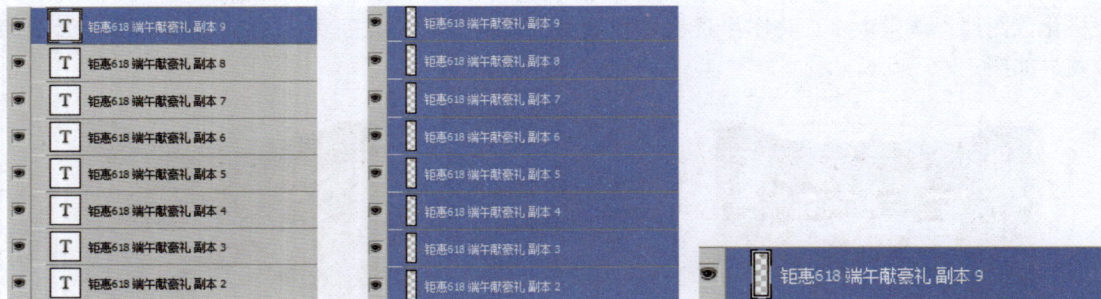

图 3 - 6 - 8　制作文字立体效果

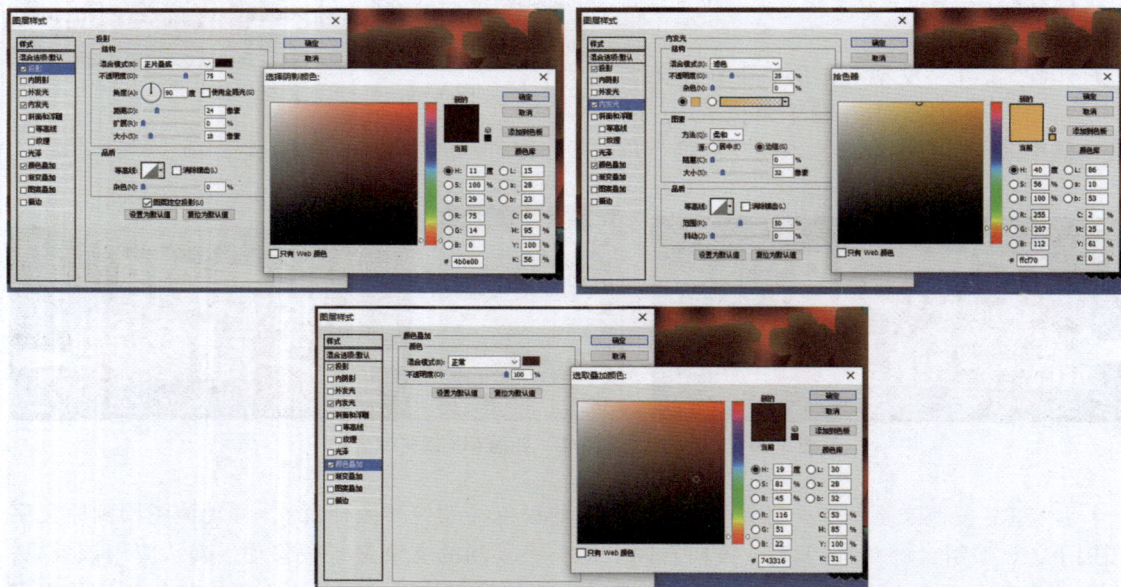

图 3 - 6 - 9　为立体文字图层添加图层样式

步骤 12：在短丝带图层上层新建图层，使用画笔工具，分别设置前景色为#cc2b0e 和 #f38c7c，在丝带的左下角和右下角涂抹出暗影和亮光。在图层上右击，在弹出的快捷菜单中单击"创建剪贴蒙版"命令，使其成为下方的蒙版图层，如图 3 - 6 - 12 所示。

步骤 13：继续新建图层，设置前景色（#ae161b），使用画笔工具（大小为 99，硬度为 8%）在图层上进行涂抹遮盖丝带上半部分，仍然使其成为下方的蒙版图层，如图 3 - 6 - 13 所示。

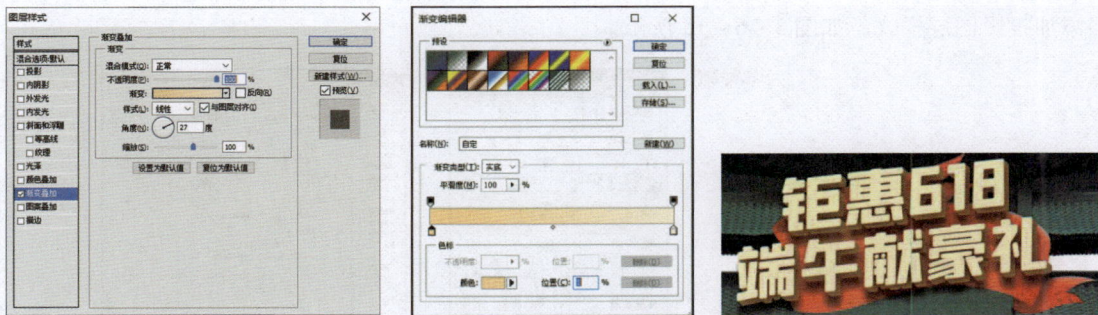

图 3 - 6 - 10 为文字图层添加"渐变叠加"图层样式

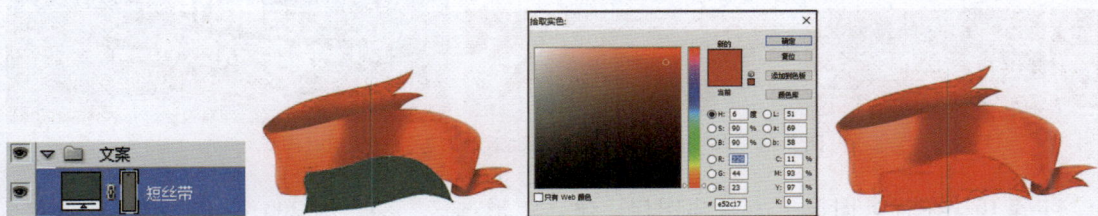

图 3 - 6 - 11 制作短丝带

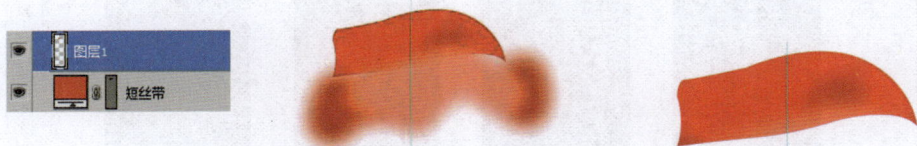

图 3 - 6 - 12 制作短丝带蒙版图层 1

图 3 - 6 - 13 制作短丝带蒙版图层 2

步骤 14：选择短丝带及其两层蒙版图层，移动到红丝带图层下方；再次复制短丝带及其两层蒙版图层，调整大小，移动至短丝带图层下方，如图 3 - 6 - 14 所示。

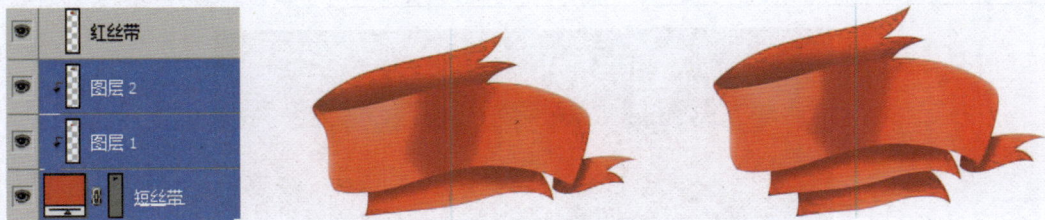

图 3 - 6 - 14 红丝带图层下方加两次短丝带的效果

步骤 15：新建文字图层，输入文字，设置文字大小，调整旋转角度与短丝带相贴合，为图层添加投影图层样式，如图 3 – 6 – 15 所示。

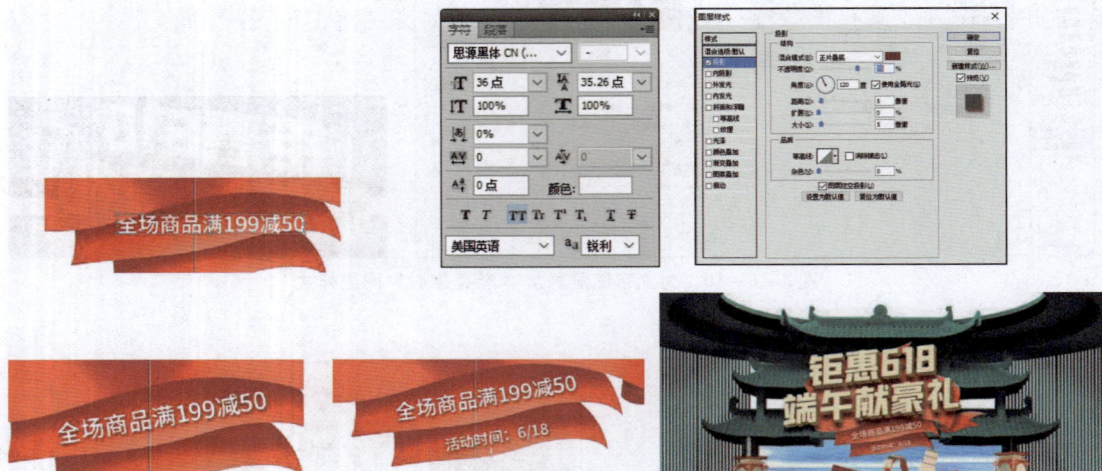

图 3 – 6 – 15　红丝带图层上添加活动广告语与活动时间

步骤 16：在背景图层上方新建图层，建立矩形选区，羽化为 200 像素，设置前景色为#26877c，进行前景色填充，复制图层，将两图层合并，如图 3 – 6 – 16 所示。

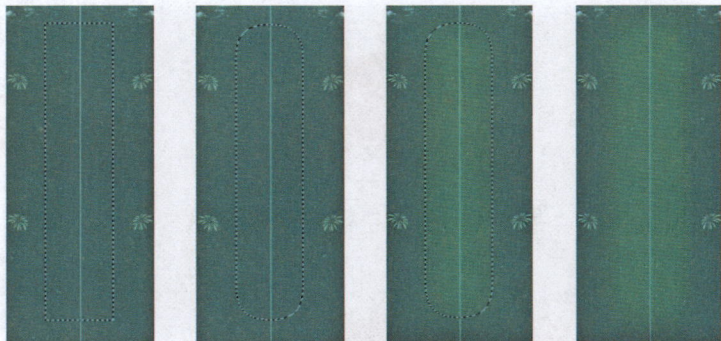

图 3 – 6 – 16　添加背景光线效果

步骤 17：在文案图层组上方建立新图层组"优惠"，在图层组中再建立新图层组（默认图层组名"组 1"），在图层组中新建图层，使用圆角矩形工具，画出一个圆角矩形，蒙版颜色参数为#92170a，如图 3 – 6 – 17 所示。

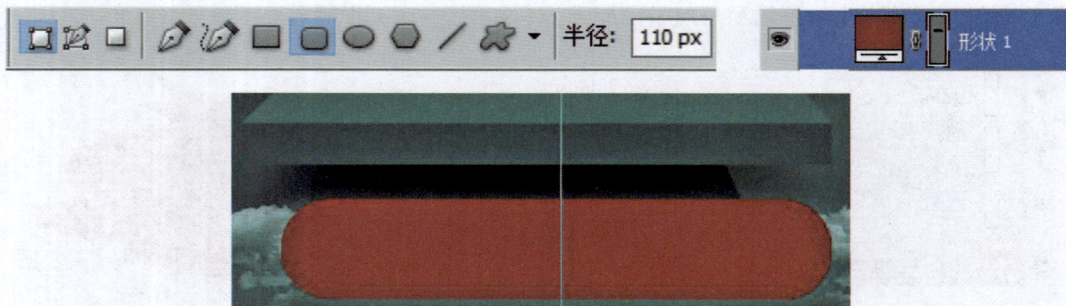

图 3 – 6 – 17　添加圆角矩形

步骤 18：复制形状 1 图层，修改颜色为白色并栅格化图层，为图层添加投影、内阴影和渐变叠加等样式，将该图层向下移动与形状 1 错开，如图 3－6－18 所示。

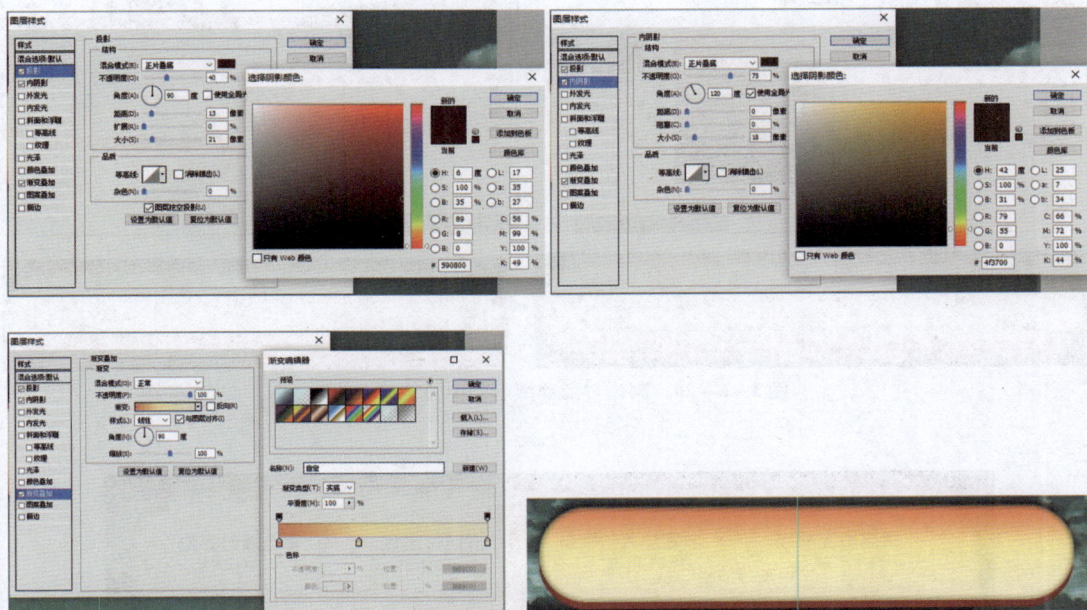

图 3－6－18　制作"活动提示"

步骤 19：先隐藏形状 1 副本图层，然后在形状 1 图层上方新建图层，使用画笔工具（颜色参数为#92170a），涂抹出高光部分，使其成为下方的蒙版图层，最后恢复显示形状 1 副本图层，如图 3－6－19 所示。

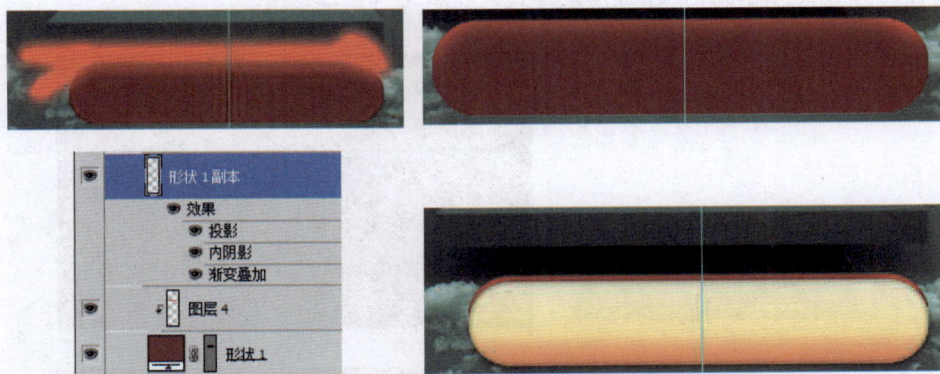

图 3－6－19　制作"活动提示"高光效果

步骤 20：在"组 1"的上层新建"组 2"，在其中新建图层，使用矩形工具画出一个长条矩形，蒙版颜色为#fdcda9；为图层添加描边样式。新建图层，使用椭圆工具（填充像素模式）画出一个圆，为图层添加渐变叠加样式。复制图层，制作多个同样的圆形，如图 3－6－20 所示。

步骤 21：在"组 2"中新建"组 3"，在其下新建图形，使用自定形状工具－图钉，画出一个图钉，颜色参数为#f65634，在旁边添加文字，大小为 30 点，文字颜色为#636363，如图 3－6－21 所示。

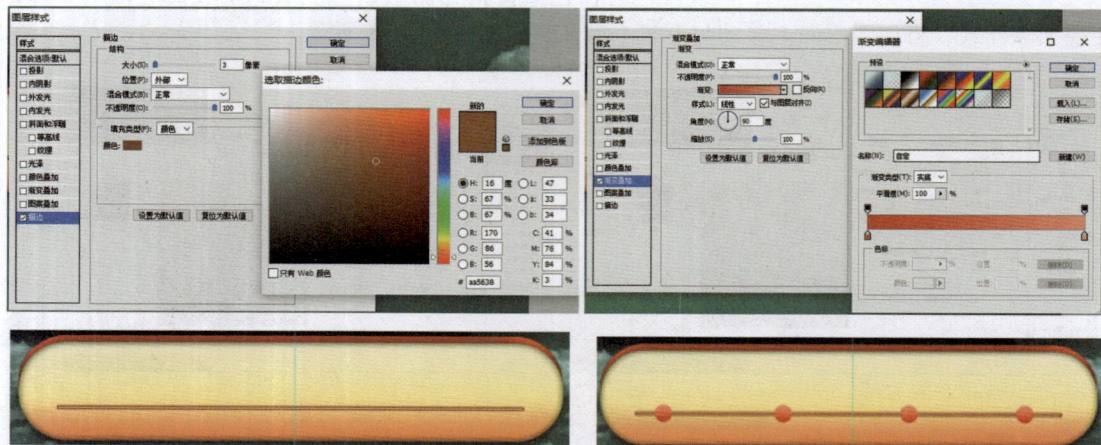

图 3 – 6 – 20 制作"活动提示"中关键节点效果

图 3 – 6 – 21 制作"活动提示"中的文字内容

步骤 22：在"优惠"图层组中新建图层组"领券"，在其中新建图层，使用圆角矩形工具（圆角半径为 60）画出一个圆角矩形，蒙版颜色参数为#ae2230；复制形状 4 图层，向下移动与形状 4 错开，为形状 4 副本图层添加图层样式，如图 3 – 6 – 22 所示。

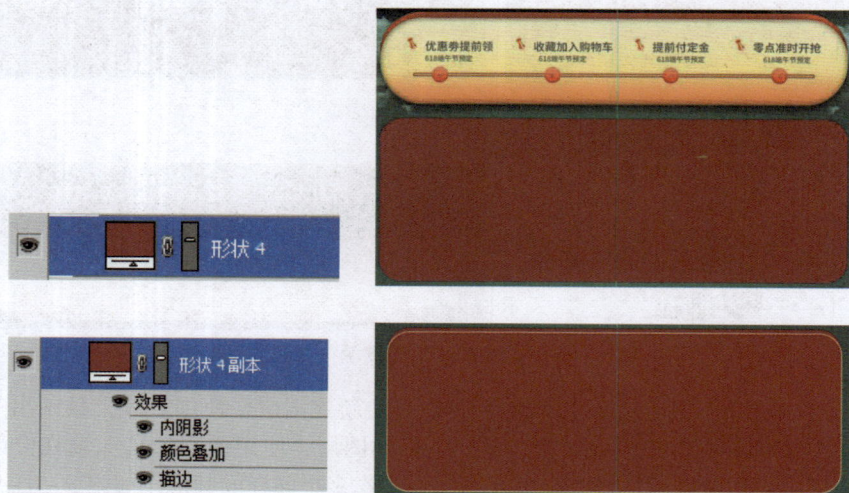

图 3 – 6 – 22 制作"领券区"背景

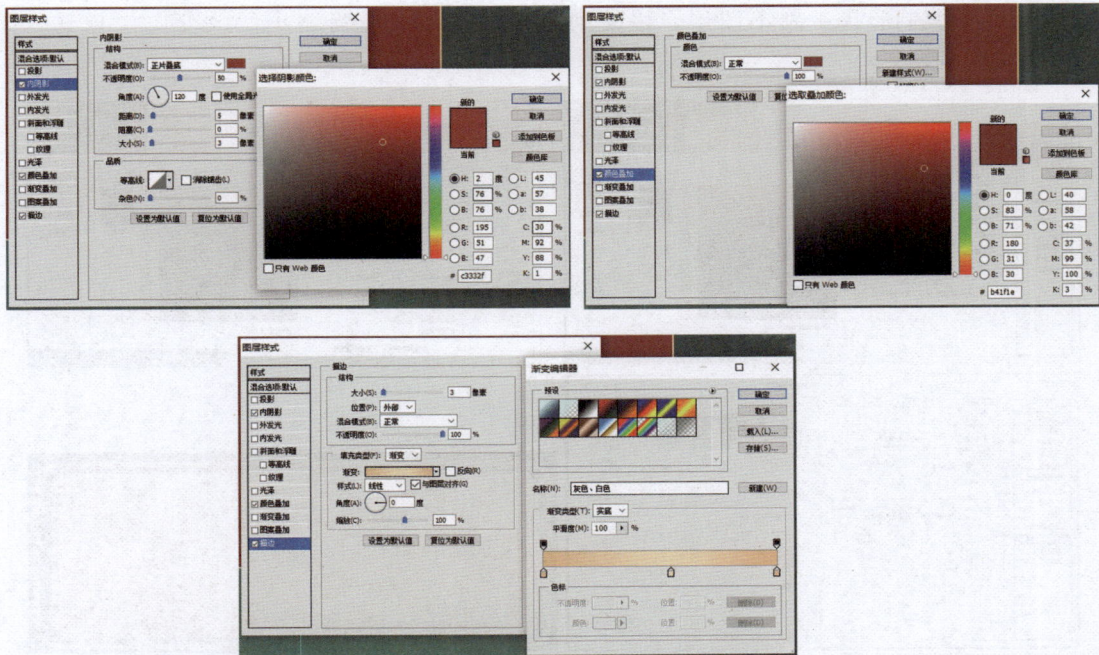

图 3 - 6 - 22 制作"领券区"背景（续）

步骤 23：复制形状 4 副本图层，删除图层样式，栅格化图层后，载入图层选区，收缩 10 像素后删除中间区域，取消选区后，为图层添加图层样式，如图 3 - 6 - 23 所示。

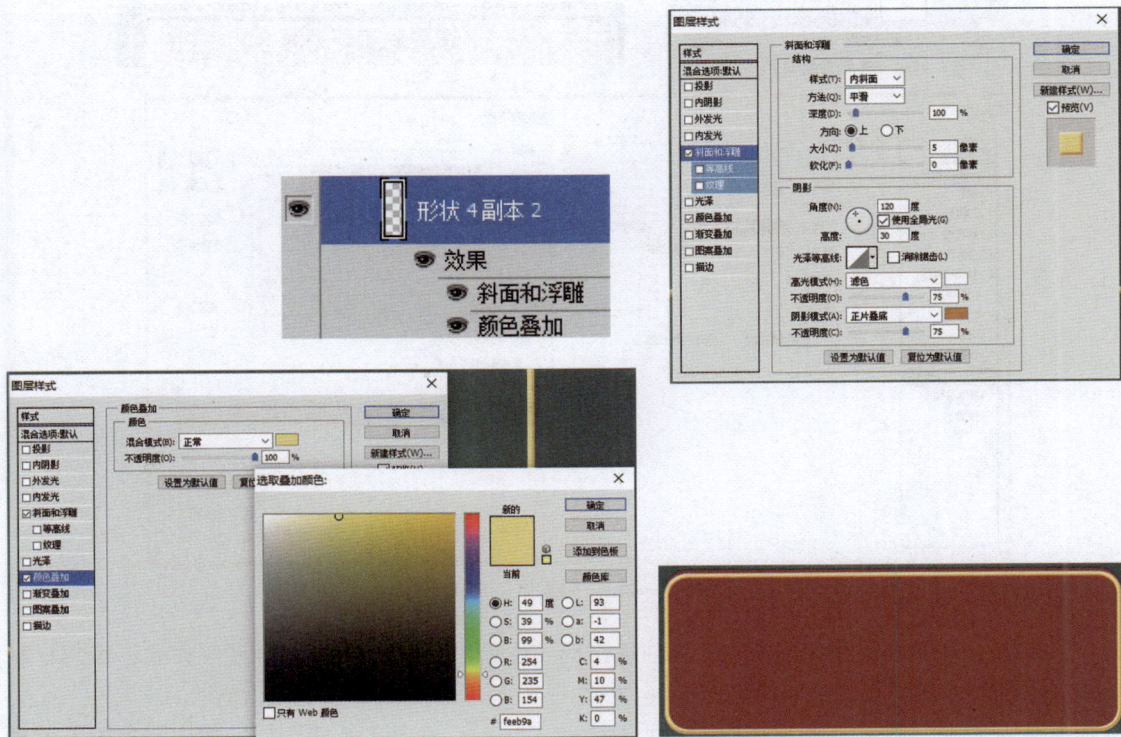

图 3 - 6 - 23 添加"领券区"背景样式

步骤 24：复制形状 4 副本图层，移动到组中最顶层，适当缩小后改变图层样式，如图 3 - 6 - 24 所示。

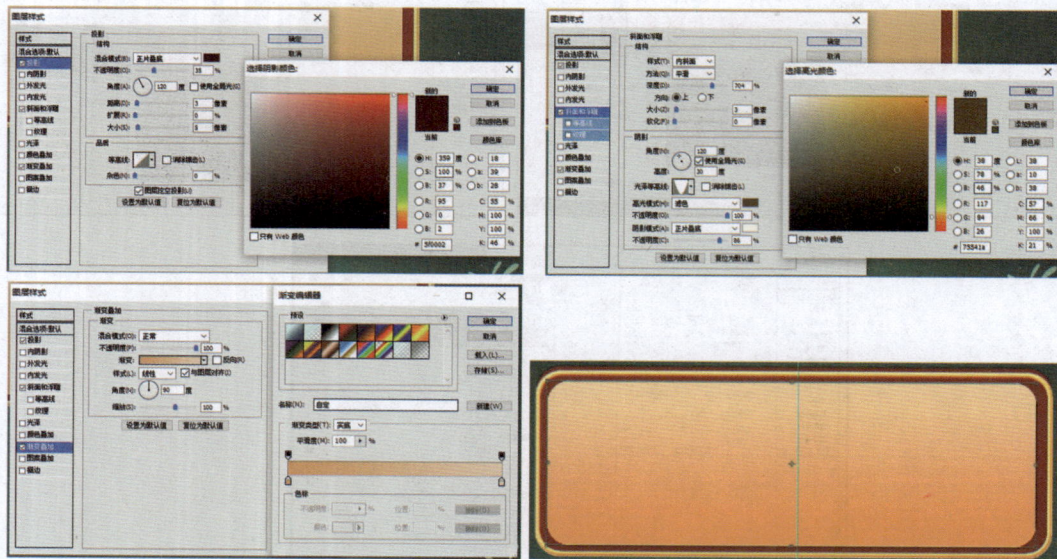

图 3 - 6 - 24 "领券区" 背景中添加圆角矩形

步骤 25：新建文字图层，输入文字，添加图层样式 - 渐变叠加，颜色参数从#a80c0c 至#eb2e25，如图 3 - 6 - 25 所示。

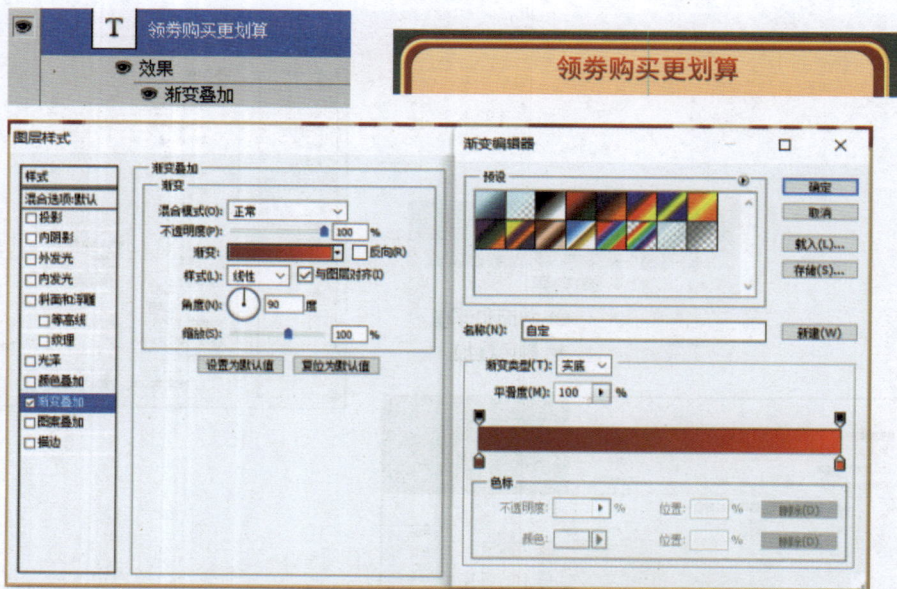

图 3 - 6 - 25 "领券区" 添加文字

步骤 26：新建图层，使用钢笔工具创建路径（位置在文字左侧），添加图层样式，然后复制该图层，移动到文字右侧，如图 3 - 6 - 26 所示。

步骤 27：在 "领券" 图层组内创建新图层组 "组 4"，在其中新建图层，使用圆角矩形工具（圆角半径为 20）画出一个圆角矩形；复制图层 "形状 4 副本" 的样式；新建 3 个文本图层，分

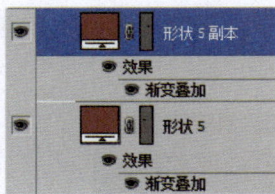

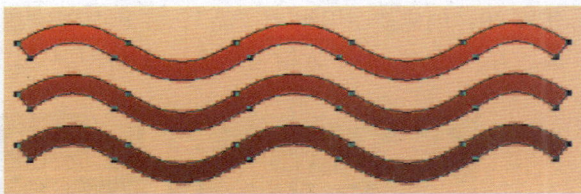

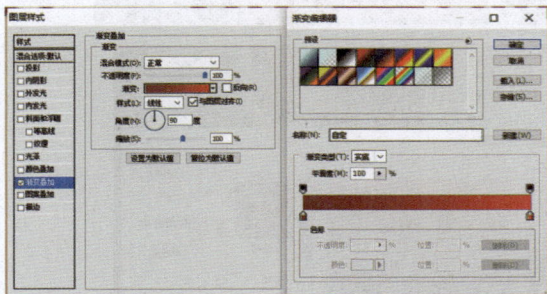

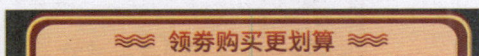

图 3 – 6 – 26　制作"领券区"文字两侧的效果

别输入文字，字体和字号设置为合适的值，文字颜色为白色，如图 3 – 6 – 27 所示。

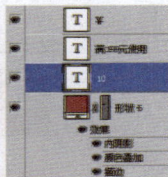

图 3 – 6 – 27　制作"领券区"优惠券

　　步骤 28：新建图层，再次使用圆角矩形工具（圆角半径为 30）画出一个圆角矩形，蒙版颜色为白色，新建文本图层，输入文字，字体和字号设置为合适的值，添加图层样式；复制"组4"，构建 3 个组副本，修改金额，如图 3 – 6 – 28 所示。

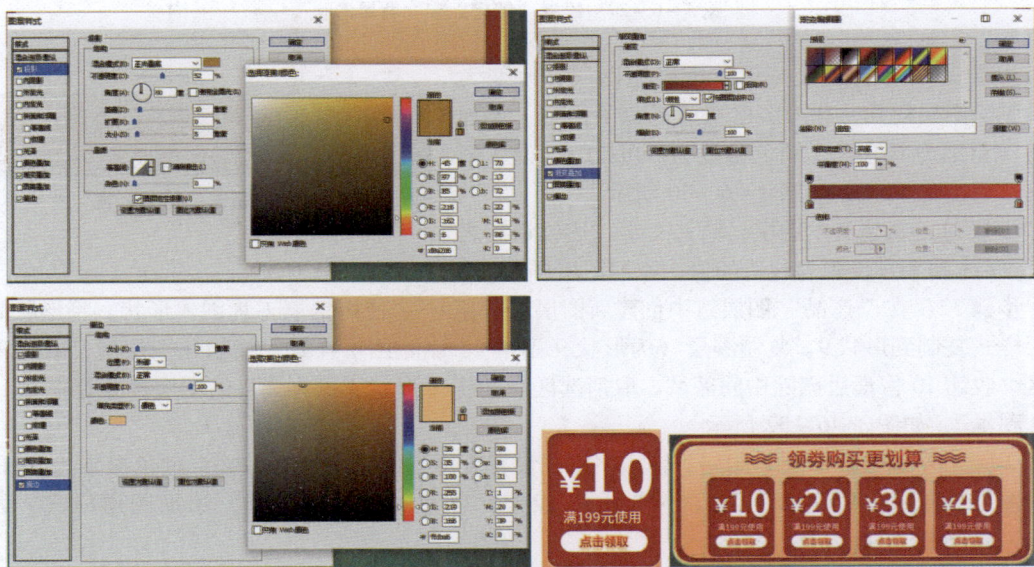

图 3 – 6 – 28　制作"领券区"优惠券领取按钮与"领券区"最终效果

步骤29：创建新图层组"产品"，在其中创建新图层组"组5"，在组中新建图层，使用钢笔工具，在"组4"的下方构建形状，添加图层样式，如图3-6-29所示。

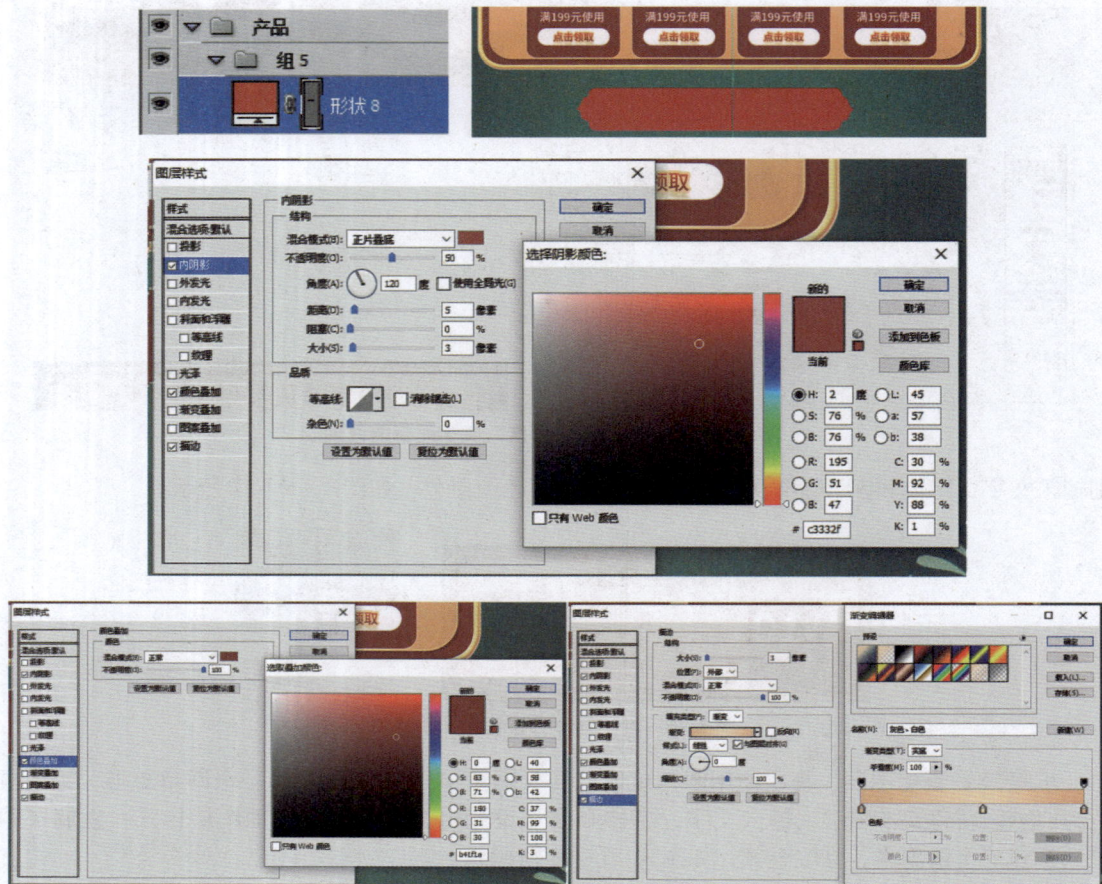

图3-6-29 绘制"镇店之宝"背景形状

步骤30：复制形状8后，栅格化图层，改变大小，删除图层样式，载入图层选区后删除内容，添加描边（粗细为2像素，颜色参数为#efb271），设置图层不透明度为50%，如图3-6-30所示。

图3-6-30 制作"镇店之宝"背景

步骤31：新建文本图层，输入文字"店铺镇店之宝"，字体和字号设置为合适的值，添加图层样式，如图3-6-31所示。

步骤32：在"产品"图层组中创建新图层组"组6"，使用钢笔工具创建形状，将形状8的图层样式复制到形状9。复制图层（为形状9副本），删除图层样式，栅格化图层后，载入图层选区，收缩10像素后删除中间区域。取消选区后，将"形状4副本2"的图层样式复制到"形状9副本"，如图3-6-32所示。

步骤33：新建两个文本图层，输入文字，设置合适的字体与字号，文字颜色参数为#ffecd9。新建图层，使用圆角矩形工具（半径为50像素）创建一个圆角矩形，添加图层样式，如图3-6-33所示。

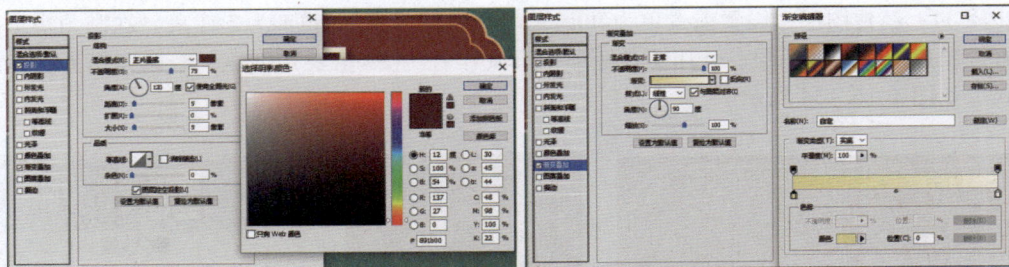

店铺镇店之宝

图 3 - 6 - 31 制作"镇店之宝"文字

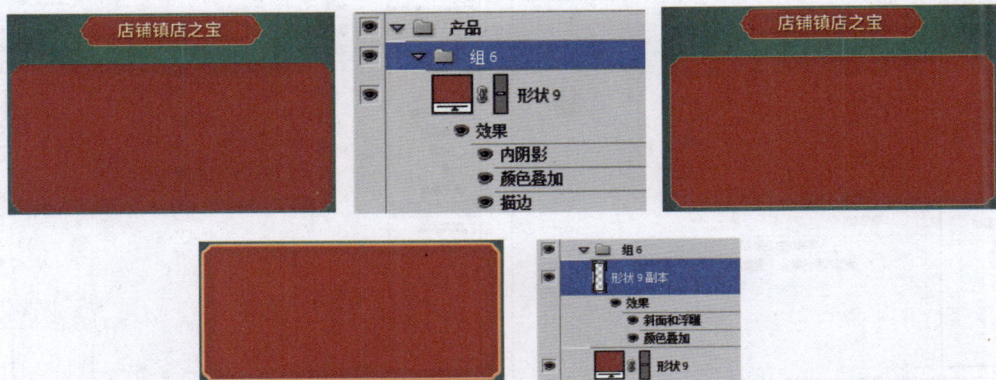

图 3 - 6 - 32 制作"镇店之宝"主推产品区背景

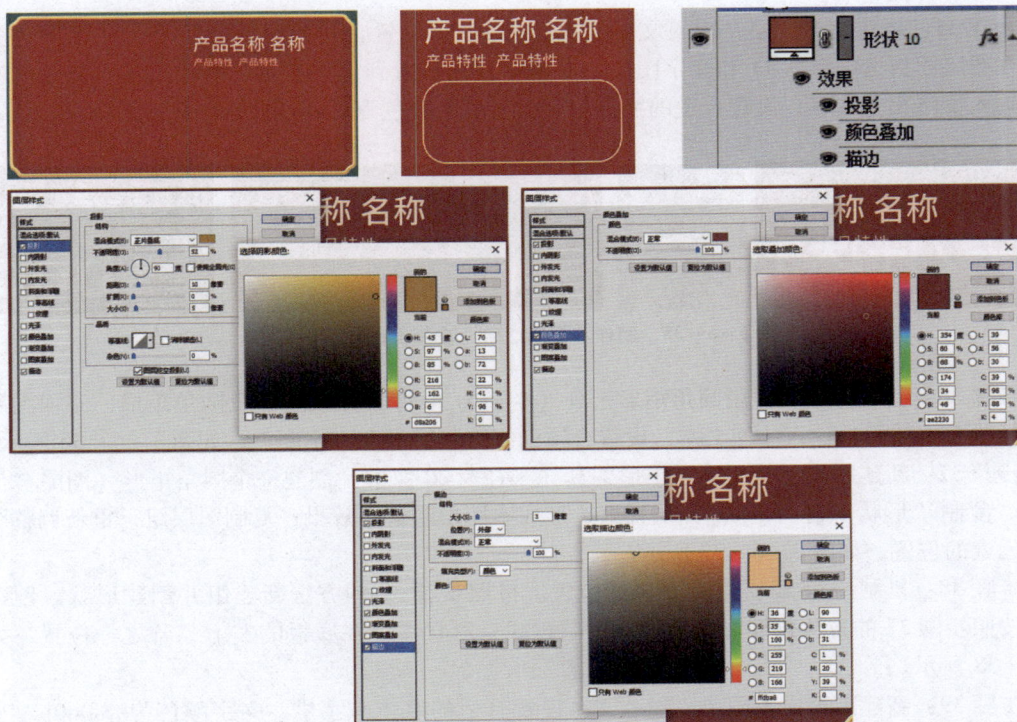

图 3 - 6 - 33 制作"镇店之宝"主推产品名称

步骤34：新建图层，设置前景色为#fffce3，使用铅笔工具（粗细为2像素）在圆角矩形的中间位置画出虚线。新建图层，使用圆角矩形工具（半径为20像素）创建一个圆角矩形，添加图层样式，如图3-6-34所示。

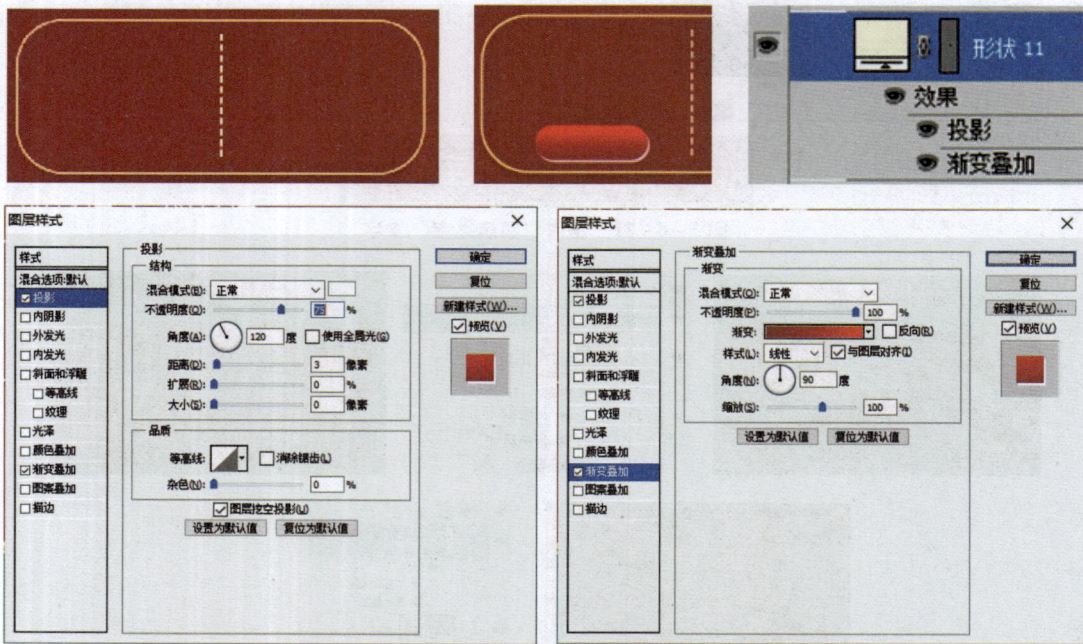

图3-6-34　制作"镇店之宝"主推产品优惠区

步骤35：新建文本图层，输入文字"买2件送"，设置合适的字体与字号，文字颜色为白色。在图层面板选中形状11和文字图层，复制后移动位置到虚线右侧，修改文本。新建文本图层，输入价格相关文字，设置合适的字体与字号，文字颜色为#f6e4ce，如图3-6-35所示。

图3-6-35　制作"镇店之宝"主推产品优惠区文字

步骤36：新建图层，使用圆角矩形工具（半径为30像素）创建一个圆角矩形，添加图层样式。新建文本图层，输入按钮文本，设置合适的字体、字号和文字颜色，如图3-6-36所示。

步骤37：新建图层，使用圆角矩形工具（半径为20像素）创建一个圆角矩形（图层"形状13"），复制"形状4副本3"的图层样式，形成本图层组最终效果；复制图层组，重新调整图层组中元素的位置，如图3-6-37所示。

步骤38：复制"组5"，移动至合适位置。按照步骤32的方法新建组并创建形状。创建新组，按照步骤37的方法创建形状并设置图层样式；形状占位在底板的左上三分之一位置，如图3-6-38所示。

步骤39：新建多个文本图层，输入文本设置合适的字体和字号，文字颜色为#8f0d0b。复制"形状12"，移动图层至"组8"中，改变图层样式和文字颜色（#ffead1）；复制该图层组形成多

图3-6-36 制作"镇店之宝"主推产品优惠区购买按钮

图3-6-37 制作"镇店之宝"主推产品列表

图3-6-38 制作"镇店之宝"活动产品列表背景

个副本，移动位置，如图3-6-39所示。

　　步骤40：置入素材"流云"，栅格化该图层。删除背景区域，复制"形状15"的图层样式。移动到画面边缘合适的位置，把图层调整到最上方。复制流云（多次），调整到画布边缘其他位置，调整大小，结合水平翻转形成对称的效果，如图3-6-40所示。

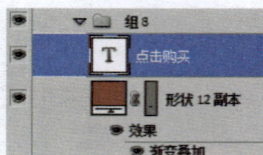

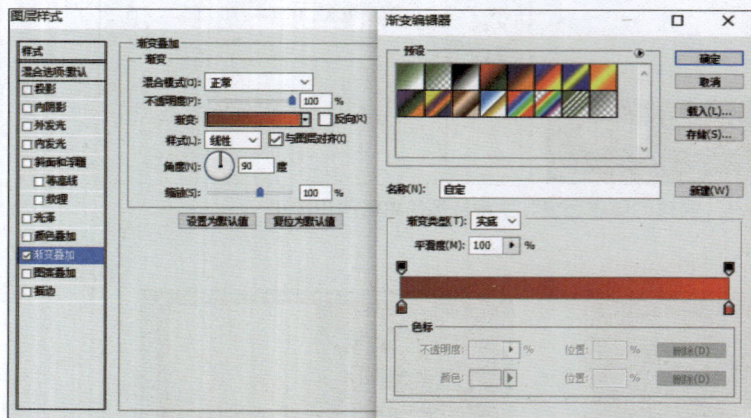

图3-6-39　制作"镇店之宝"活动产品列表文字与按钮效果

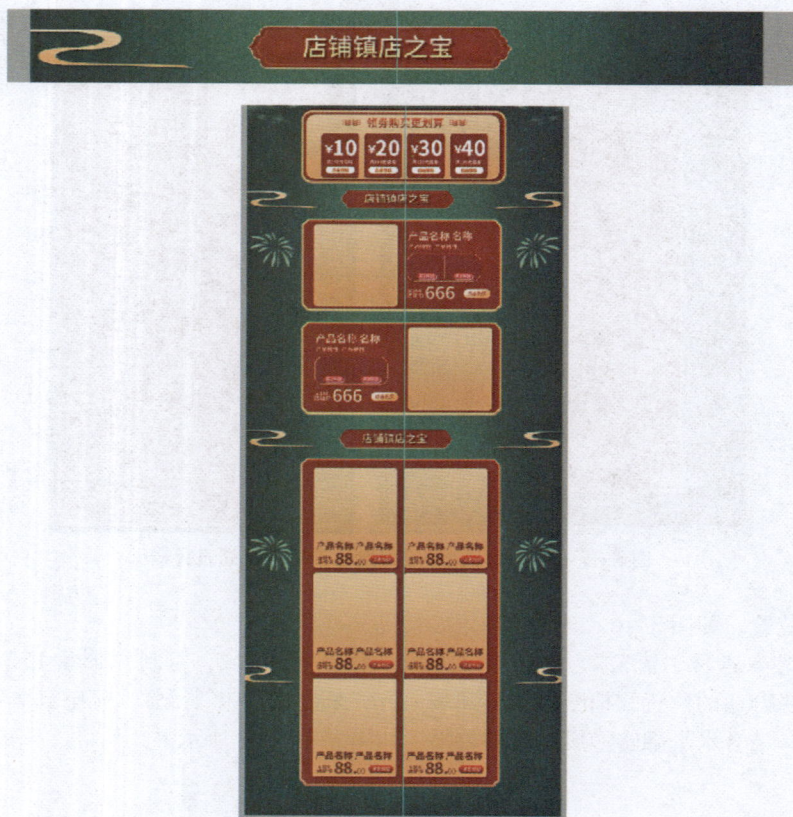

图3-6-40　店铺首页最终效果

【任务评价】

序号	维度	要求	分值	得分
1	文字排版	文案排版可读性强	30	
2	图形绘制	能正确使用形状、钢笔等工具绘制图形	20	
3	色彩搭配	色彩搭配和谐、美观	30	
4	其他工具使用	能熟练使用其他工具完成操作	20	
	合计		100	

【任务拓展】

专题任务：家乡美——我为家乡农产品代言，请为家乡的农产品网店设计一款清晰、吸引人、易于导航的农产品网店首页。

扫描二维码，查看任务说明。

家乡农产品网店
首页设计

【知识链接】

扫描右侧的二维码完成首页布局知识内容学习。

电商首页布局

【素养园地】

扫描右侧的二维码完成《通用数据保护条例》知识的学习。

《通用数据保护条例》

任务二　女装店铺首页设计与制作

【学习目标】

知识目标：

1. 熟悉网店首页设计的基本规范。

2. 理解如何结合品牌定位和目标市场，通过首页设计传达品牌故事和价值观。

3. 掌握现代设计理论，如平面设计原理、色彩理论、视觉层次与引导，以及信息架构等，以提升设计的科学性和艺术性。

技能目标：

1. 能够运用色彩理论、布局原则、字体选择等视觉设计技巧，吸引和保持消费者的注意力。

2. 能够将设计好的图像和内容有效地组织在网店首页上，确保用户界面的美观性和功能性。

3. 能够应用现代设计理论，如黄金比例、对比和统一等，来提高首页的视觉吸引力和用户体验。

素质目标：

1. 培养遵守网络版权和商标法律的意识，确保设计内容不侵犯他人知识产权。

2. 发展创新思维和审美能力，通过首页设计提升用户体验和品牌形象。

3. 强化民族自豪感和文化自信，通过在网店首页设计中巧妙地融入中国传统文化元素，传承和推广中华文化。

【任务描述】

醒目且具吸引力的网店首页是获取顾客兴趣和信任的关键因素。对于女装网店而言，首页设计不仅要展现商品的风采和品质，提升女装网店的品牌形象和市场竞争力，还应该与目标顾客的时尚品味相契合，为消费者提供一流的购物体验，从而推动转化率的提升和客户忠诚度的建立。本任务的目标是创建一款能够突显女装魅力的首页，通过精心设计的视觉元素吸引并保持消费者的注意力，同时提升店铺的辨识度与客户忠诚度。

【任务分析】

本任务旨在设计制作一个能够准确传达女装店铺特色并吸引目标消费者的首页界面。针对女装行业的特点，设计应着重考虑以下几个方面：

1. 产品展示：女装产品的多样性和时尚感是其核心特点。首页设计需要通过高质量的图片、精致的陈列方式来突出服饰的款式和质感。动态元素如模特穿搭展示、服装细节视频等可以更好地展示产品特性，增加视觉吸引力和消费者信任感。

2. 视觉风格与色彩运用：采用时尚、优雅的色彩方案来强调女装的品牌形象。粉色、白色或其他柔和色调不仅符合女性化品牌的定位，也能给消费者带来温馨和愉悦的购物体验。同时，可以融入现代设计元素，如流行的平面设计风格或极简主义风格，以增强首页的现代感和艺术感。

3. 布局与导航：首页的布局应时尚且直观，确保消费者能快速定位到他们感兴趣的商品类别或信息。清晰的导航栏、有效的商品分类和便捷的搜索功能是提升用户体验的关键。此外，可以考虑加入流行趋势区或搭配推荐区，以增加互动性和购物便利性。

4. 文案与信息传达：描述产品和促销活动的语言要简洁且具有感染力，可以运用故事化营销，通过品牌故事或设计师理念来深化与消费者的情感连接。

【任务准备】

1. 收集素材

根据女装店铺的定位和目标市场，收集所需的高质量图片、视频、图标等素材。图片格式应为 GIF、JPG 和 PNG，确保素材具有时尚感和专业质感，能够吸引目标消费者。

2. 准备相关工具和环境

准备一台电脑，建议安装和熟悉专业的设计软件 Photoshop，确保设计工作区有足够的空间，并且屏幕的分辨率和色彩准确性能够满足设计需求，以便更准确地把握色彩和细节。

3. 资料收集与研究

对竞争对手的首页设计进行研究分析，了解行业趋势和最佳实践，同时，收集关于目标客户群体的偏好信息，包括颜色、布局和交互元素的喜好；提前准备好首页所需的文案，包括品牌故事、促销信息、商品描述等，确保文案简洁有力，能够准确传达品牌信息和吸引消费者。

【任务实施】

步骤 1：按组合键 Ctrl + N 新建画布，设置画布宽度为 750 像素，高度为 5 000 像素，分辨率为 72 像素/英寸，颜色模式为 RGB 颜色，背景内容为白色。设置前景色（颜色参数设置为 #a41f26），在背景图层上填充前景色，如图 3 - 6 - 41 所示。

步骤 2：新建参考线，置入素材"金舞台"，移动到画布上部，如图 3 - 6 - 42 所示。

步骤 3：置入素材"灯笼"，栅格化该图层。使用魔棒工具选择背景颜色并删除，移动到

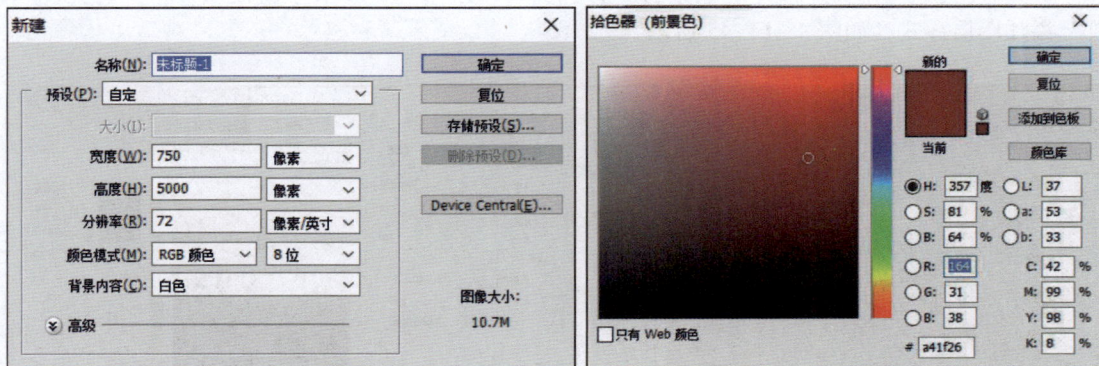

图3-6-41　新建画布并设置背景色

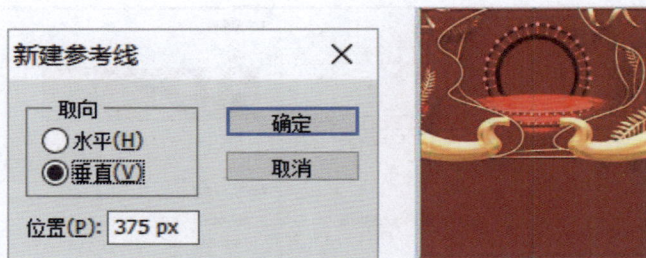

图3-6-42　添加素材"金舞台"

画布边缘合适位置，复制该图层，水平翻转后，将其移动到另一侧画布边缘。置入素材"台阶"，栅格化该图层，使用魔棒工具选择背景颜色并删除，将其移动到画布中间合适位置，如图3-6-43所示。

图3-6-43　添加素材"灯笼"与"台阶"

步骤4：置入素材"伞"，栅格化图层后删除部分图像，将其移动到画布边缘合适位置，并设置图层样式，复制该图层，将其移动到另一侧画布边缘，如图3-6-44所示。

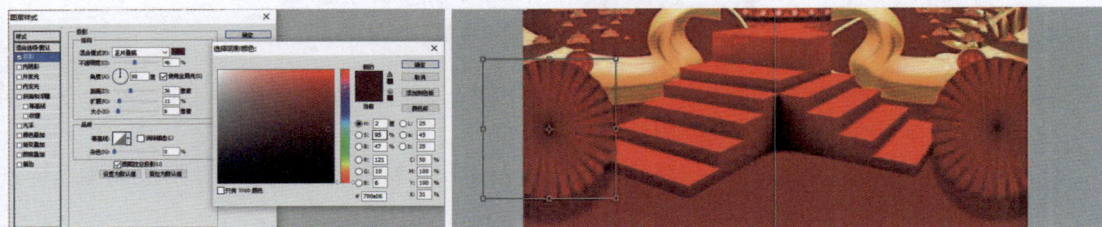

图3-6-44　添加素材"伞"

步骤5：分别置入两个文字特效素材"特惠文字特效""双11文字特效"，为"特惠文字特效"添加图层样式，如图3-6-45所示。

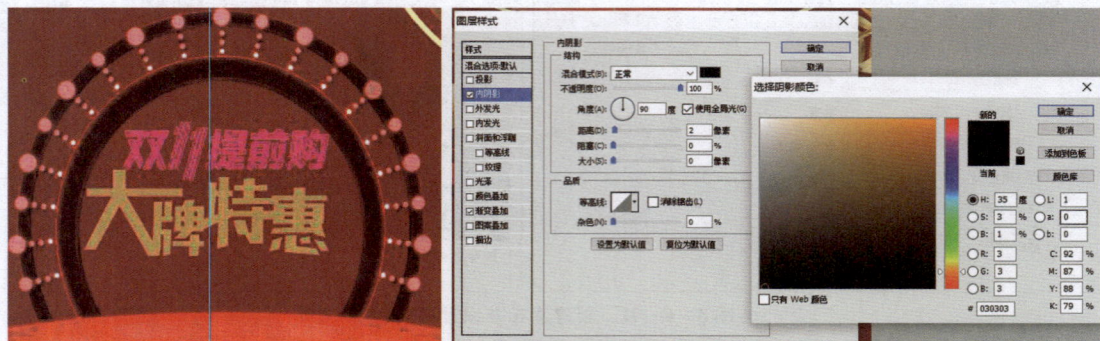

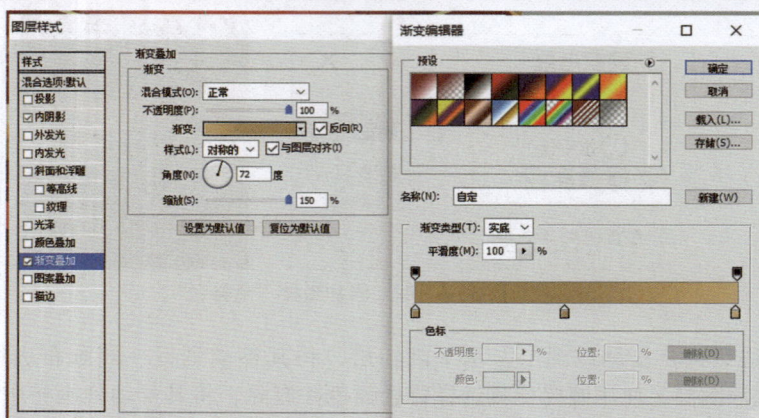

图3-6-45 添加素材"特惠文字特效""双11文字特效"并添加图层样式

步骤6：为"双11文字特效"添加图层样式，如图3-6-46所示。

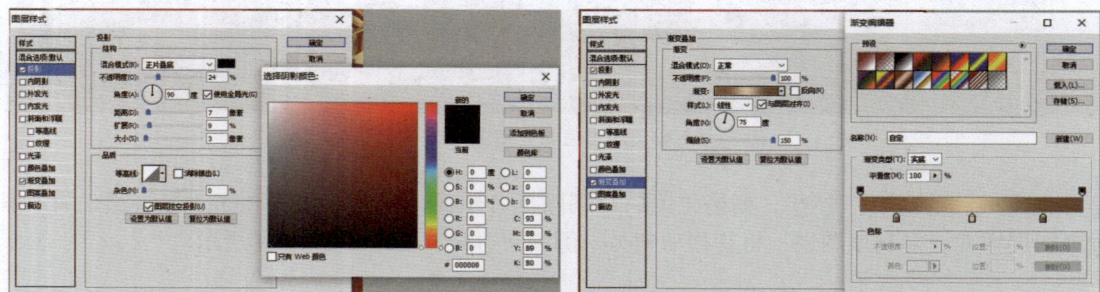

图3-6-46 设置"双11文字特效"图层样式

步骤7：新建图层，使用圆角矩形工具画出一个圆角矩形，为图层添加样式。新建文字图层，输入文字，设置合适的字体、字号，文字颜色为黑色，如图3-6-47所示。

步骤8：置入素材"碎纸屑"，栅格化图层后复制多次，移动各副本图层，形成满画布碎纸效果，将所有碎纸屑图层合并，如图3-6-48所示。

步骤9：创建新图层组"优惠券"，在组中新建图层，置入素材"卷轴"，栅格化图层后删除背景色，为图层添加黑色投影样式；移动卷轴到合适位置，如图3-6-49所示。

半径： 20 px   形状 1

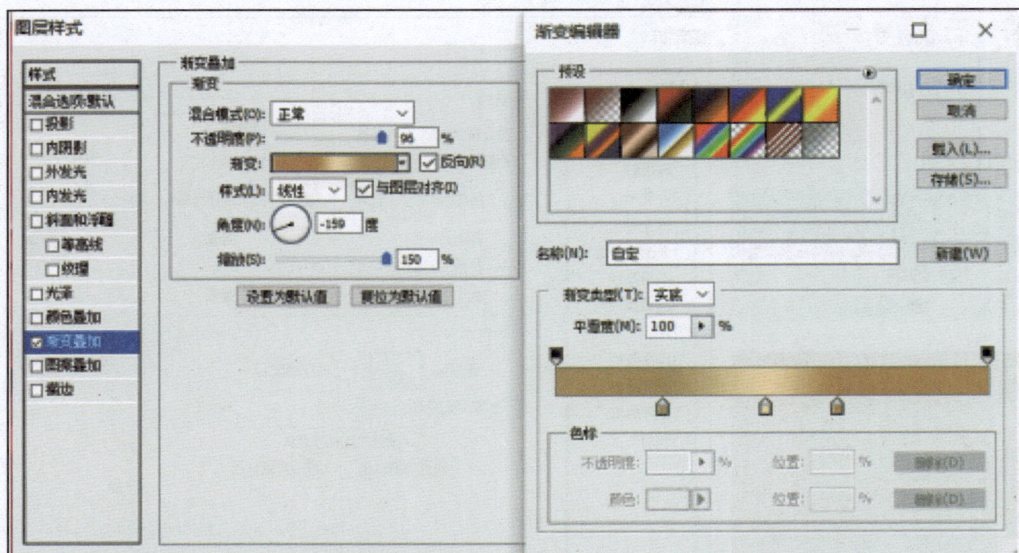

图 3－6－47　添加优惠广告语

双十一优惠不止五折

碎纸屑

图 3－6－48　制作满画布碎纸效果

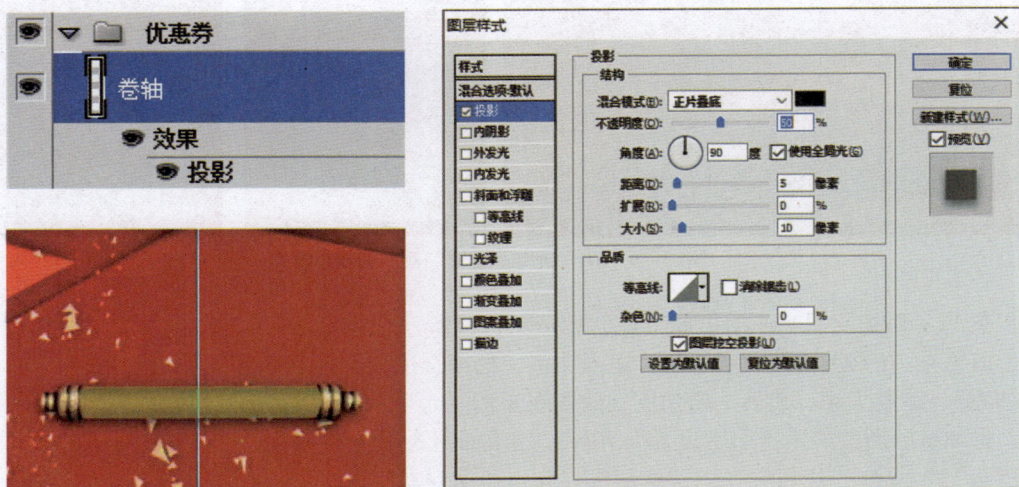

图 3－6－49　制作"卷轴"效果

步骤 10：复制图层，移动到下方，新建图层，添加矩形形状，蒙版颜色参数为#9d7b21，添加投影样式；将图层调整到两个卷轴图层下方，如图 3 – 6 – 50 所示。

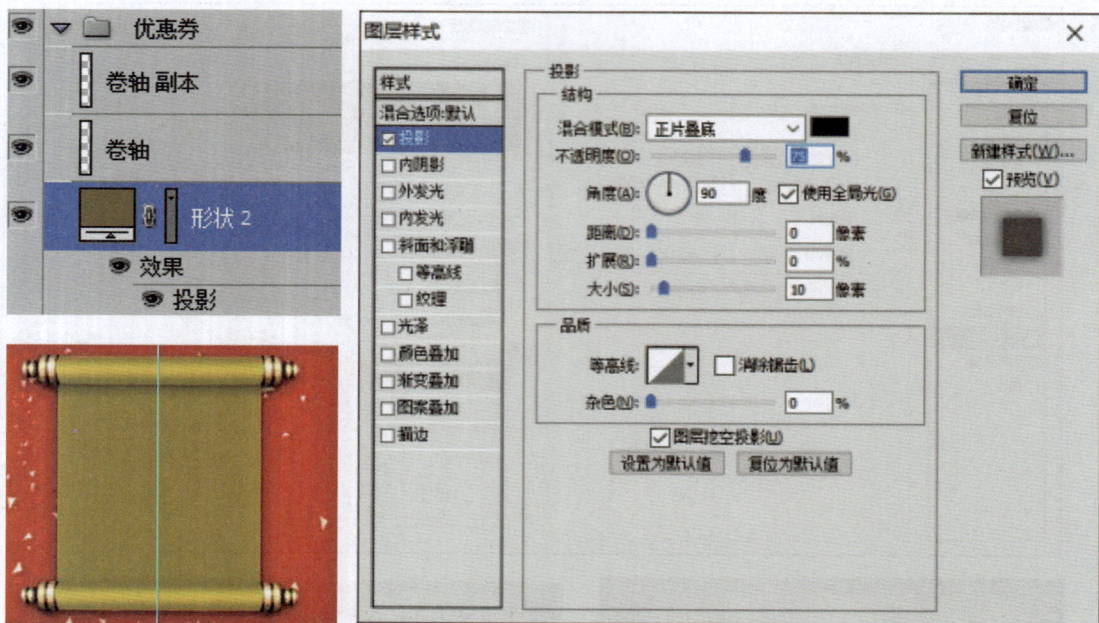

图 3 – 6 – 50　制作"卷轴"画布背景

步骤 11：添加图层（调整到该图层组中顶层），使用不同粗细的画笔画出两条挂线。使用矩形工具画出钉子（颜色参数为#340002）。添加图层，使用矩形工具创建形状（位于卷轴画布中间），蒙版颜色参数为#861d21，复制形状 2 的投影样式。在其上添加文字图层，输入文字"20"，字体为 DIN Condensed，颜色为白色。再添加一个文字图层，输入文字"元"，字体为"文悦新青年体"，调整文字的大小，使"元"置于"0"的右边中间位置，为"20"图层添加蒙版，使用画笔工具把"元"所在的位置进行遮盖，如图 3 – 6 – 51 所示。

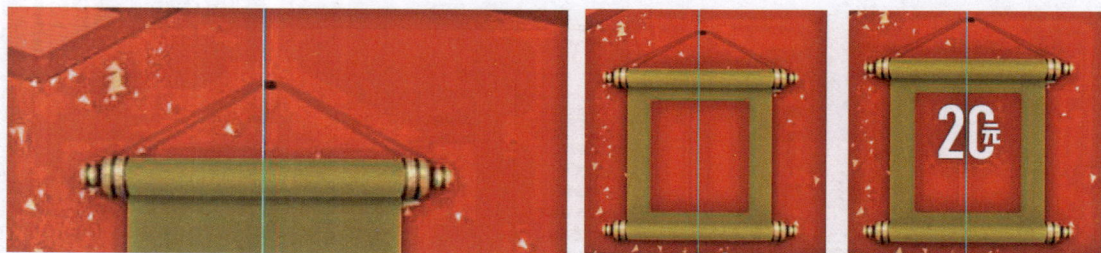

图 3 – 6 – 51　制作"卷轴"画布背景

步骤 12：添加图层，使用矩形工具创建形状，蒙版颜色参数为#a42636，添加描边样式（1像素，白色）。在其上添加文字图层，输入文字，选择合适的字体和字号，颜色为白色。置入素材"如意"，调整大小，旋转一定角度，放置在矩形（形状 3）右下角位置，复制形状 3 的图层样式，将如意的图层的不透明度设置为 70%，效果如图 3 – 6 – 52 所示。

步骤 13：复制"优惠券"图层组两次，分别移动到左侧、右侧，对齐摆放，如图 3 – 6 – 53所示。

图 3-6-52　制作"卷轴"优惠券

图 3-6-53　"卷轴"优惠券最终效果

步骤 14：创建新图层组"文案"，在其中创建新图层组（默认名称"组 1"），在该组下置入素材"屋檐"，移动到合适的位置，将图层放到"组 1"中。在其上新建图层，使用椭圆工具画出 6 个圆形形状，蒙版颜色为#f5deb4。为图层添加描边样式（3 像素，黑色）。添加文字图层，输入文字，设置合适的字体，调整字符间距，文字颜色参数为#e01524。效果如图 3-5-54 所示。

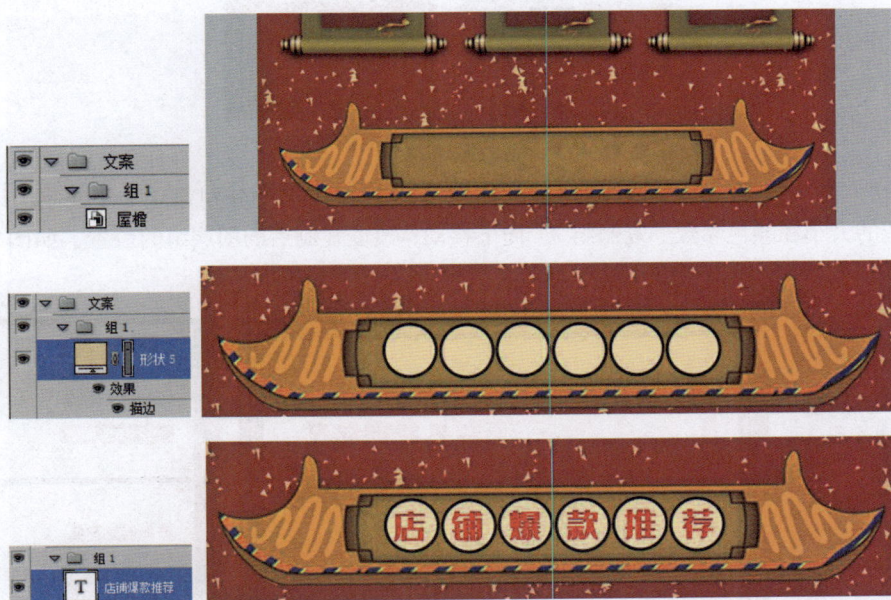

图 3-6-54　制作"店铺爆款推荐"

步骤 15：新建图层，使用矩形工具画出一个矩形（位置在画面上半部分，屋檐之下），蒙版颜色为#fbb301，为图层添加描边样式（3 像素，黑色），置入素材"条"，放在矩形底部位置做平台，"条"图层移到矩形图层下方。复制图层形状 6，使用直接选择工具略缩小形状大小，设置蒙版颜色参数为#de0000，如图 3 – 6 – 55 所示。

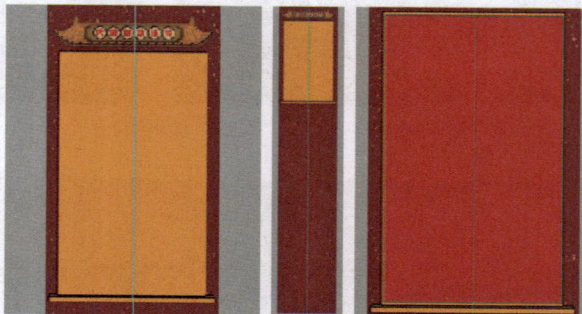

图 3 – 6 – 55　制作产品列表背景

步骤 16：在当前组中创建新组，复制图层形状 6 副本（移到新创建的组之下），改变形状大小至底板三分之一，蒙版颜色参数改为#fff2d1。置入素材"装饰"，调整大小，添加图层样式，将装饰图层复制 3 次，然后将 4 个装饰图层进行旋转，并移动至底板 4 个边角，如图 3 – 6 – 56 所示。

图 3 – 6 – 56　制作产品背景

步骤 17：在"组 2"中创建新图层组"组 3"，在新图层组中分别建立多个文字、形状图层，并设置合适的大小和颜色参数。复制组 2，向下移动，改变复制后的图层组的位置，如图 3 – 6 – 57 所示。

图 3 – 6 – 57　制作产品简介样式

步骤 18：复制"方案"图层组，修改其中的形状、文字等图层内容的大小和数量，调整布局，形成最终效果，如图 3-6-58 所示。

图 3-6-58 店铺首页最终效果

【任务评价】

序号	维度	要求	分值	得分
1	文字排版	文案排版可读性强	30	
2	图形绘制	能正确使用形状、钢笔等工具绘制图形	20	
3	色彩搭配	色彩搭配和谐、美观	30	
4	其他工具使用	能熟练使用其他工具完成操作	20	
	合计		100	

【任务拓展】

设计一个具有传统文化特色和现代审美相结合的汉服女装店铺首页，扫描下面的二维码查看任务说明。

【知识链接】

扫描下面的二维码完成网店首页设计规范的学习。

汉服女装店铺首页设计

网店首页设计基本规范

【素养园地】

扫描下面的二维码学习中国文化元素在女装网店首页设计中的融合与创新。

中国文化元素在女装网店
首页设计中的融合与创新

近日，淘宝官方公布了"2023 年度十大商品"入围 30 强名单，华服顶流"马面裙"位列其中。据了解，今年已经是第 4 年评选淘宝"十大商品"，每年年底该名单都会根据淘宝热搜的热度、相关销售数据以及网友提名等多维度因素综合考量而产生。在接下来的公示期，经网友投票、媒体专家评审后，将于 2023 年 12 月 25 日正式公布最能代表 2023 年度记忆的年度十大商品榜单。

在社交媒体上，我们不断能看到类似"徐娇穿汉服参加毕业典礼""学士服搭配汉服云肩""在罗马穿马面裙 citywalk"等话题频上热搜，汉服的使用场景已经从原本的小众爱好者聚会向日常穿着转变。"衣柜里要有一件汉服"已经成为很多女性的共识，汉服在淘系已经是一个年成交近百亿的市场。以 10 月淘宝服饰数据为例，购买汉服的人群中，00 后占到了近三成，95 后也占到了近三成，还有不少 60 后也加入了汉服大军，占到了近 4% 的份额。

在各种热门单品中，马面裙不仅可以搭配华服衫、襦、袄，还可以搭配现代衬衫，小西装甚至是皮衣。在众多的华服品类中，马面裙无疑是入手门槛最低的"新手友好"且百搭款。以双 11 期间为例，淘宝平台卖出了超 73 万条马面裙，能铺满 105 个足球场。

在马面裙赛道深耕多年的淘宝服饰卖家"织造司"也已经成为年销破亿的商家。早在 2020 年 6 月"织造司"就在淘宝上架了第一款"舞法天女马面裙"，当时月销量最高达到了 5 万条。在不断壮大的过程中，"织造司"对相关工艺进行了很多工业化改造，目前已经能够纺出最多 12 种颜色的缎料，并将云锦等非遗工艺达到 95% 的复原效果。得益于工业化改造，"织造司"的马面裙生产周期大大缩短，价格也随之下调。据了解，店铺里卖得最好的裙款为 150 ~ 200 元，受众以"95 后"年轻群体为主。

不仅在工艺上，在设计上"织造司"也在不断地创新。在 2023 年双 11 期间，"织造司"联合淘宝服饰发布的"2023 年度热梗服饰"联名"遥遥领先马面裙"和法喜自来主题联名"好事加衣"系列都有不俗的表现。

不断创新的"织造司"短短 3 年就成为该品类 TOP3 卖家，淘宝店也积攒了 125 万粉丝，是淘宝汉服类神店榜 TOP1 商家。

与此同时，有越来越多的年轻人选择将汉服作为结婚时的喜服、敬酒服。淘宝服饰 iFashion 商家罗袖动香的红色马面裙"一堂缔约"，裙摆处金线和彩金交织出繁复却灵动的花样，喜庆又不失设计的美感，已经售出了超 2 万条，如图 3-6-59 所示。

图 3-6-59　马面裙

马面裙的大热，除了因为越来越多的淘宝服饰商家在秉持传统文化精髓的同时不断创新，使得它变得越来越适合日常穿着，越来越符合现代审美，还离不开消费者的民族认同感和文化自信。马面裙不仅仅是一件时尚的单品，同时也是一种文化的象征。在现代商业社会中，"买买买"已经成为我们向外表达的一个重要途径，每年的淘宝年度十大商品最终都反映了这一年的国民情绪。十大商品中的每一件淘宝热搜商品，都能让人联想起在这一年中发生的人和事。

以上内容引自新浪财经头条：https://cj.sina.com.cn/

参 考 文 献

［1］王子建，蔡静怡．网店视觉设计与应用［M］.上海：复旦大学出版社，2022.

［2］阿里巴巴商学院．网店美工［M］.第 3 版．北京：中国工信出版社，2023.

［3］张红，商玮．商品信息采集与处理（第二版）［M］.北京：高等教育出版社，2020.

［4］麓山文化．淘宝美工全攻略［M］.北京：人民邮电出版社，2016.

［5］段建，张瀛，张磊．网店美工（第 3 版）［M］.北京：人民邮电出版社，2022.

［6］童海君，陈民利．网店视觉营销与美工设计（第 2 版）［M］.北京：北京理工大学出版社，2024.